Warschau
und Umgebung

Ein illustriertes Reisehandbuch

von
Izabella Gawin
und
Dieter Schulze

HOSTEL
→ 004822-8267108
BUS = 175 (Hotel Mariott)
bis: UNIWERSYTET
• Ulica Kopernika, 00-924
(Bilet ulgowy)

EDITION TEMMEN

Die Deutsche Bibliothek - CIP-Einheitsaufnahme
Gawin, Izabella: Warschau und Umgebung : ein illustriertes Reisehandbuch
/ von Izabella Gawin und Dieter Schulze. - Bremen : Ed. Temmen, 1999
ISBN 3-86108-449-X

Abbildungen:
Maciej Bronarski: S. 17, 47
Marek Kalinowski: S. 171
G. Klaman: S. 109
Stefan Okołowicz: S. 156
Tadeusz Rolke: S. 36
P. Rosłon: S. 66
Serge Sachno: S. 165
T. Żółtowska: S. 24
Verlagsarchiv: S. 28, 30, 33, 35, 174, 178, 180, 182
Alle übrigen: Izabella Gawin und Dieter Schulze

Das Frontispiz zeigt den Schloßplatz und das Köngisschloß

Lektorat: Wiebke Skalicky, Mainz
Kartographie Stadtplan, Ausflüge: Toscano Kartendienst, München
Kartographie Rundgänge: L.P.G. Uhlandstraße, Bremen

Dieses illustrierte Reisehandbuch wurde nach bestem Wissen zusammengestellt.
Im Sinne des Produkthaftungsgesetzes weisen Autoren und Verlag darauf hin,
daß inhaltliche Fehler und Änderungen nach Drucklegung dennoch nicht
auszuschließen sind. Aus diesem Grund übernehmen Verlag und Autoren keine
Verantwortung und Haftung, alle Angaben erfolgen ohne Gewähr.
Änderungs- und Verbesserungsvorschläge seitens der Leser
nimmt der Verlag gerne entgegen.

© Edition Temmen
Hohenlohestr. 21 - 28209 Bremen
Tel. 0421-34843-0 - Fax 0421-348094
e-mail: Ed.temmen@t-online.de
Alle Rechte vorbehalten

Satz: L.P.G. Uhlandstraße, Bremen
Herstellung: Edition Temmen

ISBN 3-86108-449-X

Nach fast 2000 Jahren in der Verbannung und Zerstreuung sagte Ben Gurion, nach der Neugründung von Israel:

>>... Wer nicht mit Gott seinen Wundern rechnet ist kein Realist.<<

<u>Denn</u>: >> Das inbrünstige Gebet eines Gerechten vermag viel, wenn es ernstlich ist.<<

Jakobusbrief 5,16.g

Gott hat unbegrenzte Möglichkeiten.

>> Für Gott ist nichts unmöglich.>>

Lukasbericht 1 Vers 38.c

„ Toleranz wird zum Verbrechen, wenn jene dem Bösen dient."

(Thomas Mann)

<u>Denn</u>: Satan = Allah = Teufel

(also das Böse!)

Widerstand ist nicht sinnlos, weil der Herr Jesus auf unserer Seite ist.

<u>Tolerant</u>: Wer für alles offen ist, kann nicht ganz dicht sein.

Bitte lesen und bedenken:

Lukasbericht 4 Vers 1 - 13

Inhalt

Vorwort 9

Kulturgeschichtliche Einführung 11
    Fischerdorf Warszawa 11
    Warschau erhält Stadtrecht 11
    Masowischer Herzogssitz 12
    Aufstieg zur polnischen Hauptstadt 13
    Niedergang des polnischen Staates 15
    Das geteilte Polen bis zum Ersten Weltkrieg 20
    Die Zweite Republik (1918-1939) 25
    Warschau unter deutscher Herrschaft (1939-1945) 28
    Polen als sozialistische Republik (1945-1989) 33
    Demokratie und Marktwirtschaft (ab 1989) 39

Hauptstadt Warschau:
Streifzüge und Erkundungen 43
    1. Königsschloß 43
    2. Altstadt 49
    3. Neustadt 58
    4. Vom Palais Krasiński zum Sächsischen Garten 63
    5. Kulturpalast und Geschäftszentrum 71
    6. Königsweg I: Krakauer Vorstadt und ›Neue Welt‹ 75
    7. Königsweg II: Vom Platz der Drei Kreuze zum Łazienki-Park 84
    8. Schloß Wilanów 91
    9. Jüdisches Warschau 93
    10. Friedhöfe 101
    11. Stadtteil Praga 105
    12. Grüner Spazierweg entlang der Weichselböschung 108

Hotels und andere Unterkünfte 111

Essen und Trinken 119
    Restaurants 119
    Cafés und Teehäuser 134

Kultur und Vergnügen 138
    Museen und Galerien 139
    Kulturinstitute 153
    Theater 155

Kino	158
Oper und Klassik	159
Jazz, Rock, Folklore	161
Bars, Discos und Nightclubs	162
Läden und Märkte	165
Feste und Veranstaltungen	168

Warschauer Portraits ... 173

Frédéric Chopin	173
E.T.A. Hoffmann	174
Janusz Korczak	175
Jan Kott	176
Hanna Krall	176
Stanisław Jerzy Lec	177
Ignacy Paderewski	178
Tadeusz Rolke	178
Adam Schaff	179
Henryk Sienkiewicz	180
Isaac Bashevis Singer	180
Maria Skłodowska-Curie	181
Stasys	182
Andrzej Szczypiorski	183

Ausflüge in die Umgebung ... 186

Kampinos-Nationalpark	186
Auf den Spuren Chopins in Żelazowa Wola	187
Landschaftspark Arkadia	188
Barockschloß Nieborów	188
Folklore in Łowicz	189
Czerwińsk a.d. Weichsel	189
Bischofsstadt Płock	190
»Flußinsel« Pułtusk	190
Palais Opinogóra	191
Handelsstadt Węgrów	191
Mahnmal Treblinka	192

Informationen von A bis Z ... 194

Anhang ... 208

Kleiner Sprachführer	208
Literaturverzeichnis	212
Index	214

Vorwort

»*Es sind wohl gerade die Ecken und Kanten, die lichten und die dunklen Seiten, das Nebeneinander von knallharten weltweiten Geschäften und der gemächlichen Verschrobenheit weltfremder Bäuerlein, die lastende Vergangenheit und die keinesfalls nur sorglose Zukunft, die Warschau zu einer aufregend pulsierenden Stadt machen.*«
(Irmela Körner)
In Warschau herrscht Aufbruchsstimmung. Hier entsteht eine Stadt, die sich anschickt, eine der wichtigsten Metropolen Europas zu werden, ein glitzerndes, in Richtung Osten weisendes Schaufenster. Tempel des modernen Kapitalismus sieht man vor allem im Zentrum, Hochhäuser mit spiegelglatten Fassaden, erbaut für Banken und Konzerne. Dazu passend das rasante Tempo, mit dem sich junge Warschauer neben ihren westlichen Partnern bewegen - nach dem Motto: Nutze die Zeit, bevor sie entflieht.
Da mag es überraschen, wenn sich angesehene Schriftsteller zu Lobeshymnen auf diese Stadt hinreißen lassen. »*Wir dürfen es ohne Einschränkung sagen*«, so Rolf Schneider ganz frei von Ironie, »*Warschau ist schön.*« Nun wird, wer am Bahnhof ankommt und das Gewirr von Hochhäusern und grell aufleuchtenden Reklameschildern sieht, dieses Lob auf die polnische Hauptstadt gewiß als unpassend empfinden. Welche Schönheit also meint der Schriftsteller? »*Es gibt eine Schönheit*«, sagt er, »*die sich herstellt durch die Ausprägung äußersten Lebenswillens und stärkster Selbstbehauptung. Eine überaus menschliche Schönheit.*«
Hat Warschau etwas von dieser Schönheit? Die Menschen, die nach 1945 aus den masowischen Dörfern nach Warschau zurückkehrten, fanden eine Trümmerwüste vor. Deutsche Truppen hatten die Stadt mit Spreng- und Brandbomben zerstört - so gründlich, daß sie glauben durften, Polens Hauptstadt sei für alle Zeiten von der Landkarte getilgt. Doch die so dachten, irrten sich. Sie unterschätzten den enormen Selbstbehauptungswillen der polnischen Bewohner, ihren Stolz und ihre Unbeugsamkeit. Mit bewundernswerter Kraft machten sich die Polen an den Wiederaufbau der Stadt. »Auferstanden aus Ruinen und der Zukunft zugewandt« - nahezu alles, was heute alt an Warschau erscheint, ist in Wirklichkeit neu: die Kirchen und Klöster, das Königsschloß und auch der Łazienki-Park. Aber nichts ist so wie früher, auch wenn der Schein dies vorspiegelt. Die gesamte Altstadt ist ein Monument originalgetreuen Wiederaufbaus: nach Stichen und Fotografien sowie nach den Stadtansichten des venezianischen Malers Canaletto aus dem späten 18. Jahrhundert.
So ist Warschau ein Kuriosum: eine Stadt ohne lebendige Tradition und doch voller Authentizität - ganz anders etwa als Krakau, dessen Altstadt im Krieg unzerstört blieb. Die polnische Metropole ist bis heute eine Stadt der vielen Gesichter. Denn nicht überall präsentiert sie

sich so chaotisch wie in der Bahnhofsregion. Alt-Warschau, wo Autos rar und Häuser meist nur dreistöckig sind, bildet heute den in sich stimmigen, ruhenden Pol. Kopfsteingepflasterte Gassen sind von pastellfarbenen Häusern gesäumt, Brunnen und Laternen sorgen für nostalgisches Flair. Vor den Toren der Altstadt reihen sich elegante Paläste, in den Klostergärten bezaubert die Stimmung sarmatischer Melancholie. Hier mag Chopin seine Etüden entworfen haben – vielleicht mit Blick auf den Nebel, der emporsteigt aus dem Flußlauf der Weichsel. Und noch etwas fasziniert an dieser Stadt: Kilometerweit kann man durch Grünanlagen laufen und bleibt der Geschäftswelt stets nah!

Das Buch begleitet den Besucher durch die Straßen Warschaus, führt ihn zu den berühmtesten Sehenswürdigkeiten und macht ihn vertraut mit dem Ambiente der Stadt. Aktuelle Daten über geprüfte Unterkünfte, Treffpunkte und Restaurants sowie Vorschläge für Ausflugsfahrten in die nähere Umgebung ermöglichen einen erholsamen und abwechslungsreichen Aufenthalt.

Voller Anmut und Kraft: Warschaus Sirene – Symbol und Wappenfigur

Kulturgeschichtliche Einführung

Die Mauern der Altstadt ziert die Skulptur einer Seejungfrau. Mit nacktem Oberkörper bäumt sie sich auf, verführerisch und zugleich voller Kraft. In der Linken hält sie einen runden Schild, in der Rechten ein hocherhobenes Schwert. Sie dürstet nach Freiheit – alle, die sie an der Verwirklichung ihres Traums hindern wollen, wird sie aus dem Feld schlagen. Von ihr wird die folgende Legende erzählt:
An einem Tag in grauer Vorzeit erhob sich die Wassernixe aus den Fluten der Weichsel und erblickte am Ufer zwei Fischer. Sie schwamm zu ihnen hinüber und beschwor sie, dort, wo sie gerade stünden, eine Stadt zu gründen. Sie werde, so prophezeite sie ihnen, unzerstörbar sein. Die Fischer hießen Wars und Sawa und taten, wie ihnen geheißen war. Ihre Namen wurden verknüpft, am Mittellauf der Weichsel entstand die Siedlung Warszawa.

Fischerdorf Warszawa

Durch Grabfunde ist bezeugt, daß schon in der Altsteinzeit zu beiden Seiten des Flusses Menschen gelebt haben. Das Fischerdorf Warszawa ist seit dem 10. Jahrhundert bekannt. Gleichfalls am linken Ufer befand sich die Siedlung Solec, nahe dem heutigen Łazienki-Park erhob sich die Burg Jazdów; auf der gegenüberliegenden Flußseite lag der Marktflecken Kamion. Alle Dörfer profitierten von ihrer Lage am Schnittpunkt wichtiger Handelswege. Diese führten vom Baltikum zum Kiewer Reich und von Schlesien nach Litauen.
Im Jahr 1037 wurde das Fürstentum Masowien gegründet, zehn Jahre später von Herzog Kazimierz I. erobert und einem in Płock residierenden Piasten unterstellt. Ab 1138 zerfiel der polnische Staatsverband in Teilfürstentümer, die Besiedlung der Region wurde in Richtung Osten und Norden vorangetrieben. Als die masowischen Herzöge zu Beginn des 13. Jahrhunderts zunehmend in Kämpfe mit den heidnischen Pruzzen verstrickt wurden, holten sie 1225/26 den Deutschen Orden zu Hilfe und gingen daran, das Land durch Wehranlagen zu schützen. Im Jahr 1241 ließen sie auch beim Fischerort Warszawa eine Burg errichten und umgaben sie mit einem breiten Verteidigungsring. Aus dieser Zeit stammt das erste Warschauer Wappen: geschmückt mit Sirene, der aus den Fluten aufsteigenden Wassernixe.

Warschau erhält Stadtrecht

In den folgenden knapp 100 Jahren war Masowien in Auseinandersetzungen mit dem Deutschen Ritterorden verwickelt. Dieser benutzte den Missionsaufruf und seine militärischen Erfolge, um einen eigenen expansiven Staat im Ostseeraum zu begründen. Um die Begrenzung seines Einflusses ging es 1339 bei einem vom plinischen König Kazimierz III.

angestrengten Prozeß in Warschau, das erst wenige Wochen zuvor das begehrte Stadtrecht erhalten hatte. Die zugereisten päpstlichen Richter, di von Februar bis September in der Johanniskirche tagten, wußten über die Konferenzstadt nur Positives zu berichten. Die Wege, so erklärten sie, seien »*in bestem Zustand*«, die Herbergen »*anständig*« und die Sicherheit der Gäste »*gewährleistet*«. Da die Bevölkerungszahl in den Folgejahren stetig stieg, gab es für Neuankömmlinge innerhalb der Befestigungsmauern bald keinen Platz mehr – vor den Toren der Altstadt machte man sich zu Beginn des 15. Jahrhunderts daran, eine separate Neustadt zu gründen.

Im Jahr 1386 war zudem etwas geschehen, was für die weitere Entwicklung Warschaus von großer Bedeutung war: Jadwiga, die Königin von Polen, hatte den Regenten von Litauen, Władysław Jagiełło, geheiratet. Zwar blieben die beiden Reiche formal unabhängig, doch wurden sie fortan in Personalunion regiert, d.h. an der Spitze beider Staaten stand die Dynastie der Jagiellonen. Seit diesem Jahr nahm Warschau eine wichtige Brückenfunktion ein, verband Krakau, die Hauptstadt Polens, mit Wilna, der Hauptstadt Litauens. In Warschau bündelten sich die Handelskontakte beider Reiche, bei ihren Reisen ins jeweils andere Land legten die Könige in der Weichselstadt eine Zwischenstation ein.

Masowischer Herzogssitz

Als Herzog Janusz I. 1413 seine Residenz von Czersk hierher verlegte, avancierte Warschau zur Hauptstadt Masowiens. Um den Marktplatz wurde ein schachbrettartiges Straßennetz angelegt, Häuser aus Stein ersetzten die ärmlichen Holzbauten. Bauern aus der Umgebung boten ihre Früchte zum Verkauf an, Handwerker eröffneten Werkstätten. Und auch Juden, die zuvor aus West- und Mitteleuropa vertrieben worden waren, kamen nun nach Warschau, hofften hier eine neue Heimstatt zu finden. Die meisten von ihnen siedelten sich in der Neustadt an, die mittlerweile der Gerichtsbarkeit des Alten Warschau unterstellt war, doch bis 1791 über einen eigenen Stadtkern mit Rathaus, Kirchen und Klöstern verfügte. Im Gegensatz zur Altstadt war sie vor feindlichen Angriffen nicht durch Festungsmauern geschützt.

Mit dem Niedergang des Deutschen Ordens erwarb Warschau freien Zugang zur Ostsee. Über die Weichsel gelangten ab 1466 Waren aus Masowien nach Thorn und Danzig, wo sie mit hohem Gewinn umgesetzt wurden. Als mit dem Tod von Herzog Janusz III. die Dynastie der Masowier erlosch (1526), fielen ihre riesigen Ländereien an Sigismund I., den polnischen König. Mit Glanz und Gloria hielt dieser drei Jahre später Einzug in die Warschauer Burg, seiner Frau, der Italienerin Bona Sforza, machte er die gesamte Region zum Geschenk. Nach seinem Tod residierte sie im Warschauer Schloß Ujazdów, zog sich aber nach einem Streit mit ihrem Sohn Sigismund II. 1556 »*mit allen ihren 40 Karossen*« nach Italien zurück.

Es war die Zeit, die in polnischen Geschichtsbüchern als ›Goldenes Zeitalter‹ gepriesen wird: die Epoche der letzten Jagiellonenherrscher und

Eine der ältesten Stadtansichten: Warschau 1618 von Braun und Hogenberg

des Aufblühens von Kultur und Wissenschaft. Veit Stoß schuf in den Handelsstädten herrliche Sakralkunst, Kopernikus machte seine großen Entdeckungen, und mit kraftvollen Poemen bildete sich die polnische Literatursprache heraus. Während in den Staaten Westeuropas in der Folge der Glaubensspaltung die ersten religiös motivierten Kriege aufflammten, genossen die polnischen Städte – vor allem unter der Herrschaft Sigismunds I. (1506-48) und Sigismunds II. (1548-72) – eine Periode relativer Toleranz: Patrizier und Teile des Adels zeigten sich offen für das Gedankengut des Humanismus und der Reformation, es entstanden kirchliche Gemeinden der Lutheraner und Calvinisten. Hochschullehrer und Studenten übten sich in demokratischer Streitkultur, für kurze Zeit mochte es scheinen, daß dogmatische religiöse Gefechte der Vergangenheit angehörten.

Aufstieg zur polnischen Hauptstadt

Das ›Goldene Zeitalter‹ währte mehrere Jahrzehnte und blieb doch nur ein Zwischenspiel. Außenpolitisch feierte Sigismund II. einen letzten großen Erfolg 1569: In diesem Jahr trafen sich in Lublin polnischer und litauischer Adel, um die Vereinigung des Königreichs Polen mit dem Großfürstentum Litauen zu beschließen. Der neugeschaffene Staat zählte zu den flächenmäßig größten des damaligen Europa. Krakau, die Hauptstadt Polens, lag allerdings nunmehr an der Peripherie und war damit als politisches Zentrum nicht länger tauglich. Als Alternative bot sich Warschau an: geographische Mitte der Union, Herzogssitz und blühende Handelsstadt. Der Aufstieg Warschaus fällt zeitlich mit dem Beginn des Niedergangs Polens zusammen. Den Jagiellonen war es zwar gelungen, die machtpolitische Stellung ihres Königreichs kurzzeitig zu festigen, nicht aber, eine geregelte Erbfolge durchzusetzen. Mit dem Tod von Sigismund II. erlosch ihre Dynastie, ein Nachfolger stand nicht bereit. Das Adelsparlament nutzte die Krise, um die königlich-bürgerliche Allianz, die sich in den Städten herausgebildet hatte, nachhaltig zu schwächen. Mitglieder im Sejm waren zum einen die Großgrundbesitzer, die vor allem im Osten über riesige Magnatenlatifundien verfügten, zum anderen die Vertreter der Szlachta, des polnischen Kleinadels, der sich aus dem verarmten, aber zahlenmäßig starken Ritterstand rekrutierte. Gestützt auf sein Wahlprivileg gelang es dem Parlament, seine Macht noch erheblich auszubauen: Fortan war es allein der Adel, der darüber befand, wer sich polnischer König nennen durfte. Dessen Kompetenzen auf dem Gebiet der Verwaltung, der Finanzen und des Militärs wurden schrittweise eingeschränkt, der Schwerpunkt der Regierung verlagerte sich auf das Warschauer Parlament, das oberste gesetzgebende Organ.

Das Prinzip der Wahlmonarchie degradierte den König zu einer Marionette rivalisierender Adelsfraktionen. Zur politischen Realität gehörte es, daß Günstlinge auswärtiger Herrschaftshäuser durch Bestechung führender Adelsgruppen zu polnischen Königen avancierten. So wurde Polen nach dem Tod des letzten Jagiellonen instabil, es mehrten sich Krisen und Intrigen. Ab 1587 gelang es für über 80 Jahre der schwedischen Wasa-Dynastie, den Thron des polnischen Königs zu besetzen. Warschau mochte es egal sein, ob es von polnischen oder ausländischen Regenten beherrscht war. Unter dem Schweden Sigismund III.

Triumph der Gegenreformation

Unter dem Wasakönig endete die zuvor in Polen praktizierte religiöse Toleranz. Sigismund III. Wasa verordnete mittelalterliche Askese und machte sich zum Anwalt der katholischen Gegenreformation. Die Jesuiten, die mit päpstlicher Unterstützung in Warschau und anderen Städten des Landes Klerikerschulen gründeten, machten sich an die Verfolgung sogenannter Ketzer.

Mit Kreuz und Schwert:
König Sigismund III. Wasa

Wasa (1587-1632) erlebte die Stadt eine wirtschaftliche und politische Blütezeit. 1596 erklärte sie der König zur neuen polnischen Hauptstadt, 1611 hielt er triumphalen Einzug. Mit dem Regenten kam ein ganzer Troß berühmter, zumeist italienischer Architekten, die Warschau binnen weniger Jahrzehnte aufpolierten. Die Burg der Herzöge wurde in ein Schloß verwandelt und avancierte zum kulturellen Mittelpunkt Polens. Es diente als Königsresidenz und war Sitz des Adelsparlaments. In den 20er und 30er Jahren expandierte die Hauptstadt in alle Himmelsrichtungen, Adel und Klerus schufen sich prachtvolle Paläste und Kirchen in der Krakauer Vorstadt und westlich der Altstadt. 1644 wurde auf dem Platz vor dem Schloß die Sigismundsäule errichtet, bis zum heutigen Tag ein Symbol hauptstädtischer Größe.

Niedergang des polnischen Staates

In Europa läßt sich wohl kaum eine andere Stadt finden, deren Entwicklung so entschieden geprägt ist von glorreichem Aufstieg und rapidem Niedergang, Wiederaufbau und Zerstörung. Aus den religiösen Konflikten des Dreißigjährigen Krieges vermochte sich Polen noch herauszuhalten, doch ab Mitte des 17. Jahrhunderts wurde das Land in verlustreiche Kämpfe verwickelt. Die Wasakönige führten Krieg gegen Schweden, Türken, Kosaken und Russen, mußten vor allem an der Ostseite des Reichs weite Gebiete abtreten. 1655 wurde das Land leichte Beute Schwedens, das für kurze Zeit zur stärksten Militärmacht des Alten Kontinents aufgestiegen war. Schwedische Truppen unter Karl X. plünderten und brandschatzten Warschau, viele wertvolle Gegenstände aus dem Königsschloß wurden geraubt. Die Einwohnerzahl sank von 15.000 auf 2000, die Mehrzahl aller Häuser war zerstört. Insgesamt verloren während des schwedischen Feldzuges vier Millionen Polen, also fast die Hälfte der damaligen Bevölkerung, ihr Leben. Erst 1660 verließen die Schweden das Land, behielten aber die Herrschaft über die baltischen Staaten.

Nach Abdankung der Wasa-Dynastie war der polnische Staat nahezu unregierbar: die Interregnum-Phasen wurden länger, es häufte sich der Mißbrauch des *Liberum Veto*. Dieses war 1652 erlassen worden, um die vermeintliche Geschlossenheit des Adels unter Beweis zu stellen. Alle Beschlüsse des Sejm waren einstimmig zu fassen, das Veto auch nur eines einzigen Abgeordneten reichte aus, um den Reichstag arbeits- und beschlußunfähig zu machen. Den Nachbarmächten, die an einer Schwächung Polens interessiert waren, sollte dies in der Folgezeit die Intervention erleichtern. Innerhalb des Adels hatten derweil Machtverschiebungen stattgefunden. Der Getreidehandel hatte den Aufstieg der Magnaten begünstigt. Diese hatten Ländereien verschuldeter Kleinadeliger in ihren Besitz gebracht, zusätzliches Neuland durch Rodung der Wälder erschlossen. Seit Mitte des 17. Jahrhunderts konzentrierte sich ein Großteil des agrarisch genutzten Landes in der Hand weniger Magnatengeschlechter. Sie bemächtigten sich auch des Importgeschäfts mit ausländischen

Manufakturwaren und trugen damit bei zur wirtschaftlichen und kulturellen Verödung der Landstädte. Doch im ausgehenden 17. Jahrhundert büßte der Getreidehandel seine Bedeutung ein. England und Holland rückten durch Verbesserungen in der Landwirtschaft selber zu Agrarexporteuren auf, waren deshalb nicht mehr angewiesen auf den Handel mit Polen. Nun rächte es sich, daß die Einkünfte aus dem Getreidehandel in Polen nicht zur Modernisierung des Landes und zur Entwicklung neuer Technologien genutzt worden waren. Stattdessen hatten Adel und Königshaus die einfließenden Gelder für luxuriösen Lebensstil verpraßt.

Unter Jan III. Sobieski (1674-96), der als »Retter des Abendlandes« in die Annalen einging, wurde Polen noch einmal – wenigstens außenpolitisch – aufgewertet. Sobieski befehligte polnische Truppen, die an der Seite Österreichs gegen die über den Balkan nach Mitteleuropa vorstoßenden Osmanen kämpften. 1673 schlug er die Türken bei Chocim, 1683 sprengte er ihren Belagerungsring um Wien und zwang sie zum endgültigen Rückzug aus Westeuropa. Heute sind die Beutestücke seiner Feldzüge über ganz Warschau verstreut und werden als Memorabilia vergangener nationaler Größe gehegt: Im Schlafgemach seiner Sommerresidenz Wilanów ist ein türkischer Baldachin über das königliche Bett gespannt, eine große Kollektion feingeknüpfter Orientteppiche kann im Blechpalast besichtigt werden.

So erfolgreich Sobieski außenpolitisch auch scheinen mochte, stabilisiert war Polen unter seiner Herrschaft mitnichten. Aufgrund der kostspieligen Militärkampagnen war die polnische Staatskasse leer, den Nutzen trugen in erster Linie Österreich und Preußen davon. Von der türkischen Gefahr befreit, stieg Österreich zur europäischen Großmacht auf, begann neben Preußen und Rußland verstärkt in die Innenpolitik Polens hineinzuregieren.

Die sächsische Dynastie der Wettiner setzte die Liste der vom polnischen Adel gewählten Fremdherrscher fort. Sie regierte Polen von 1697 bis 1763, mit einer kurzen Unterbrechung während der Nordischen Kriege, in dem 1702 auch Warschau von schwedischen Truppen besetzt wurde. Weder König August II. noch sein Sohn August III. zeigten sich ernsthaft interessiert, den Zerfall des Staates aufzuhalten und die Macht der Magnaten zu brechen. »*Iß, trink und löse deinen Gürtel*« war der Sinnspruch der Zeit, eine Anspielung auf die Vergnügungssucht der herrschenden Klasse. König und Adel überboten sich darin, Jagden und Schlittenfahrten, Masken- und Theaterbälle zu organisieren. Jedes Fest wurde ausgiebig gefeiert, in der Regel dauerte es eine Woche. Zentrum des öffentlichen und kulturellen Lebens war der heutige Theaterplatz. Hier befand sich die Residenz des Königs, deren Ruinen heute in das Denkmal des Unbekannten Soldaten integriert sind. Rings um den Theaterplatz, vor allem in den Straßen Miodowa und Senatorska sowie in der Straße Krakowskie Przedmieście, ließen sich die Adeligen Prachtbauten errichten. Sie hatten den Ehrgeiz, in Palästen zu wohnen, die an Luxus und Prunk alles in den Schatten stellten, was der König besaß. An Geld mangelte es

Warschau von der Praga-Seite (Canaletto, 1770)

ihnen im 18. Jahrhundert nicht, darum engagierten sie die besten Architekten und Künstler Europas, von denen viele auch für das Königshaus arbeiteten.

Die polnische katholische Kirche setzte derweil ihren Kreuzzug gegen Andersgläubige fort. 1718 wurde der letzte Reformierte aus dem Sejm ausgeschlossen, nach 1733 durften nhöhere Staatsämter und Richterstellen nur noch an Katholiken vergeben werden. Den Nachbarvölkern lieferte die Unterdrückung Andersgläubiger einen zusätzlichen Vorwand, in Polen zu intervenieren. Rußland fürchtete um die Rechte der Orthodoxen, Preußen um die der Protestanten.

1764 konnte Zarin Katharina II. die Wahl ihres Günstlings Stanisław Poniatowski zum neuen König von Polen durchsetzen. Unmittelbar nach Verabschiedung des Toleranztraktats, das die Diskriminierung nichtkatholischer Glaubensgruppen per Dekret untersagte, schlossen sich zahlreiche konservative Adlige in der Konföderation von Bar zusammen, um die russische Vorherrschaft zu beseitigen. Ihre Losung lautete: »Für Glauben und Freiheit« – wobei Glauben hier selbstverständlich auf den katholischen Glauben beschränkt war. Ein Bürgerkrieg entbrannte, in dem vor allem die orthodoxen Bauern der Ukraine und Podoliens den Konföderierten schwere Verluste beibrachten. Die militärischen Aktivitäten führten schließlich zur ersten Polnischen Teilung von 1772, in der sich die Herrschaftshäuser Preußens, Österreichs und Rußlands erste Stücke vom polnischen Kuchen sicherten. König Poniatowski präsentierte sich in den Folgejahren als Herrscher mit eigenem Profil, der die reformfreudigen Kräfte des Adels stärkte. In seiner Regierungszeit wurden Konzepte für das marode Staatswesen ersonnen, Ideen der französischen Aufklärung fanden Widerhall bei Adel und Hof. Die wichtigsten Denker jener Zeit waren Hugo Kołłątaj, Bewohner des Altstadtmarktes, und Stanisław Staszic, der sein Quartier hinter dem Schloß in der Kanonia-Gasse hatte. Aber nicht nur auf dem Feld der Philosophie, auch in Kunst und Architektur erlebte Warschau eine Blütezeit. Elegante, im Stil des Klassizismus erbaute Paläste gruppierten sich um den Sächsischen Garten, der Łazienki-Park wurde als romantischste Grünanlage Europas gepriesen. Jeden Donnerstag lud der König Künstler in sein Wasserschloß, um sich von ihren Ideen inspirieren zu lassen. Und der Hofmaler Bernardo Bellotto (genannt Canaletto) machte sich ans Werk, die Hauptstadt in allen ihren Ansichten zu Portraitieren. Er konnte nicht ahnen, daß seine Bilder 150 Jahre später die wichtigste Quelle beim Wiederaufbau des kriegszerstörten Warschau sein würden.

Auf dem Gebiet der Kultur war es Poniatowski gestattet, aufklärerisch zu wirken, doch der politische Spielraum war eingeschränkt. Am 3. Mai 1791 kam es zur entscheidenden

Die erste Teilung Polens 1772

*Das romantische Schloß Łazienki
(Darstellung Mitte des 19. Jahrhunderts)*

Konfrontation. Im Königsschloß wurde die erste geschriebene Verfassung Europas verabschiedet, die sich deutlich an den Idealen der Französischen Revolution orientierte. In dem Reformwerk waren nicht nur die Gewaltenteilung und das Prinzip der Volkssouveränität verankert, sondern auch die Abschaffung des *Liberum Veto*. Ein Erbfolgemodell sollte fortan die demokratische Wahl des Königs durch den Adel ablösen, Städtern wurde ein Mitspracherecht in politischen und sozialen Angelegenheiten zuerkannt.

Konservative Magnaten fürchteten um ihre Sonderrechte und organisierten den Widerstand. Sie schlossen sich im Mai 1792 in der Konföderation von Targowica zusammen und baten die Zarin Katharina II. um Unterstützung im Kampf gegen die »französische Pest«. Ihr Hilferuf genügte, um die Maiverfassung zu Fall zu bringen. Und weil das revolutionäre Frankreich der königlichen Republik nicht zu Hilfe kommen konnte, nutzten Rußland und Preußen die Gunst der Stunde und beschlossen die zweite Teilung Polens (1793). Noch im gleichen Jahr formierten sich polnische Aufständische in Krakau und Warschau, um mit bewaffneten Aktionen einer endgültigen Aufstückelung ihres Landes entgegenzuwirken. Ein von Tadeusz Kościuszko angeführtes Heer siegte am 4. April 1794 bei Racławice über russische Einheiten, mußte sich aber ein halbes Jahr später bei Maciejowice geschlagen geben. Daraufhin besetzten russische Truppen die polnische Hauptstadt und richteten in Praga auf dem rechten Weichselufer ein Blutbad an.

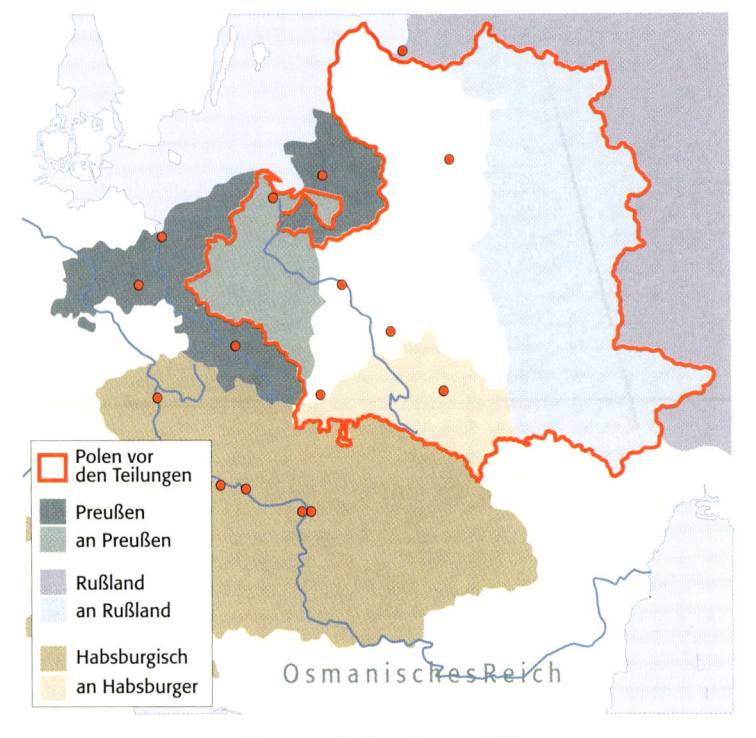

Die zweite Teilung Polens 1793

Das geteilte Polen bis zum Ersten Weltkrieg

Mit der dritten Teilung Polens (1795) verschwand der polnische Staat endgültig von der europäischen Landkarte. Dabei fiel Warschau an Preußen und sank zu einer unbedeutenden Provinzstadt ab. Eine große Zahl polnischer Patrioten setzte ihre Hoffnung auf das revolutionäre Frankreich und beteiligte sich mit drei Legionen am Kampf gegen Italien und Preußen. Józef Wybicki komponierte für sie ein Lied, das nach dem Ersten Weltkrieg zur Nationalhymne erwählt wurde. In der Doppelschlacht bei Jena und Auerstedt von 1806 wurde Preußen schwer geschlagen und mußte im Tilsiter Frieden (9. Juli 1807) seinen gesamten polnischen Gewinn aus der zweiten und dritten Teilung abtreten. Daraus entstand das Großherzogtum Warschau, ein von Napoleon geschaffener, zentralistisch ausgerichteter Rumpfstaat mit einer Verfassung nach französischem Vorbild. Friedrich August I. von Sachsen wurde zum Herzog gekürt, ein Herrscher von Bonapartes Gnaden. Die Stellung des Bürgertums im Sejm wurde verbessert, die Adelsfraktion gab politisch aber weiter den Ton an. So gewöhnten sich die Po-

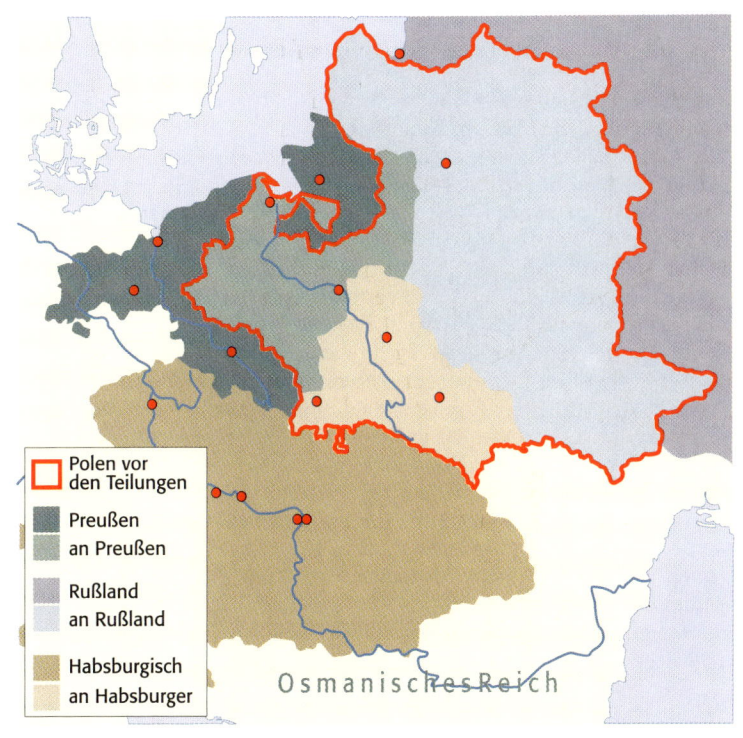

Legende:
- Polen vor den Teilungen
- Preußen
- an Preußen
- Rußland
- an Rußland
- Habsburgisch
- an Habsburger

Die dritte Teilung Polens 1795

len daran, neuen Herren zu dienen: Sie leisteten ihrer Regierung hohe Abgaben, beherbergten französische Truppen und stellten eigene Militärkontingente. An der Seite der Franzosen startete General Józef Fürst Poniatowski in den folgenden Jahren Feldzüge gegen Österreich und Rußland. Doch nach der Völkerschlacht bei Leipzig (16.-19. Oktober 1813) mußten sich die besiegten Truppen zurückziehen, Fürst Poniatowski ertrank in den Fluten der Elster.

Auf dem Wiener Kongreß 1815 machten sich die »Spezialisten des Gleichgewichts« daran, eine neue europäische Ordnung zu schaffen. Preußen bekam Großpolen, Kujawien und Teile Masowiens, Österreich behielt weiterhin die Kontrolle über das Königreich Galizien und Lodomerien, wobei die kleine Republik Krakau vorläufig der Oberaufsicht der Teilungsmächte unterstellt war. Das Herzogtum Warschau wurde in ein Königkriech umgewandelt und mit Rußland in Personalunion vereinigt, d.h. der russische Zar war fortan zugleich König von Polen. Unter seiner Herrschaft genoß das sogenannte »Kongreßpolen« zunächst eine Zeit des Wohlstands und weitgehende Autonomie: mit eigenem Militär und einer liberalen, vom polnischen Magnaten

Beobachtungen eines Schriftstellers (1791)

Als der Schriftsteller Ch. Friedrich Schulz 1791 Warschau besuchte, machte er als Grund für den Niedergang Polens die Adelsherrschaft aus. Mit spitzer Feder notierte er, ihm komme es vor, als ob *es »außer dem Edelmanne keine Menschen in Polen gäbe«.* Ein prächtiger Palast reihe sich an den nächsten; stolze Mauern, wohin das Auge blicke. Der Grund für die Prachtentfaltung lag auf der Hand: In der polnischen Wahlmonarchie konnte sich jeder Magnat eine Chance ausrechnen, zum König Polens gekürt zu werden. Der zur Schau gestellte Reichtum trug bei zur Förderung des eigenen Image. Finanzielle Mittel waren reichlich vorhanden, die Einkünfte vieler Magnaten lagen über denen des Königs. Dem preußischen Reisenden entging nicht, wer den Preis für den augenfälligsten Prunk zu zahlen hatte.»Jeder Palast«, schrieb Schulz, »brauchte mehrere Hütten, worin die Arbeiter wohnten. Sie durften nicht sehr weit von dem prächtigen Bau entfernt sein, wenn er gefördert werden sollte. Ebenso verhielt es sich mit andern Bedürfnissen und ihren Verfertigern. Alle mußte man um sich wohnen und leben lassen, weil sie – arbeiteten. Es waren Lasttiere, die man mietete, oder die man auf sein Futter und seinen Stall bei sich hielt. So bildeten Paläste und Hütten, Fürsten und Bettler die physische und moralische Grundlage von Warschau.«
· Joachim Christoph Friedrich Schulz. Reise nach Warschau: Eine Schilderung aus den Jahren 1791-93. Frankfurt 1996.

Fürst Adam Czartoryski entworfenen Verfassung. Dieser gehörte zum Freundeskreis von Alexander I., dem polenfreundlichen Zaren. Unter russischer Herrschaft wurden in Warschau ehrgeizige Bauprojekte in Angriff genommen: 1816 entstand die Universität, 1825 begann man mit dem Bau des Opernhauses. Die 1820 von Chrystian Piotr Aigner entworfene Alexanderkirche gilt als mustergültiges Bauwerk des Klassizismus.

Doch mit dem Regierungsantritt von Zar Nikolaus I. 1825 mehrten sich Eingriffe in die Verfassungsvorschriften. Nach dem Scheitern des jüngeren Offizieren und Teilen des Bürgertums angezettelten Novemberaufstands von 1830 ging das Königreich Polen seiner Souveränitätsrechte verlustig. Etwa 9000 Warschauer, fast die gesamte geistige Elite der Stadt, wählten die Emigration und fanden Zuflucht in Frankreich und Nordamerika. In Paris sammelten sich die Konservativen um Fürst Adam Czartoryski, die Radikalliberalen um den Historiker Lelewel. Adam Mickiewicz, der sich den Liberalen zurechnete, schuf sein Epos *Pan Tadeusz*, das vor dem Hintergrund der napoleonischen Kriege einen Aufstand polnischer Adliger gegen die russische Vormacht in Litauen schildert. Als Professor am Collège de France entwickelte er die Idee des Messianismus, der *»christlichen Sendung des polnischen Volkes, der Notwendigkeit seines Todes und seiner Wie-*

dergeburt«. Während sich in Deutschland viele Schriftsteller für die freiheitsliebenden Polen begeisterten und »Polenlieder« verfaßten, blieb der in Paris lebende Heinrich Heine zurückhaltend: Er empfand die polnischen Emigranten als *»großsprecherisch«* und *»Don-Quichotte-haft«.* Was nutzte das schwärmerische Reden von nationaler Befreiung und christlicher Mission, wenn man von »sozialer« Befreiung nicht reden wollte? Die polnischen Bauern etwa, die den größten Teil der Bevölkerung stellten, hatten sich am Aufstand von 1830/31 nicht beteiligt - ihnen war klar, daß sie von den adligen Führern der Revolte keine Verbesserung ihres Loses, weder Befreiung von Frondienst noch Zuteilung von Land zu erwarten hatten...

Als 1846 in Galizien rebelliert wurde, agierten sie als Bündnispartner des österreichischen Militärs und verwüsteten die Höfe der Grundherren. Die Widerständler von Paris zeigten sich ratlos. Manch einem ausländischen Regime dienten sie sich an, um die Anerkennung Polens als einer kriegführenden Macht zu erreichen. Sie setzten auf Türken, Rumänen und Serben - doch alles vergeblich. Und als im Winter 1863/64 abermals ein Aufstand in Warschau losbrach, mußten sie erleben, daß selbst Napoleon III., der die außenpolitischen Geschäfte einem Halbpolen, dem Sohn seines Onkels und der polnischen Gräfin Maria Walewska, übertragen hatte, zu keiner militärischen Intervention bereit war.

Nach dem Scheitern der Revolte setzte eine brutale Russifizierungskampagne ein, der Gebrauch der polnischen Sprache war in Schulen und Amtsstuben fortan verboten. Romuald Traugutt, ein Anführer des Aufstands, wurde in der Zitadelle eingekerkert und am 5. August 1864 öffentlich hingerichtet. Zugleich wurde das Königreich Polen - ohne offizielle Namensänderung - in Form des Weichselgouvernements direkt dem Zarenreich unterstellt. Die katholische Kirche blieb von der Repression nicht ausgespart: Prozessionen wurden verboten und viele Priester verbannt.

Im Jahr 1861 hatte die russische Regierung die Aufhebung der Leibeigenschaft verfügt und 1864 auch den Bauern Land zugeteilt. Wohlhabende Bauern verfügten zehn Jahre später bereits über die Hälfte der landwirtschaftlich zu bearbeitenden Fläche. Viele Kleinbauern machte das Arbeiten auf dem Land jedoch nicht satt - sie sahen sich gezwungen, in die Städte zu ziehen, um sich in den neuen Industrien als Arbeiter zu verdingen. Seit polnische Waren ohne Zollhemmnisse auf den riesigen rus-

**Literaturtip:
Die zwei Köpfe des Adlers**

Władysław Terlecki (geb. 1933), einer der meistgelesenen polnischen Autoren, hat den Kampf der Aufständischen von 1863 in seinem Roman *Die zwei Köpfe des Adlers* zum Thema gemacht. Er prüft, wie sich Realität und Mythos miteinander vertragen, und nimmt dabei auch jene tradierten Feindbilder unter die Lupe, die das polnische Selbstbewußtsein bis heute prägen.
· Władysław Terlecki. Die zwei Köpfe des Adlers. Frankfurt 1990.

*Aussicht auf die Neue Welt
(Władysław Podkowiński, 1892)*

Die Bevölkerungszahl stieg bis zur Jahrhundertwende auf knapp 700.000 an.

Kulturell war Warschau hinter die unter österreichischer Hoheit stehenden Städte Krakau und Lemberg zurückgefallen, doch um so mehr machte es jetzt als Zentrum sozialer Bewegung von sich reden. 1882 gründete Ludwik Waryński die erste Partei der Linken in Polen, das Große Proletariat (*Wielki Proletarjat*); stärksten Zulauf erhielt sie von verarmten Landarbeitern, die in den Fabriken der Stadt Arbeit suchten. Ab 1904 signalisierten Streiks und Demonstrationen das Erstarken einer neuen Form polnischen Widerstands, nun getragen von nationalen und sozialen Forderungen.

Es waren vor allem zwei Parteien, die im frühen 20. Jahrhundert um die Führung im besetzten Polen konkurrierten: die Sozialisten und die Nationaldemokraten. Mitbegründer der Sozialistischen Partei war der aus litauischem Adel stammende Józef Piłsudski, eher ein National- denn ein Sozialist. Er verachtete alles, was mit dem Marxismus zu tun hatte, setzte aber auf die Arbeiter als treibende

sischen Markt gelangen konnten, ging es wirtschaftlich in den Städten bergauf. In Warschau erblühte die Metallindustrie, daneben gab es Textilbetriebe, Gerbereien und Seifenwerke. Warschau wurde wichtiger Verkehrsknotenpunkt, lag an den zentralen Zugstrecken Berlin–Moskau und Wien–Danzig–Petersburg.

Literaturtip: Die Puppe

Eine kritisch-realistische Schilderung der Warschauer Gesellschaft im ausgehenden 19. Jahrhundert gibt Bolesław Prus in seinem Roman *Die Puppe* (1890):
»*Das ist unser Land en miniature. Die einen gehen durch Entbehrungen, die anderen durch Ausschweifungen zugrunde. Der Fleiß spart es sich vom Munde ab, die Tölpel sattzukriegen, die Barmherzigkeit züchtet unverschämte Nichtstuer, aber die Armut, die sich keine Sachwerte leisten kann, beschenkt sich selbst mit ewig hungrigen Kindern, die allerdings den Vorzug haben, früh zu sterben. Hier hilft kein Individuum mit Initiative, weil alles sich verschworen hat, es zu fesseln und in einem leeren Kampf – um nichts – zu verbrauchen.*«
· Bolesław Prus. Die Puppe. Berlin o.J.

Auferstanden aus Ruinen...

Kraft einer nationalen Wiedergeburt. Die Nationaldemokratische Partei wurde von Roman Dmowski angeführt, einem nationalbewußten Tugendwächter und strenggläubigen Katholiken.

Die Zweite Republik (1918–1939)

Der Jude Isaak Bashevis Singer lebte vor und nach dem Ersten Weltkrieg in Warschau. Baschele, eine Figur seines Romans *Schoscha*, schaut auf die Zeit in der Krochmalna-Straße zurück: »*Als wir in Nr. 10 wohnten, war Warschau Rußland. Alle Schilder mußten auf russisch geschrieben sein. Dann kamen die Deutschen, und mit ihnen der Hunger. Und später erhoben die Polacken ihre Köpfe und riefen Nasza Polska! – Unser Polen!*«

Bis 1914 war Warschau russisch. Dann kam der Krieg und die Stadt wurde Hauptstadt des deutschen Generalgouvernements. Sämtliche Kampfparteien waren in diesen Jahren bemüht, Polen auf ihre Seite zu ziehen und als Kanonenfutter zu nutzen. Insgesamt waren es 2,5 Millionen Polen, die für fremde Herren stritten, dabei nicht selten gegeneinander kämpften und starben. Engländer, Franzosen, Deutsche, Österreicher und Russen: Sie alle versprachen, Polen nach siegreich beendetem Krieg staatliche Unabhängigkeit zu gewähren. Da jedoch die Mittelmächte einen von Schlesien bis Ostpreußen reichenden Grenzstreifen für das Deutsche Reich reklamierten und auch Rußland nur eine ›relative‹ Autonomie anbot, suchte das im Sommer 1917 in Lausanne gegründete Polnische Nationalkomitee unter Vorsitz von Roman Dmowski stärkere Anbindung an die Alliierten. Diese waren an der Schaffung eines souveränen polnischen Staates vor allem deshalb interessiert, weil er als Bollwerk gegen neuerliche Expansionsgelüste der Deutschen dienen sollte.

Die Niederlage der Mittelmächte und der gleichzeitige Zusammenbruch des zaristischen Reichs ließen den Traum von einer Neugeburt des polnischen Staates – mit freiem Zugang zum Meer – Wirklichkeit werden. Während der Erste Weltkrieg in West- und Mitteleuropa eine tiefe moralische Krise auslöste, herrschte in Polen Jubelstimmung. Ab dem 11. November 1918 durfte sich Warschau erneut Hauptstadt eines unabhängigen Staates nennen, binnen kürzester Zeit entstanden Regierungsgebäude, Schulen, Theater und Museen. Die Bevölkerungszahl wuchs von 750.000 im Jahr

1918 auf 1,6 Millionen im Jahr 1939 an.

Die von General Piłsudski geführte Regierung war von Anfang an nicht willens, die im Versailler Vertrag entlang der Curzon-Linie festgelegte Ostgrenze zu akzeptieren, begann deshalb im April 1920 eine militärische Offensive gegen die neu entstandene sozialistische Staatengemeinschaft der Sowjetunion. Im Friedensschluß von Riga vom 18. März 1921 wurden die Grenzen um etwa 250 km ostwärts auf sowjetisches Territorium verschoben, womit sich Polen auch den Zugriff auf Ostgalizien und Teile Wolhyniens sicherte. Ebenfalls im Rahmen einer Militäraktion wurde im Oktober 1920 das Gebiet um Wilna annektiert.

Die polnische Bevölkerung bestand jetzt zu mehr als 30% aus ethnischen Minderheiten. 19 Millionen Polen standen – nach offiziellen Angaben – vier Millionen Ukrainer und über zwei Millionen Juden gegenüber, dazu kamen je eine Million Deutsche und Weißrussen sowie Russen, Litauer und Tschechen. Die polnische Regierung, die sich gegenüber den Alliierten hatte verpflichten müssen, Angehörigen der nationalen Minderheiten alle staatsbürgerlichen Rechte zuzuerkennen, tat sich schwer mit der Umsetzung dieses Gebots und drängte auf Polonisierung. Vor allem in Ukrainern, Litauern und Weißrussen sah man potentielle Separatisten, hatte wenig Vertrauen in ihre Loyalität zum polnischen Staat.

Konfliktstoff bot auch die Wirtschaftspolitik. In den Jahren 1922-26 kam es zu zahllosen Streiks und Massendemonstrationen, es mehrten sich Zusammenstöße zwischen Armeeeinheiten und kommunistischen Arbeitern. Im November 1923 wurde Alfred Döblin auf seiner Reise durch Polen Zeuge von Aufruhr und Konfrontation: *»Die roten wehenden Fahnen! Von allen Fahnen, die es gibt, die entschlossenste... Die gedrückten gefesselten Menschen der Maschinen. Und die befestigten, die die Welt erstarren in Wohlgefühl, in Ordnung für die Augen. Die verfestigte Welt, blutige Fahnen über sie.«* Und an anderer Stelle: *»An der Beerdigung der Arbeitertoten nahmen zehntausend Menschen teil und kein Priester. Regierung und Klerus beteiligten sich nur an der Feier für die erschossenen Soldaten.«*

Die parlamentarische Demokratie konnte sich in Polen nicht durchsetzen. Sie wurde von autoritären Tendenzen untergraben, soziale Unzufriedenheit wurde auf äußere Feinde abgelenkt. Nach einem nur fünf Jahre währenden parlamentarisch-demokratischen Zwischenspiel unternahm Piłsudski, gestützt auf die Armee, am 12. Mai 1926 einen Staatsstreich und herrschte mit außerordentlichen Vollmachten bis zu seinem Tod 1935. Wie der Name andeutet, strebte das *Sanacja*-Regime die Rückkehr zu einer ›gesunden‹ Politik an. In den Jahren der moralischen Diktatur wurden die Rechte der Oppositionellen erheblich eingeschränkt. Kommunisten und Sozialisten wurden eingekerkert: die Führer meist in Brest-Litowsk, einfache Parteimitglieder in den Provinzgefängnissen. Beliebtester Sündenbock waren die Juden: Obwohl sie in vielen Städten - z.B. in Warschau - nur knapp ein Drittel der Bevölkerung ausmachten, besetzten sie fast

70% aller freiberuflichen Stellen. Besonders hoch war die Zahl der jüdischen Ärzte, Anwälte und Kaufleute. Aus Angst vor ›Überfremdung‹ beschloß die polnische Regierung in den 30er Jahren, die Zulassung von Juden zur Universität zu beschränken; das an jüdischen Gymnasien abgelegte Abitur wurde prinzipiell nicht mehr als Hochschulreife anerkannt. Der staatlich geförderte Antisemitismus, gestützt durch den deutsch-polnischen Nichtangriffspakt (Januar 1934) und die Kündigung des Minderheitenschutzvertrags (September 1934), ermunterte auch die Studenten, ihre wahren Gefühle gegenüber Juden zu offenbaren. 1936 zogen 20.000 Hochschüler, ein Drittel aller damaligen polnischen Studenten, nach Tschenstochau, dem katholischsten aller Nationalheiligtümer. Unter dem Beifall des Kardinals gelobten sie: *»Früher oder später wird Polen judenfrei!«*

Das Experiment der Zweiten Republik mündete in eine Katastrophe. Die deutsche Regierung drängte auf eine Revision der Grenzen, wünschte die ›Rückgliederung‹ der Stadt Danzig sowie den Bau einer exterritorialen Autobahn und einer Eisenbahnlinie nach Ostpreußen. Da Polen zu Konzessionen in dieser Frage nicht bereit war, gab Hitler am 3. April 1939 den Befehl zur Vorbereitung eines Angriffs und annullierte wenig später das Nichtangriffsabkommen von 1934. Der am 23. August 1939 von Molotow und Ribbentrop unterzeichnete deutsch-sowjetische Pakt enthielt ein geheimes Zusatzprotokoll, das die Aufteilung Polens vorsah: die Grenzlinie markierten die Flüsse Narew, Wisła und San.

Warschau und seine Juden

»Überhaupt, was ist schon Warschau?« fragt Adolf Nowaczyński Anfang der 30er Jahre und findet eine für ihn typische, kauzige Antwort. Verglichen etwa mit Paris oder Mailand sei es *»ein einziges Sammelsurium proletarischer Intelligenz und bürokratischen Stehkragenproletariats mit dem geringsten Verbrauch der Gaben Gottes und der Menschheit. Wären nicht diese 350.000 biederen Jidden, die sich noch recht oder schlecht halten und die, wie man so sagt, ›nach Geld stinken‹, dann wäre es ein einziger Tümpel der Armut, der Bettelei und des Quarks.«* (Der schwarze Kauz)

Isaak Bashevis Singer legt Aaron Greidinger, der Hauptfigur seines Romans Schoscha, den folgenden Ausspruch in den Mund: *»Die Juden in Polen sind in eine Falle geraten. Als ich das im Schriftsteller-Klub sagte, griff man mich an. Sie überlassen sich einem dummen Optimismus, aber ich bin überzeugt davon, daß wir alle umkommen werden. Die Polen wollen uns loswerden. Sie betrachten uns als Volk innerhalb eines Volkes, einen fremden und bösartigen Körper. Sie haben nicht den Mut, uns selbst umzubringen, aber sie werden keine Träne vergießen, wenn Hitler es für sie tut.«* (Schoscha)

Das Ende Polens:
Molotow unterzeichnet den deutsch-sowjetischen Pakt, im Hintergrund Ribbentrop und Stalin.

Warschau unter deutscher Herrschaft (1939-1945)

Die Unabhängigkeit Polens währte 20 Jahre: Am 1. September 1939 überschritten deutsche Truppen die Grenze und besetzten binnen weniger Wochen weite Teile des Landes. Die westlichen Gebiete Polens wurden annektiert und direkt ans Deutsche Reich angeschlossen. Hierzu gehörten die Reichsgaue Wartheland und Danzig-Westpreußen. Die östlich angrenzenden Territorien, in denen Deutsche nur in geringer Zahl lebten, wurden zum Generalgouvernement erklärt. Das »Nebenland des Reiches« hatte seinen Regierungssitz in Krakau und erstreckte sich bis zur russischen Demarkationslinie; es diente als Reservoir von Arbeitskräften und war militärisches Aufmarschgebiet für den geplanten Angriff auf die Sowjetunion.

Die Hauptstadt Warschau wurde nach dreiwöchiger Belagerung am 27/28. September 1939 eingenommen. Die Regierung hatte sich bereits 20 Tage zuvor ins Exil - zunächst nach Paris, dann nach London - abgesetzt, weil sie glaubte, von hier aus am besten den Kampf gegen das Nazi-Regime organisieren zu können. Der Alltag der Warschauer wurde einer strengen Militärordnung unterworfen, jede Geste von Widerstand wurde bestraft. Im berüchtigten Pawiak-Gefängnis wurden in den Jahren 1939-44 mehr als 100.000

Oppositionelle interniert; etwa ein Drittel von ihnen wurde vor Ort oder im nahegelegenen Kampinos-Wald erschossen, die übrigen fanden den Tod in Konzentrationslagern.

Die 360.000 in der Hauptstadt lebenden Juden waren dem Naziterror am stärksten ausgesetzt. Den Besatzern galten sie als schmutzig, parasitär und zügellos. Über den jüdischen Wohnbezirk schrieb Bruno Hans Hirsche: *»Eigentlich hatten diese Parasiten unersättlicher Raffgier, wie überall im ehemaligen Polen, schon die ganze Stadt infiziert und Warschau geradezu zur Judenmetropole gemacht, war es doch bislang nach New York die größte Judenstadt der Welt. – In welch einen Pfuhl tritt man jedoch beim Besuch jener Bereiche, in denen sich die Hyänen der Menschheit so daheim fühlen... Ewig geschäftig schwenken sie in langen Kaftanen und kurzen Käppis auf dem gekringelten, schwarzglänzenden Haar einher. Aus dem schiefen gelblichen Gesicht strömt wie ein Wasserfall der fettige Bart. Darüber flackern in liebäugelnder Nachbarschaft zur Hakennase jene Lichter, die gerade immer an dem, was sie anblicken, so knapp vorbeischimmern und dabei die Situation doch rascher erfassen, als würden sie geradeaus sehen.«* (»Warschau – entthronte Hauptstadt«, Erlebtes Generalgouvernement, 1941)

Deutsche Ärzte trugen das Ihre dazu bei, die Juden zu stigmatisieren und in separaten Vierteln einzupferchen. Im Mai 1940 beschrieb Jost Walbaum, Leiter der Regierungsabteilung für Gesundheitswesen, das grassierende Fleckfieber als *»eine rein jüdische Krankheit«* und beschuldigte jüdische Ärzte, sie hätten es bewußt auf polnische Einwohner übertragen. »*Nicht nur durch Ausbeutung, sondern auch durch Seuchenübertragung und -verbreitung wurden die Juden zum Unglück Polens.*« Und Ernst Georg Nauck, Leiter des Gesundheitsinstituts,

Deutsche Soldaten im Einsatz

pflichtete ihm bei: Aus der Sicht der Seuchenabwehr, meinte er, sei die baldige Einrichtung von Ghettos unbedingt zu begrüßen (Weß, »Menschenversuche«, S. 39).

An 15 Zugängen standen bewaffnete deutsche Soldaten und hielten die Bewohner in Schach. Ab Ende 1941 wurde der Versuch, das Ghetto zu verlassen, mit dem Tode bestraft. Doch es kam noch schlimmer. Am 20. Januar 1942 wurde auf der Wannseekonferenz die ›Endlösung der Judenfrage‹ beschlossen und im darauffolgenden Sommer mit deutscher Gründlichkeit umgesetzt. In einem Schreiben, das der Staatssekretär im Reichsverkehrsministerium Dr. Ganzenmüller am 28. Juli 1942 an SS-Obergruppenführer Wolff richtete, heißt es: »*Seit dem 22.7. fährt täglich ein Zug mit 5000 Juden von Warschau über Malkinia nach Treblinka, außerdem zweimal wöchentlich ein Zug mit 5000 Juden von Przemyśl nach Bełżec.*«

Die besiegten Polen wollten nicht sehen, was da geschah, und einige Juden ließen sich als Polizisten mißbrauchen. Der als Ordnungsdienst eingesetzte Warschauer Judenrat tat, was man von ihm verlangte. Am 24. Juli forderte er »*die der Umsiedlung unterliegenden Personen auf, sich nicht zu verstecken und sich der Umsiedlung nicht zu entziehen, da dies die Durchführung der Aufgabe nur erschweren würde.*« Als Sammellager war das Haus in der Stawki 6/8 bestimmt - »*nach erlangter Versicherung*«, so der Judenrat, »*werden freiwillig sich stellende Familien nicht getrennt.*« Und die Waggons begannen zu rollen. Deutsche Firmen, u.a. Toebbens, Münstermann, Hoffmann, Brauer und Schilling, gründeten im Ghetto

Kinder im Warschauer Ghetto

Abstellgleis (Denkmal an der ul. Generala Andersa)

Filialen, die für das Militär arbeiteten. Arbeitsfähige Juden, hieß es, würden nicht ausgesiedelt – und schon gar nicht die Angestellten der »kriegswichtigen Betriebe«. Darum eilten die Opfer – jüdische Familienväter mitsamt ihren Frauen und Kindern – zu den Deutschen: einige wirkliche und viele vermeintliche Schneider, Schuhmacher und Kürschner. Aber die systematische Umsiedlung machte vor ihnen nicht halt. Allein bis zum 12. September 1942 passierten 300.000 Menschen den Umschlagplatz, wo die Güterwagen auf sie warteten.

Das Ghetto erwies sich als *»Warteraum des Todes«* (Jean Améry), nur wenigen Menschen gelang die Flucht auf die arische Seite. Angesichts der bevorstehenden Liquidierung gründeten am 2. Dezember 1942 sozialistische und zionistische Ghettobewohner die Kampforganisation ŻOB. Sie bestand ausschließlich aus jungen Leuten, denn die Kinder und arbeitsunfähigen Alten hatte man zu diesem Zeitpunkt bereits deportiert. Als Himmler am 16. Februar 1943 davon sprach, das Ghetto auflösen zu wollen, war für die verbliebenen 60.000 Juden klar: dies war ihr Todesurteil. Am 19. April, dem ersten Tag des jüdischen Passah-Festes, war es soweit: Die SS begann mit der Deportation der letzten Ghettobewohner. Doch dabei stieß sie auf unerwartet heftigen Widerstand. Rund 500 jüdische Kämpfer stellten sich mit einigen hundert Gewehren einer vielfachen Zahl von Wehrmachtssoldaten entgegen, die über

Panzer und Flakgeschütze verfügten. *»Es ging darum, sich nicht abschlachten zu lassen, wenn die Reihe an uns kam. Es ging nur darum, die Art des Sterbens zu wählen.«* So später Marek Edelman, der zu den wenigen gehörte, denen die Flucht durch das Kanalsystem der Hauptstadt gelang. Nach dem Scheitern des Aufstands befahl Himmler, das Ghetto dem Erdboden gleichzumachen. Und Kommandeur Stroop verfaßte die Siegesmeldung: *»Es gibt keinen jüdischen Wohnbezirk in Warschau mehr. Die Großaktion wurde am 16.5.43 mit der Sprengung der Synagoge um 20.15 Uhr beendet.«*

Mit der Niederlage deutscher Truppen in Stalingrad begann sich das Blatt an der militärischen Front zu wenden. Auf der Konferenz von Teheran im November 1943 unterstrich die sowjetische Regierung ihren Anspruch auf die 1939 annektierten polnischen Territorien: der anvisierte Grenzverlauf, so wurde argumentiert, war identisch mit der 1920 von den Alliierten vorgeschlagenen Curzon-Linie.

Um zu verhindern, daß Polen dem sowjetischen Einflußbereich zugeschlagen würde, setzte die polnische Exilregierung auf eine abenteuerliche Strategie. Auf ihr Geheiß be-

Literaturtips: Warschau zur Zeit der Besatzung

Louis Begley, 1933 in Polen geboren, hat einen autobiographischen Roman geschrieben. Aus dem Blickwinkel eines jüdischen Kindes, das zur Tarnung einen polnischen Namen trägt, werden die beiden Warschauer Aufstände und die Zeit der Befreiung geschildert. Stets aufs neue lesenswert sind auch die Erzählungen Andrzejewskis. Bereits 1945 wurden sie verfaßt: brillante Studien über das Verhalten des Menschen in einer Ausnahmesituation. Dazu weitere Titel zum Warschauer Aufstand und ein ungewöhnlicher Bildband. Er enthält 140 Fotos, die der Wehrmachtsoldat Heinrich Jöst am 19. September 1941 festhielt. Er hatte Geburtstag und wollte sich vergnügen – ein Herrenmensch auf Spaziertour durchs Ghetto.

- Jerzy Andrzejewski. Die Karwoche. Reinbek 1997.
- Louis Begley. Lügen in Zeiten des Krieges. Frankfurt a.M. 1996.
- Miron Białoszewski. Nur das, was war. Erinnerungen aus dem Warschauer Aufstand. Frankfurt a.M. 1994.
- Marek Edelman. Das Ghetto kämpft. Mit einem Vorwort von Ingrid Strobl. Berlin 1993.
- Das Getto. Fotos: Heinrich Jöst, Text: Günther Schwarberg. Göttingen 1993.
- Anka Grupinska. Im Kreis: Gepräche mit jüdischen Kämpfern. Frankfurt a.M. 1993.
- Calel Perechodnik. Bin ich ein Mörder? Das Testament eines jüdischen Ghetto-Polizisten. Lüneburg 1997.
- »Polen und Juden: Öffentliche Debatte über ein dunkles Kapitel des Warschauer Aufstands in der Gazeta Wyborcza (Februar 1994).« Transodra 6/7 (1994), S. 62-91.
- Jarosław Marek Rymkiewicz. Umschlagplatz. Berlin 1993.

Mit Schußwaffen und Flammenwerfen gingen die Besatzer Haus um Haus gegen die Aufständischen vor.

gann am 1. August 1944 in Warschau der 63 Tage während Aufstand der polnischen Untergrundarmee *Armia Krajowa* (Heimatarmee). Es ging darum, die Stadt aus eigener Kraft zu befreien, um sich der Roten Armee als legitimer Herrscher von Warschau präsentieren und das in Chełm gegründete Polnische Komitee der Nationalen Befreiung entmachten zu können.

Trotz beachtlicher Anfangserfolge zeigten sich die Aufständischen außerstande, die strategisch wichtigen Brücken und Bahnhöfe zu erobern. Ende September gelang es den Deutschen, Warschau und damit die Aufstandsarmee in zwei Teile zu spalten und schrittweise einzukreisen. 150.000 Polen starben während der Kämpfe, die verbliebenen Bewohner wurden vertrieben oder deportiert. Als Vergeltung befahl der deutsche Gouverneur Dr. Fischer überdies die Zerstörung der Stadt. Der Kern Warschaus wurde dem Erdboden gleichgemacht, Haus um Haus in die Luft gesprengt. Über 1,2 Millionen Menschen hatten in der Stadt gelebt, bevor der Krieg begann – als er endete, waren es noch 160.000. Als sowjetische Truppen am 17. Januar 1945 die Weichsel querten, betraten sie eine Trümmerlandschaft: 80% aller Gebäude waren zerstört.

Polen als sozialistische Republik (1945–1989)

Auf den Konferenzen von Jalta und Potsdam wurde das polnische Territorium neu abgesteckt. Die Oder-Neiße-Linie markierte die Westgrenze, die Curzon-Linie wurde Grenze im Osten. Damit verschob sich das polnische Staatsgebiet weit nach Westen. Schlesien, das südliche Ostpreußen, Pommern und Danzig gehörten fortan zu Polen, die Gebiete Weißrußlands und der Ukraine fielen an die Sowjetunion.

Warschau hatte im Krieg mehr als jede andere polnische Stadt gelitten: Nicht nur die 360.000 Warschauer Juden gab es nicht mehr, auch etwa die gleiche Zahl katholischer Polen hatte durch Zwangsarbeit und Hun-

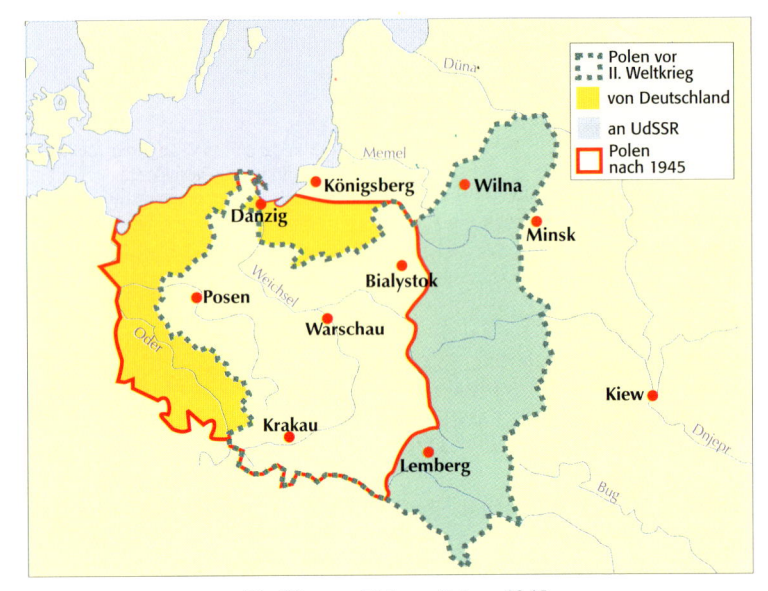

Die Westverschiebung Polens 1945

ger, Deportation und Erschießung ihr Leben verloren. Viele der Überlebenden hatten die Stadt verlassen und wollten nicht in die Ruinen zurückkehren. Für sie kamen neue Menschen hierher: mehrheitlich Bauern aus der masowischen Provinz, entwurzelte, versprengte Existenzen.

So groß war die Zerstörung der Hauptstadt, daß man anfangs erwogen hatte, sie an einen anderen Ort zu verlegen. Doch nach langen Debatten wurde anders entschieden: Man wollte Warschau wiederauferstehen lassen – wie Phönix aus der Asche. Vom Wunsch beseelt, die deutsche Zerstörung vergessen zu machen, wurden Alt- und Neustadt auf der Grundlage von Fotos, Stichen und Plänen rekonstruiert.

Bis 1965 war der Wiederaufbau des historischen Warschau, von der UNESCO später zum Weltkulturerbe erklärt, abgeschlossen. In der Altstadt gab es wieder kopfsteingepflasterte Gassen mit pastellfarbenen mittelalterlichen Häusern, in der Neustadt klassizistische Residenzen und Kirchen. Entlang des ›Königstrakts‹ – einem Straßenzug, an dem früher die reichen Bürger Warschaus lebten – errichtete man prunkvolle Villen und Paläste. Und auch die Gärten und Parks, deren verbrannte Erde an eine Steppe erinnerte, wurden neu angelegt.

Für das geschäftige Handels- und Kulturzentrum der Zwischenkriegszeit, das sich entlang der zwei großen, sich rechtwinklig kreuzenden Straßen Marszałkowska und Jerozolimskie erstreckte, wählte man eine andere Lösung: Dieser Teil Warschaus sollte modern und funktional erscheinen, mit dem musealen

Warschau kontrastieren. Bereits in den Jahren 1952–55 entstand der gigantische Kulturpalast, in der Folge baute man noble Wohnquartiere, Hotelblocks und hochgeschossige Bürohäuser.

Polen erwarb sich den Ruf eines wichtigen, aber nicht immer verläßlichen Bündnispartners der Sowjetunion. »*Kommunistische Herrschaft*«, so hatte schon Stalin gewußt, »*paßt zu Polen wie der Sattel auf eine Kuh.*« Ungeachtet dieses Befundes wurde im Land östlich von Oder und Neiße die Planwirtschaft eingeführt und die führende Rolle in Staat und Gesellschaft der Vereinigten Polnischen Arbeiterpartei übertragen.

Als am 5. Mai 1955 die Bundesrepublik Deutschland in die NATO aufgenommen wurde, riefen die kommunistischen Staaten umgehend ein entsprechendes Militärbündnis ins Leben: es wurde neun Tage später konstituiert und nach seinem Gründungsort »Warschauer Pakt« genannt. Ein Jahr später rebellierten die Arbeiter von Posen und setzten einen Wechsel an der Spitze der Arbeiterpartei durch. Neuer Chef wurde der Nationalkommunist Władysław Gomułka. Am 24. Oktober 1956 verkündete er vor mehr als einer Million am Kulturpalast versammelter Warschauer die Entstalinisierung und das politische Tauwetter. Die Zwangskollektivierung der Land-

> **Paul Wiens:**
> **Warschau 1955**
>
> Drei geschlechtern zerschlug
> der krieg die hoffnung, das leben,
> und ein viertes geschlecht
> gab sein leben der stadt zurück.
> Für die geschlechter, die kommen,
> wird Warschau sich freundlich
> erheben...
> Doch – wer gibt es uns wieder,
> das jahrhundert zerschlagenes
> glück?

»Wir haben Hunger« – Die Hungerrevolten in Posen im Juni 1956 führten zu eiem Wechsel an der Spitze des Staates.

Moda Polska:
Aufbruchsstimmung der 60er Jahre

wirtschaft wurde gestoppt, für die Dauer weniger Jahre durfte sich ein Klima liberaler Reform ausbreiten. Kritik richtete sich in den 60er Jahren zumeist nicht gegen das sozialistische System, sondern nur gegen bestimmte, in Führungspositionen agierende Personen. Man warf ihnen Mangel an Kompetenz vor und versprach sich durch ihre Absetzung eine Besserung der eigenen Lebenssituation. Zu schweren Auseinandersetzungen innerhalb des kommunistischen Führungsapparats kam es 1968 im Jahr der Studentenunruhen, zwei Jahre später führten die Arbeiterrevolten in Danzig und anderen Küstenstädten einen Machtwechsel an der Spitze herbei.

Edward Gierek übernahm nun die Parteiführung und versuchte mit Hilfe westlicher Kredite, einen neu-

en wirtschaftlichen Aufschwung einzuleiten.
Liberale kulturpolitische Ventile sicherten die Herrschaft und untergruben sie zugleich. Vor allem die katholische Kirche wußte Freiräume für ihre gegen das System gerichtete Arbeit geschickt zu nutzen. Als sich ab 1976 die wirtschaftliche Lage deutlich zu verschlechtern und die Hoffnung der Bevölkerung auf eine Reformierbarkeit des Sozialismus zu erlahmen begann, wurde die Kirche wichtigster Kristallisationspunkt der sich formierenden demokratischen Opposition: Beharrlich bemühte sie sich um Annäherung zwischen Intellektuellen und Arbeitern, trug bei zur Entstehung des KOR, des Komitees zur Verteidigung der Arbeiter.
»Droht Gefahr, dann hebt der allmächtige Gott mit einem gewaltigen Glokkenton als seinen neuen Papst einen Slawen auf seinen Thron.« Die prophetischen Worte des Volksdichters Słowacki (1848) erfüllten sich im Jahr 1978: Karol Wojtyła wurde als Papst Johannes Paul II. zum Oberhaupt der katholischen Kirche gewählt. Für die meisten Polen gab es keinerlei Zweifel: Dies war ein Werk der Schwarzen Madonna, der heimlichen Königin des Landes.
1979 reiste der Papst ein erstes Mal nach Polen, ließ sich verehren und feiern. Was er in Gang setzte, schrieb Kazimierz Brandys, war *»eine patriotische Manifestation, ein nationaler Aufstand ohne einen Schuß.«* Er machte seinen Landsleuten Mut, stolz zu sein auf Polen, es trotz der Tragödien, die es erlitten hatte, unerschüttert zu lieben. Das Volk der Märtyrer und Helden, suggerierte er, würde Kraft zum Neubeginn finden, eines nicht fernen Tages als freie Nation wiederauferstehen.
Der Papstbesuch wurde zum Auslöser für eine gewaltige Protestbewegung, die im August 1980 in den Streiks der Werftarbeiter von Danzig ihren Gipfelpunkt fand. Im Danziger Abkommen konzedierte die Regierung den Arbeitern die Gründung der unabhängigen Gewerkschaft Solidarność, schon am 10. November wurde sie im Warschauer Rathaus formell legalisiert. Die in ihr vereinte Opposition reichte von Reformlinken bis zu reaktionären Klerikern und zählte bald zehn Millionen Mitglieder. Ihr Führer war Lech Wałęsa, zu dem der Papst seit seinem Besuch enge Beziehungen unterhielt. Der Elektriker schmückte sich öffentlich mit dem Antlitz der Jungfrau Maria am Jackenrevers. *»Ohne die Kirche«*, bekannte er, *»könnte nichts geschehen, mich selbst würde es nicht geben, und ich wäre nicht, was ich bin.«* Alle Demonstrationen der Solidarność begannen fortan mit einem Gottesdienst, Kirchenräume wurden von der Opposition für Lesungen und Vorträge genutzt.
1981 erreichte die wirtschaftliche Situation einen bedrohlichen Tiefpunkt: Polen konnte seinen Zahlungsverpflichtungen gegenüber westlichen Gläubigern nicht mehr nachkommen. Nach einer neuerlichen von Solidarność ausgelösten Streikwelle verhängte Ministerpräsident Jaruszelski am 13. Dezember 1981 das Kriegsrecht über das Land, um eine militärische Intervention durch Truppen des Warschauer Pakts zu verhindern. Die Gewerkschaft Solidarność wurde verboten, eine große Zahl von Bürgerrechtlern

und Dissidenten verhaftet. Der über Polen verhängte westliche Wirtschaftsboykott forcierte die Krise, trieb eine große Zahl vor allem kleinerer Betriebe in den Ruin.

Politiker des Westens erkannten die Nützlichkeit des Papstes für das angepeilte Ziel, das kommunistisch gelenkte Osteuropa zu destabilisieren. US-Außenminister Haig vermerkte, die päpstlichen Informationen seien *»in jeder Hinsicht besser und aktueller«* als die seines Geheimdienstes. Daher verwundert es nicht, daß am Tag, da der Kriegszustand ausgerufen wurde, der amerikanische Präsident unverzüglich den Papst anrief und ihn, wie die Wochenzeitschrift *Time* berichtet, um fachkundigen Rat bat. Wojtyła empfahl Reagan die Strategie der Subversion. Von offenen Auseinandersetzungen riet er ab, da sie leicht zu einem Bürgerkrieg eskalieren und die Intervention sowjetischer Truppen provozieren könnten. Zugleich wurde Kardinal Glemp über Radio angewiesen, von allen Kanzeln Polens die Botschaft des passiven Widerstandes verkünden zu lassen. Die sowjetische Regierung ließ der Papst wissen, daß er im Falle einer Militäraktion sofort nach Polen fliegen werde, um das polnische Volk in seinem Kampf gegen die Besatzungsmacht zu unterstützen.

Bei einem persönlichen Treffen von Wojtyła und Reagan am 5. Juni 1982 wurde beschlossen, die illegale Gewerkschaft Solidarność materiell nach besten Kräften zu unterstützen. Tausende von Telex- und Faxgeräten, Druckmaschinen und Fotokopierern wurden über Kirchenkanäle nach Polen geschleust; gleichzeitig ging man daran, die Propagandasendungen von *Radio Free Europe*, *Voice of America* und *Radio Liberty* zu intensivieren.

Am 20. Juli 1983 wurde das Kriegsrecht aufgehoben. Im darauffolgenden Jahr entfaltete der Papst neue Aktivitäten. Er entsandte Erzbischof Pio Laghi nach Santa Barbara, um Reagan davon zu überzeugen, daß die gegen Polen verhängten Wirtschaftssanktionen kontraproduktiv seien. Sie ermöglichten es der polnischen Regierung, die Versorgungsschwierigkeiten des Landes glaubwürdig zu begründen. Daraufhin wurden die Wirtschaftssanktionen bis Juli 1984 abgebaut. Im Gegenzug machte sich die polnische Regierung daran, wesentliche marktwirtschaftliche Elemente in das bestehende Plansystem zu integrieren.

Im Jahr 1986 trat Polen zwecks Sicherung seiner Kreditwürdigkeit bei westlichen Gläubigern dem Internationalen Währungsfonds (IWF) bei. Die westliche Staatengemeinschaft begrüßte diesen Schritt, wußte sie doch, daß damit das politische Bekenntnis des Systemgegners zur kapitalistischen Wirtschaftsordnung verbunden war. De facto trat Polen in Finanz- und Wirtschaftsfragen entscheidende Souveränitätsrechte ab, die nationale Ökonomie wurde auf Tilgung der bei westlichen Kreditgebern gemachten Schulden umgestellt: zwecks Devisenerwirtschaftung wurden Lebensmittel zu Spottpreisen ins westliche Ausland exportiert, Subventionen für Mieten, Strom und Gasversorgung drastisch gekürzt.

Den regierenden Kommunisten gelang es nicht mehr, das Vertrauen der Bevölkerung zurückzugewinnen. Schrittweise wurde die Regierung entmachtet, 1989 mit Tadeusz Mazowiecki der erste nichtkommu-

Auf der Suche nach neuen Verdienstquellen

nistische Ministerpräsident gewählt. Marktwirtschaft lautete foran das Zauberwort, angestrebt wurde eine Aufnahme in die westlichen Bündnissysteme von NATO und EU.

Demokratie und Marktwirtschaft (ab 1989)

Als der Sozialismus von der politischen Bühne abtrat, glaubten viele, eine neue, bessere Zeit sei angebrochen. Die neue Zeit bedeutete jedoch auch Arbeitslosigkeit, Preisanstieg und Abbau von Sozialleistungen. Die Schaufensterauslagen wurden mit vielen bunten Waren gefüllt – doch wo war das Geld, um sie zu kaufen? Standen Wahlen zum Sejm an, fragte sich manch ein desillusionierter Pole: War es nicht doch besser unter dem alten Regime? Wo ist der versprochene Wohlstand – was habe ich vom Recht auf Freiheit und Demokratie, wenn ich es mit dem möglichen Verlust des Arbeitsplatzes erkaufen muß?

Der Anteil postkommunistischer Wählerstimmen erhöhte sich 1993 auf 20,4%, 1997 gar auf 26,8%. Doch ein Zurück zu den alten Zeiten gibt es nicht mehr. Längst gehören die Vertreter der einstigen Linken zum Machtkartell der neuen Wirtschaftselite. In den Jahren 1993-97, als sie im Rahmen eines Mitte-Links-Bündnisses Regierungsverantwortung trugen, fand man auf den Wirtschaftsseiten von *FAZ* und *Financial Times* anerkennende Worte für ihren *»gewachsenen Realitätssinn«*. Unter ihrer Führung, heißt es, hätten die Polen große Fortschritte im Streben nach Demokratie und Wohlstand erzielt. Seit Ende 1997 regiert in Polen ein Bündnis von Rechten und Liberalen, dem man im Westen mit gewisser Skepsis gegenübersteht. In der Wahlaktion Solidarność gibt es eine ganze Reihe frommer Nationalisten und Europagegner, denen man zutraut, daß sie Polens Weg in die Europäische Union Steine in den Weg legen könnten. Große Hoffnung setzt man jedoch auf den kleineren Bündnispartner, die Partei der Liberalen. Mit Balcerowicz, dem ›Vater der polnischen Marktwirtschaft‹, stellen sie den Finanzminister, mit Geremek den Minister für auswärtige Angelegenheiten.

Warschau, die polnische Hauptstadt, sucht derweil in Riesenschritten Anschluß an den Westen. In den vergangenen Jahren hat sie laut jüngster Analyse der Süddeutschen Zeitung »eine erstaunliche Metamorphose« durchgemacht – und wer das Zentrum in den 80er Jahren gesehen hat, wird es kaum wiedererkennen. Es sind Glaspaläste für Banken und Konzerne entstanden, moderne Konsum- und Dienstleistungstempel. Der Bedarf an Büroflächen hat sich in Warschau binnen kurzer Zeit mehr als verzehnfacht. Große einheimische Unternehmen, aber auch viele Niederlassungen ausländischer Firmen haben sich in der polnischen Hauptstadt angesiedelt. 1996 wurde der Kapitalverkehr im Zusammenhang mit Direktinvestitionen weitgehend freigegeben. Erzielte Gewinne dürfen die ausländischen Unternehmen unbeschadet transferieren, auch benötigen sie für den Erwerb von Baugrund unter bestimmten Bedingungen nicht länger eine Genehmigung des Innenministeriums. Gleichfalls aktiv ist das Ausland im Banksektor. Westliche Geldinstitute sind mehrheitlich an über 20 Banken beteiligt, unter ihnen die Deutsche Bank, die Dresdner Bank und die Vereinsbank. Das ausländische Kapital weiß um die Vorzüge Polens. Noch heute sind die hiesigen Arbeitskosten um ein Mehrfaches niedriger als in Westeuropa. In diesem Land scheint in den kommenden Jahren ein stetiges Wirtschaftswachstum gesichert, es steigt die Industrieproduktion und es sinkt die Inflation.

Die polnische ›Urangst‹ vor dem östlichen Nachbarn machte die Bevölkerung reif für den militärpolitischen Anschluß an den Westen. Die Bundeswehr hatte sich zum wichtigsten Manöverpartner Polens gemausert, die Eingliederung in das westliche Militärbündnis war seit dem Sommer 1997 beschlossene Sache. Mit der am 12. März 1999 erfolgten Aufnahme Polens – gemeinsam mit Tschchien und Ungarn – gewann die NATO das nach der ehemaligen Sowjetunion größte und militärstrategisch wichtigste Land des 1991 aufgelösten Warschauer Paktes. Schon seit mehreren Jahren war die polnische Armee durch Umstrukturierung und Verkleinerung auf die Einbindung in die NATO vorbereitet worden. Allerdings wird die Angleichung des technischen Standards hohe Kosten verursachen: Eine Studie des US-Kongresses nennt den Betrag von 61 Milliarden Dollar, der für die Osterweiterung bis zum Jahr 2003 aufzubringen sei.

Warten auf Kundschaft

1791 1991

W TYM GMACHU
3 MAJA 1791 ROKU
SEJM RZECZYPOSPOLITEJ
NAJWYŻEJ CENIĄC
„NIEPODLEGŁOŚĆ ZEWNĘTRZNĄ
I WOLNOŚĆ WEWNĘTRZNĄ NARODU"
UCHWALIŁ
USTAWĘ RZĄDOWĄ

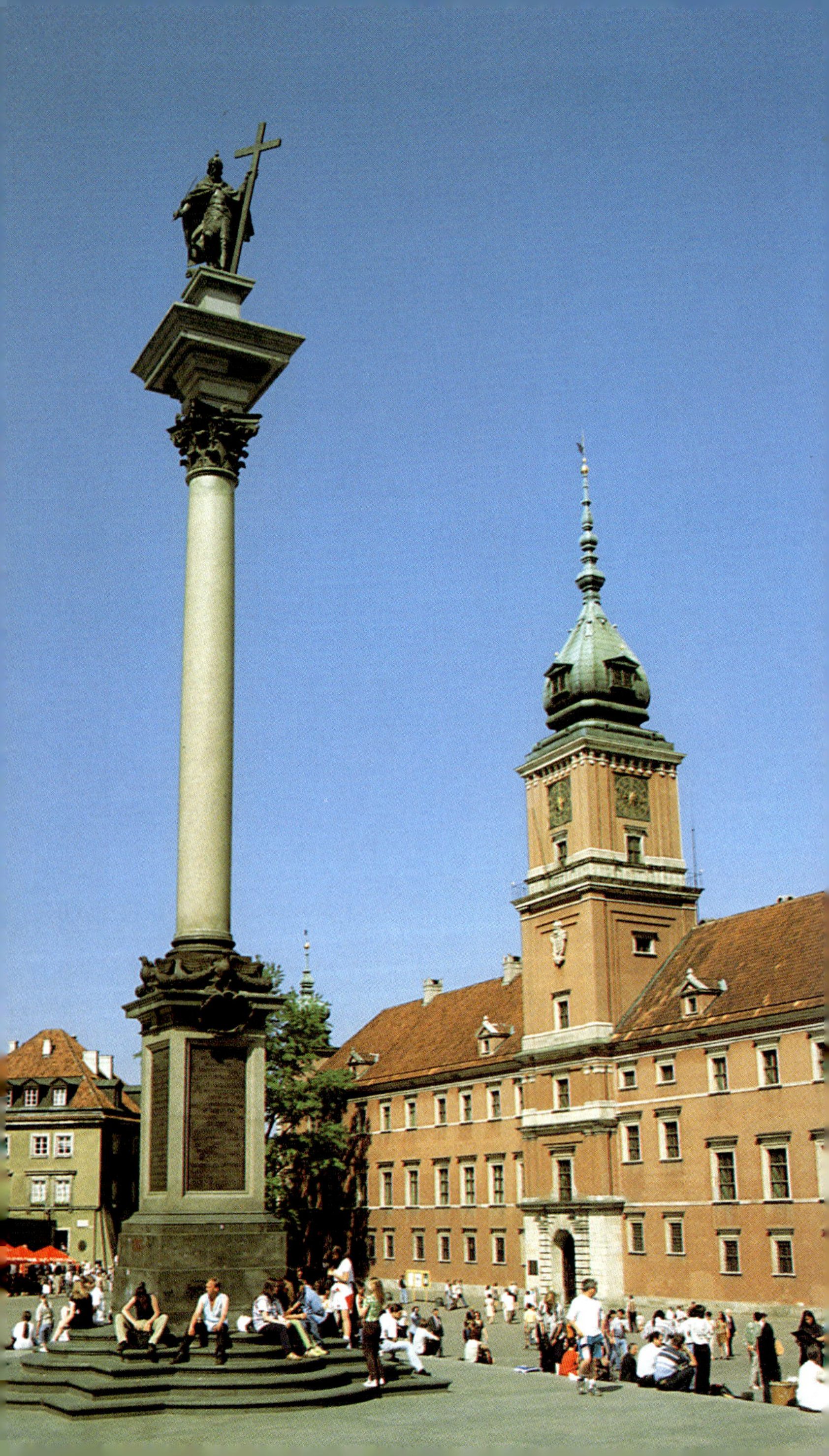

Hauptstadt Warschau: Streifzüge und Erkundungen

1. Königsschloß

Ein beliebter Treffpunkt der Warschauer ist der **Schloßplatz**. Nordwärts führen Wege in die romantische Altstadt, westwärts kommt man zum Theaterplatz und südwärts auf dem Königstrakt zum Łazienki-Park. Am Eingang zur *ulica Piwna* befindet sich die Touristeninformation, wo man Broschüren erwerben kann. Droschkenfahrer mit bäuerlichem Gesicht warten in ihren Kutschen auf Kundschaft, ein paar Meter weiter ist im Sommer eine Bimmelbahn postiert, die zu einer halbstündigen Fahrt durch Alt-Warschau startet.

In der Mitte des Platzes wurde in den Jahren 1643-44 die **Sigismundsäule** errichtet: zu Ehren Sigismunds III., der ein halbes Jahrhundert zuvor Warschau zur Hauptstadt des Landes erkoren hatte. Auf dem Standbild ist der Monarch mit Schwert und großem Kreuz bewaffnet: an der Einheit von Kirche und Staat sollte keinerlei Zweifel aufkommen. Heute wird die Säule das ganze Jahr über von Jugendlichen belagert, und einer alten Tradition folgend treffen sich hier Liebespaare zu ihrem ersten Rendezvous.

Die Ostseite des Platzes wird vom kupferfarbenen **Königsschloß** (*Zamek Królewski*) dominiert, einem zweistöckigen Bau von fünfeckigem Grundriß mit mehreren Türmen und Minitürmen. Das Schloß ist ein bedeutendes Monument nationaler

Auf dem Schloßplatz

Geschichte und Kultur. Seine Anfänge reichen bis zum Ende des 13. Jahrhunderts zurück, als an gleicher Stelle eine hölzerne Fürstenburg errichtet wurde. Zu Beginn des 15. Jahrhunderts war sie bereits gemauert und Sitz des Herrschers von Masowien. Auf Geheiß des Königs Sigismund III. wurde sie um 1600 in eine Residenz umgestaltet, avancierte zum Zentrum der von Krakau nach Warschau verlegten Hauptstadt. Das Schloß war zugleich Tagungsort des Sejm, des Adelsparlaments der polnisch-litauischen Republik. Hier wurde 1791 die erste geschriebene Verfassung Europas proklamiert, aber auch vier Jahre später die Teilungsurkunde unterzeichnet und damit die staatliche Einheit Polens zu Grabe getragen. Bei den Luftangriffen von 1939 brannte das Schloß aus, nach dem Warschauer Aufstand 1944 wurde es in die Luft gesprengt – nichts mehr, auch keine Ruine sollte an die Pracht polnischer Herrschaftsentfaltung erinnern. In den 70er Jahren ist das Schloß in frühbarocker Gestalt wiedererstanden: streng und monumental von außen, edel und elegant von innen. Wertvolle Möbel und Gemälde, die in den ersten Kriegstagen auf verschlungenen Wegen nach Kanada gelangt waren, sind an ihren angestammten Platz zurückgekehrt. Das Schloß dient heute als Museum, in den schönsten Sälen finden Staatsfeiern, Preisverleihungen und Konzerte statt.

Vom Schloßplatz gelangen Besucher durch das Turmtor im Westflügel in den weitläufigen Großen Hof, dessen Fassaden die lange Geschichte des Gebäudes widerspiegeln. Die Backsteinmauern mit gotischen Spitzbögen an der Ostseite rufen jene Zeit in Erinnerung, da im Schloß die masowischen Herzöge residierten. Der frühbarocke Westflügel stammt aus der Zeit der Wasa-Dynastie, der Nordflügel aus der Zeit der Wettiner; der Südflügel wurde auf Wunsch des letzten polnischen Königs Stanisław August Poniatowski in spätbarockem Stil umgestaltet.

Sämtliche repräsentativen Räume befinden sich im ersten Stock des Schlosses. Der empfohlene Rundgang beginnt im **Canaletto-Saal**, wo fast zwei Dutzend Wandbilder das Warschau des 18. Jahrhunderts zeigen. Geschaffen hat sie der Venezianer Bernardo Bellotto, ein Neffe und Schüler Antonio Canals, dessen Beinamen Canaletto er übernahm. Von 1768 bis zu seinem Tod 1780 lebte er in der polnischen Hauptstadt, stand als Hofmaler im Dienst des Königs Poniatowski. Die von ihm verfertigten Ansichten Warschaus gaben so genau die Straßenzüge und herrschaftlichen Gebäude wieder, daß sie nebst alten Fotos und Drucken den mit dem Wiederaufbau der Stadt beauftragten Architekten als unmittelbare Vorlage dienten. Im Canaletto-Raum findet man u.a. das berühmte Gemälde »Warschau von Praga aus gesehen«, das außer der Stadtsilhouette auch Szenen aus dem Warschauer Alltag zeigt.

Südwärts grenzt der Canaletto-Saal an die königliche **Kleine Kapelle**, einen durch Säulen und goldenes Kuppeldach raffiniert erweiterten Raum; dort ruht das Herz Tadeusz Kościuszkos, unter dessen Führung 1794 ein letzter Versuch unternommen worden war, die Liquidation Polens zu verhindern. Nordwärts kommt man in das **Alte Audienzzimmer**, in dem die Botschafter fremder Staaten empfangen wurden; auf einem gigantischen Deckengemälde wird Polen noch einmal als blühende Kultur- und Handelsnation gezeichnet. Die Privatsphäre des Königs umfaßt Schlafgemach, Garderobe und Studierzimmer.

Prunkstück des Schlosses ist der barocke **Ballsaal**, in dem sich der Hof zu rauschenden Festen traf. Die Wände treten hinter 17 goldschimmernden Säulen zurück, auf denen das sich illusionistisch zum Himmel öffnende Deckengewölbe ruht. Marcello Bacciarelli schuf das Gemälde, eine Lobeshymne auf die Tugen-

*Das Warschauer
Königsschloß
(erster Stock)*

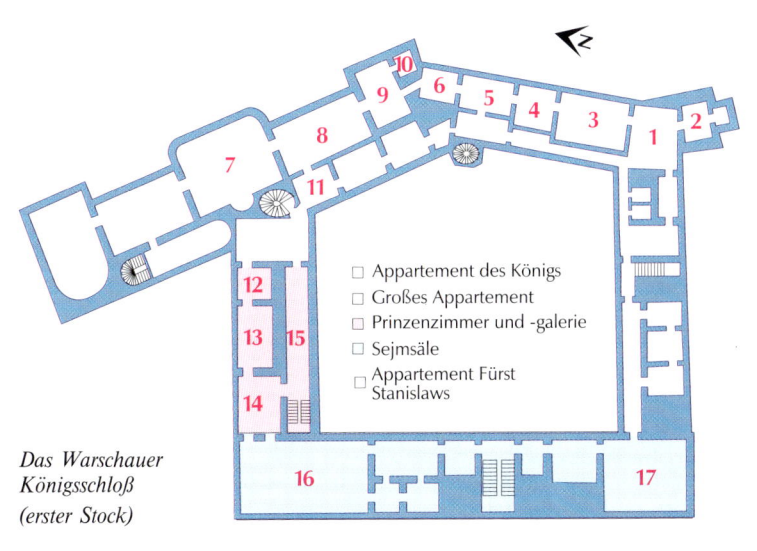

- Appartement des Königs
- Großes Appartement
- Prinzenzimmer und -galerie
- Sejmsäle
- Appartement Fürst Stanislaws

1 Canaletto-Saal
2 Kleine Kapelle
3 Altes Audienzzimmer
4 Schlafgemach
5 Garderobe
6 Studierzimmer
7 Ballsaal
8 Rittersaal
9 Thronsaal
10 Kabinett Europäischer Monarchen
11 Marmorzimmer
12 Erstes Prinzenzimmer
13 Zweites Prinzenzimmer
14 Drittes Prinzenzimmer
15 Prinzengalerie
16 Senatorensaal
17 Neuer Abgeordnetensaal

den des polnischen Königs; das Portrait Poniatowskis prangt unübersehbar über der Eingangsnische. Die seitlich postierten Statuen stellen antike Gottheiten dar, deren Gesichtszüge denen des Monarchen und seiner Gönnerin, der Zarin Katharina der Großen, gleichen.

Bacciarelli hat auch die Wandgemälde im angrenzenden **Rittersaal** gemalt, Illustrationen wichtiger Etappen der polnischen Geschichte. Dokumentiert sind z.B. die Preußenhuldigung, die Lubliner Union und Jan III. Sobieski vor Wien. Büsten von Staatsmännern, Theologen und Gelehrten sind aus schwarzem Marmor gemeißelt, eine lateinische Inschrift aus Vergils *Aeneis* preist ihre Verdienste. Skulpturen Le Bruns verkörpern Figuren der antiken Mythologie. Die trompetenblasende Fama verkündet ihren ewigen Ruhm, der an der Last des Universums schwer tragende Kronos gemahnt an steten Wandel; seine Sense symbolisiert die Vergänglichkeit, doch die Drehpendeluhr kündet von Erneuerung. Über den Thronsaal gelangt man ins prunkvolle **Kabinett europäischer Monarchen**. Darin sind Portraits aller europäischen Könige ausgestellt, die zur Zeit von Stanisław August Poniatowski herrschten. Wer primär an polnischen Regenten interessiert ist, wirft einen Blick in das vom Rittersaal abgehende Marmorzimmer.

Die romantische Bebilderung politischer Ereignisse machte Jan Matejko zum berühmtesten polnischen Historienmaler. Einige seiner Monumentalgemälde schmücken die sogenannten **Prinzenzimmer**. Das Rejtan-Bild illustriert eine dramatische Episode aus der Zeit der Teilungen: »*Tötet mich, doch lasset Polen leben!*« soll der Adelige Rejtan ausgerufen haben, als im Sejm die Teilungsurkunde zur Unterschrift ausgelegt wurde. Auf dem Bild ist Rejtan als patriotischer Held dargestellt. Mit freiem Oberkörper will er seinen Amtskollegen, die bereit sind, der Teilung Polens zuzustimmen, den Weg in den Abgeordnetensaal versperren. Noch ein zweites Bild spielt auf ein Ereignis an, das im Schloß stattgefunden hat: Am 3. Mai 1791 wurde im Senatorensaal die erste schriftlich fixierte Verfassung Europas verabschiedet. Dieser Raum, in dem ab der zweiten Hälfte des 17. Jahrhunderts das Adelsparlament tagte, spiegelt die politische Verfassung des Reiches: Der König ist lediglich *primus inter pares*, nur ein schlichter Thron auf niedrigem Podest erhebt ihn über die versammelten Adeligen.

Wer ein Faible fürs Makabre hat, steigt in die unterirdischen Räume des Schlosses hinab. Im Keller des **Grodzkaturms**, wo sich einst der Kerker befand, wurden Verurteilte festgehalten und gefoltert. In die Wände haben sie letzte Botschaften eingeritzt. Die Nebenräume, der Dreisäulen- und der Brunnenkeller, dienen heute als historische und archäologische Galerie.

Knapp unterhalb des Schlosses liegt das **Palais Lubomirski**, das ebenso bekannt ist unter der Bezeichnung *Pałac Pod Blachą* (Palais unter dem Blechdach). In dem prächtigen Barockbau wohnten für kurze Zeit der König Poniatowski und sein Neffe Józef, Kriegsminister zur Zeit des Herzogtums Warschau. Heute beherbergt das Gebäude eine umfangreiche Sammlung fernöstlicher Teppiche und kaukasischer Webstoffe. Vorerst nicht für Besucher zugänglich sind der nördlich ans Schloß angrenzende Sächsische Flügel und das barocke Palais Bacciarellówka, in dem der Hofmaler Marcello Bacciarelli eine Werkstatt unterhielt.

Die **Kasse** befindet sich in der *ulica Świętojańska* 2, schräg gegenüber vom Schloßeingang (Di-So 10-17 Uhr). Von Di-Sa stehen die schönsten Säle und Gemächer den Besuchern nur im Rahmen einer Gruppenführung offen. Unter Leitung eines Experten werden je 25 Teilnehmer durch die Räume geschleust und zahlen für Erläuterungen in englischer oder deutscher Sprache knapp 10 DM. Wer das gesamte Schloß sehen, es aber allein erkunden will, muß für den Besuch einen Sonntag einplanen (Eintritt 4 DM). Donnerstags ist der Eintritt frei, doch bleiben an diesem Tag Canaletto-Saal und andere wichtige Räume geschlossen.

Das Kabinett
europäischer Monarchen

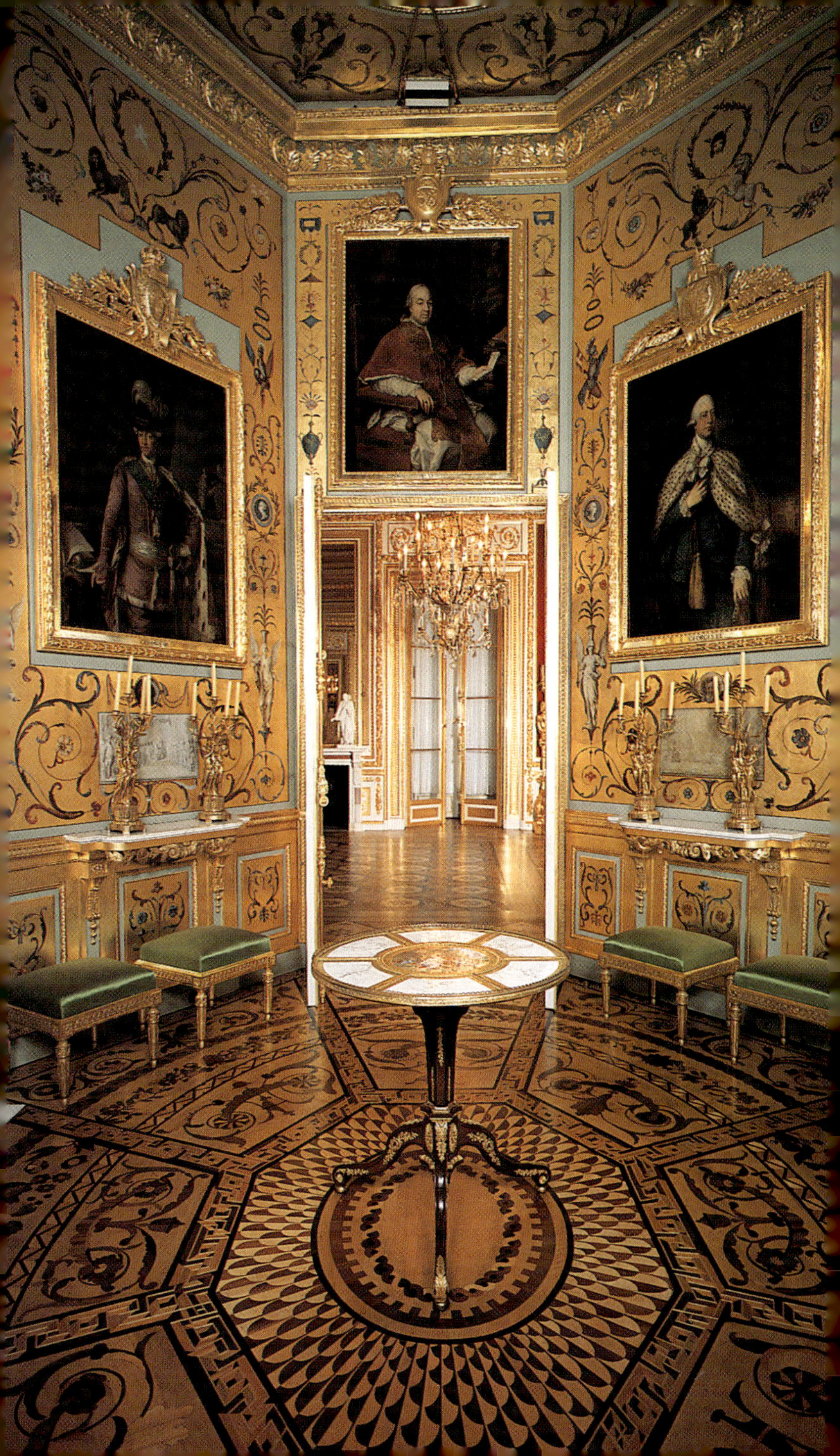

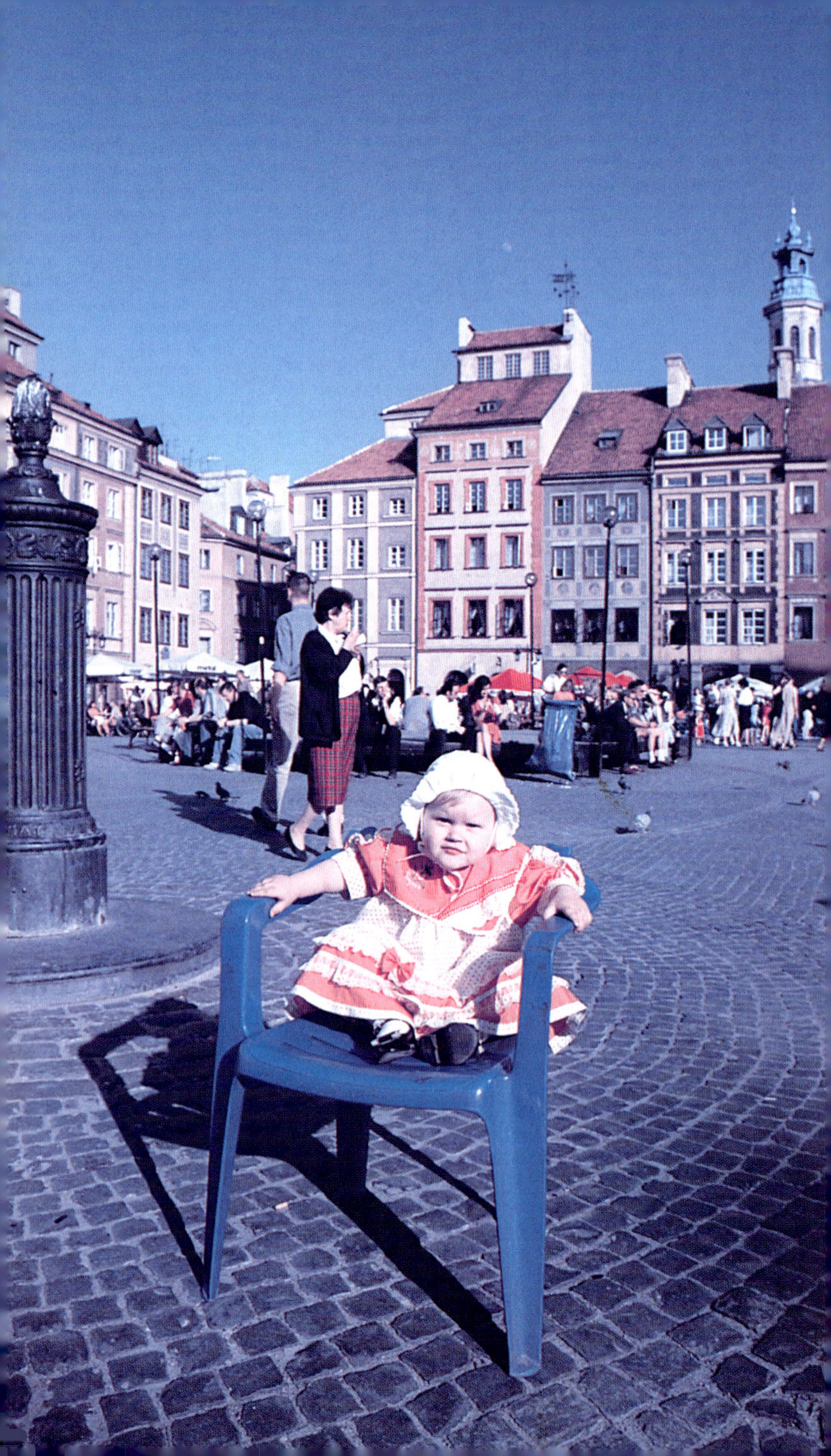

2. Altstadt

In der Altstadt spiegelt sich der Geist vergangener Zeiten. Kaum zu glauben, daß all dies eine ›Fälschung‹ ist, so authentisch wirkt jeder Straßenzug. Man sieht hier weder Autos noch Neonreklame, statt dessen Pferdedroschken, schmiedeeiserne Ladenschilder und Straßenlaternen. Es ist das Viertel der Galerien, Restaurants und Straßencafés – mit noch vielen von Pensionären bewohnten Häusern, Hinterhöfen mit spielenden Kindern und herumstreunenden Katzen.

Im Geflecht der kleinen Straßen und Gassen fällt es schwer, sich für einen bestimmten Weg zu entscheiden. Allein vom Schloßplatz gibt es vier Wege, auf denen man zum großen Altstadtmarkt gelangen kann. Die meisten Besucher wählen die *Świętojańska,* die älteste Straße Warschaus. An ihr befindet sich die **Johanniskathedrale**, das wichtigste Gotteshaus der Stadt (*Katedra Św. Jana*, ca. 1300), das seine heutige neugotische Gestalt im frühen 19. Jahrhundert erhielt. Viele wichtige Ereignisse haben in der Kirche stattgefunden: 1339 wurde das Urteil gegen den Kreuzritterorden gesprochen, am 3. Mai 1791 leistete der Adel seinen Schwur auf die neue Verfassung. Polnische Könige ließen sich im Dom krönen, eine ganze Reihe von Politikern, Kirchenfürsten und Dichtern liegt hier begraben.

Herausgeputzt für den Fototermin am Altstadtmarkt

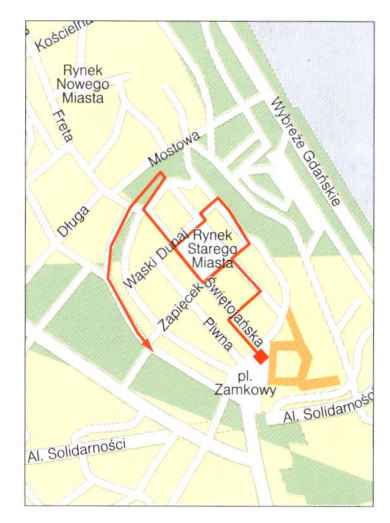

Parlamentspredigten anno dazumal

Eine jede Sejmtagung wurde mit einem Festgottesdienst in der Johanniskathedrale eingeleitet. Die Predigt bezog sich in der Regel auf das Thema der anstehenden Sitzung. Der wortgewaltige Piotr Skarga (1536–1612) war Hofprediger bei König Sigismund III. Von der Kanzel wetterte er gegen den selbstherrlichen Adel und schleuderte den Gläubigen visionäre Drohungen entgegen. Zur Illustration eine kleine Kostprobe:
»Die Mauern der Republik zeigen immer tiefere Risse und ihr sagt: Es tut nichts – Polens Verstand ist die Anarchie! Aber kaum, daß ihr zur Besinnung gelangt, wird das Königreich fallen und euch unter seinen Trümmern begraben... Und ihr, die ihr über andere Völker geherrscht habt, werdet sein wie eine verwaiste Witwe und werdet euren Feinden zum Hohngelächter und verächtlichen Ärgernis werden...«

Inmitten der barocken Stadtarchitektur wirkt die gotische Fassade der Kathedrale fremd. Der backsteinerne Giebel mit geometrisch angeordneten Säulen strahlt ungewohnte Strenge und Askese aus. Üppiger wirkt das Kircheninnere: es birgt Chorgestühl, das König Jan III. Sobieski als Dank für seinen Sieg über die Türken 1683 gestiftet hat. In der seitlich sich anschließenden Christuskapelle präsentiert sich ein Meisterwerk spätgotischer Schnitzkunst. Mit großer Expressivität ist das Leiden des Gekreuzigten eingefangen; sein Haupt ist mit menschlichem Haar bedeckt, auf diese Weise soll die Authentizität der Darstellung erhöht werden. Polnische Besucher pilgern in die Kirchenkrypta, wo Kardinal Stefan Wyszyński beerdigt ist; sie legen Blumen am Grab von Henryk Sienkiewicz nieder und halten inne an der Ruhestatt des 1922 ermordeten ersten polnischen Staatspräsidenten Gabriel Narutowicz.

Neben der Johanniskathedrale erhebt sich die barocke **Jesuitenkirche**. König Sigismund III. Wasa hat sie zu Beginn des 17. Jahrhunderts gestiftet, auf daß der Orden den Geist der Gegenreformation mit Nachdruck verbreite. Sie wirkt hell und vergleichsweise schlicht, doch ihr Turm, der höchste der Altstadt, dokumentiert sichtbar die kirchliche Macht.

Wer Zeit hat, macht einen kleinen Abstecher über die *Dziekania*. Im Schatten der Kirchen erstreckt sich der malerische, von pastellfarbenen Barockbauten gesäumte **Platz der Kanoniker** (*plac Kanonia*). Er ist nach den hier lebenden Domherren benannt. Die Tafel am Haus Nr. 8, die an Stanisław Staszic (1755-1826), einen ihrer Kritiker, erinnert, will hierzu nicht passen: Der bekann-

Alfred Döblin in der Johanniskathedrale (1924)

Der S.-Fischer-Verlag hatte Döblin beauftragt, im Herbst 1924 nach Polen zu reisen und eine Reportage über das Land zu schreiben. Eine der Fragen, die sich Döblin stellte, lautete: »Wer hungert im Lande und wer ist satt?« Als Anhänger der sozialistischen Parteien trieb es ihn nicht zu den Mächtigen, sondern eher zu den Armen und Außenseitern.

Beim Besuch der Warschauer Kathedrale war er von den Ausdrucksformen der Frömmigkeit gebannt. *»Auf dem Steinboden im Seitengang hingestreckt ein Mensch, ein Mann, Bauer oder Arbeiter, in schmutzigen Schaftstiefeln. So lang er ist, liegt er auf Bauch und Gesicht. Die Arme hat er waagerecht ausgestreckt, hat sich als Kreuz ausgebreitet. Die Mütze vor seinem angedrückten Kopf. Die Steinplatte um Nase und Mund ist schwärzlich naß angelaufen.«* Beim Verlassen der Kirche fällt der Blick auf die Bettler, die damals wie auch heute wieder um ein Almosen bitten. Döblins Kommentar: *»Es ist gut, daß es Bettler gibt, und daß sie sich zeigen. Sie wecken das Gefühl. Sie zu sehen ist notwendig wie die Martyrien in den Kirchen. Man kauft sich nicht von ihnen los. Morgen, übermorgen sind sie wieder da, so gewiß wie das menschliche Elend, das ganze dunkle Dasein.«*

· Alfred Döblin. Reise in Polen. Freiburg i.Br. 1968.

Herz der Altstadt: Der Rynek

te polnische Aufklärer stand mit Rousseau und anderen radikalen französischen Denkern in Kontakt, gründete im Jahre 1800 die erste polnische Gesellschaft der Freunde der Wissenschaften. Deren Ziel war es, religiöser Bevormundung zu Leibe zu rücken und all jene zu fördern, die bemüht waren, die Welt rational zu erfassen. Ein romantischer Arkadengang, über den der König vom Schloß in die Kathedrale gelangte, schließt den Platz nach Süden hin ab.

Parallel zur Świętojańska verläuft die attraktive *Piwna*, die »Trinkgasse« des alten Warschau. Die früher von Kaufleuten bewohnten Barockhäuser sind mit hübschen Portalen und Reliefs geschmückt. Beherrscht wird die Piwna von der **Martinskirche** mit prächtiger Fassade und hoch aufschießendem Turm. Der Sakralbau, im 14. Jahrhundert als Klosterkirche der Augustiner errichtet, erhielt im 17. Jahrhundert seine heutige spätbarocke Gestalt. Südwärts schließt sich ein romantischer Kreuzgang an. Dunkel verhüllte Nonnen huschen vorbei, ohne die Besucher eines Blickes zu würdigen. Schönster Platz und Herzstück Warschaus ist der **Altstadtmarkt** *(Rynek Starego Miasta)*. Hier wurden über 40 Patrizierhäuser mit pittoresken Fassaden und spitzgieblichen Dächern meisterhaft rekonstruiert: Architektur wie aus dem Bilderbuch, aufgrund ihrer stilistischen Geschlossenheit einzigartig in der Welt. Auf diesem Platz, schreibt der Schriftsteller Rolf Schneider, erlebt man die *»anmutigste und vollkommenste Ausprägung jener eigentümlichen polnischen Marktplätze, deren Besonderheit darin besteht, daß, gesetzt man postiert sich in deren Mitte, die Mündung keiner der zu ihnen hinführen-*

den Straßen einsehbar ist, daß also die Illusion entsteht, man befinde sich in einem lückenlos umbauten Areal.«

Die einzelnen Seiten sind nach radikalen Reformern benannt, die am Platz wohnten und von 1788 bis 1792 die Arbeit im Sejm entscheidend mitbestimmten. Damals gab es hier auch noch ein Rathaus, doch im frühen 19. Jahrhundert wurde es abgerissen und nach 1945 nicht wieder aufgebaut. Statt dessen bevölkern nun Touristengruppen den Platz, und an seinen Rändern finden sich Cafés und Restaurants. Der Besucher mag sich an Montmartre erinnert fühlen: Straßenmusikanten üben sich in Vivaldi, Kunststudenten stellen ihre Staffeleien auf.

Kołłątaj
(Westseite des Rynek)

Der Schriftsteller und Philosoph Hugo Kołłątaj (1750–1812) wohnte im Haus Nr. 21 – heute befindet sich hier das renommierte Restaurant Gessler. Im Hinterzimmer des Erdgeschosses wurde ein ruhiges Café eingerichtet, von einem alten Grammophon erklingen polnische Chansons. Links vom Haus befinden sich die Post und eine kleine Apotheke, rechts ein Laden mit einer großen Auswahl preisgekrönter polnischer Plakate. Das Fukier-Haus (Nr. 27) ist nach einem Nachkommen der Augsburger Kaufmannsfamilie Fugger benannt, der es im Jahr 1810 übernahm. Das Fugger-Emblem, ein geschwungenes F vor gekreuzten Lilien, schmückt noch heute das Hauptportal, im Innern erwarten den Gast prachtvolle Speiseräume und ein romantischer Arkadenhof. Das um 1500 begründete Haus der masowischen Herzöge schließt die Westseite ab. In der Ecknische steht eine schon etwas verwitterte gotische Skulptur der heiligen Anna. Seit Jahrhunderten blickt sie auf die vorbeiflutenden Passanten hinab, trägt unerschütterlich Jesuskind und

Am Rynek

Am Haus zum kleinen Mohren

Maria im Arm. In dem Haus (Nr. 31) hat heute das Historische Institut der polnischen Akademie seinen Sitz.

Dekert
(Nordseite des Rynek)
Wer die Renaissance- und Barockfassaden hinaufschaut, kann wunderbare Fresken und Reliefs entdecken. Eine Attika mit Heiligenfiguren schmückt das Haus Nr. 28, ein schönes Barockportal (Nr. 32) zeigt das Wappen der Patrizierfamilie Baryczka. Über dem Haupteingang des Hauses Nr. 36 (Zum kleinen Mohren) prangt das Konterfei eines schwarzen Prinzen. Hier lebte die italienische Kaufmannsfamilie Gianotti, die durch den Handel mit Kolonialwaren Reichtum und Ruhm erwarb. In den benachbarten Häusern Nr. 40 und 42 wohnte gleichfalls ein Italiener: Signor Montelupi war es, der im 17. Jahrhundert den königlichen Postdienst begründete. Später zog hier der Reformer Jan Dekert (1738-1790) ein, das hübsche Kellerrestaurant trägt seinen Namen.

Heute sind alle Häuser der Nordseite untereinander verbunden und beherbergen das ➤Historische Museum der Stadt Warschau (*Muzeum Historyczne m. st. Warszawy*, Rynek Starego Miasta 28, Mo geschl.). Werktags wird im Rahmen der Ausstellung ein Dokumentarfilm über die polnische Hauptstadt gezeigt.

Barss
(Ostseite des Rynek)
Zwischen den Restaurants leuchtet das renovierte ➤Literaturmuseum auf, das der Geschichte der polnischen Literatur, insbesondere dem romantischen Volksdichter Adam Mickiewicz gewidmet ist (*Muzeum Literatury im. Adama Mickiewicza*,

Zahlreiche liebenswerte Details zieren die Fassaden der Häuser am Altstadtmarkt, wie hier an der Südwestecke.

Rynek Starego Miasta 20). Im Nordosteck des Platzes führt der Treppenweg *Kamienne Schodki* über 109 Stufen zum Weichselufer hinab. Er kreuzt die *Brzozowa*, über die man rechts zu einer großen Aussichtsterrasse am Hügel **Gnojna Góra** gelangt, auf der angeblich schon Napoleon stand. Der Blick gleitet über die träge dahinfließende Weichsel bis hinüber zu den Parkanlagen von Praga. Der Name des Hügels (G*nojna Góra* = Mistberg) hat sich aus jener Zeit erhalten, als die Warschauer hier ihren gesamten Müll abluden. Chronisten berichten von bizarren Begebenheiten. So kam es vor, daß in die stinkende Jauche Männer und Frauen bis zum Hals eingegraben wurden: eine von Ärzten verordnete Therapie für Syphiliskranke.

Über die *Celna*-Gasse kehrt man zum Rynek zurück. Mit dem Haus Nr. 2 schließt die Ostseite ab. Unter dem Sgrafitto von Piotr Skarga, dem sprachgewaltigen Prediger der Gegenreformation, befindet sich eine Galerie, und auch das Altstädtische Kulturzentrum ist in dem Haus untergebracht. Oft finden hier Konzerte, Pantomime- und Theatervorführungen, Filme und Lesungen statt. Zum Kulturhaus gehört auch das Café Manekin, in dessen Kellerräumen sich verstaubtes sozialistisches Flair erhalten hat.

Zakrzewski (Südseite des Rynek)

Das Restaurant Bazyliszek (Kleiner Basilisk) befindet sich in einem Haus mit schmucker klassizistischer Fassade (Nr. 5) und offeriert beste polnische Kost. Seinen Namen verdankt es dem altstädtischen Monstrum, das in grauer Vorzeit im Kellergewölbe lebte und einen kostbaren Schatz bewachte. Auf dünnen, krallenbewehrten Beinen erhob sich ein schwarzgefiederter Rumpf, sein Schlangenhaupt war von purpurnen Zacken gekrönt. Niemand hätte den Schatz besser bewachen können als dieses Ungetüm. Denn wer immer sich in den Keller hinabwagte, erstarrte zu Stein: Ein Blick von Bazyliszek genügte, um den Eindringling unschädlich zu machen. Es bedurfte eines listigen Schusters, um das Ungeheuer auszutricksen. Mit einem großen Spiegel bewehrt stieg er in die Drachenhöhle hinab und reflektierte den tödlichen Blick – der Basilisk ward getroffen, erstarrte nun selber zu Stein. Heute prangt sein Emblem an der Fassade des Hauses, direkt über dem Eingangsportal.

Warten auf das Spektakel

Den Namen eines anderen blutrünstigen Wesens trägt das Eckhaus Nr. 13: Zum Löwen. Das vergoldete Relief stammt aus dem 18. Jahrhundert und zeigt den König der Tiere, wie er zum Sprung über die Straße ansetzt.

Von der Südwestecke des Rynek zweigt die *Zapiecek* ab. Dort wurde im 19. Jahrhundert ein ungewöhnlicher Markt abgehalten. Die Städter erwarben exotische Singvögel, um sich ein Stückchen Natur ins Haus zu holen. Heute ist die Straße vor allem aufgrund der nach ihr benannten Galerie bekannt, in der vieldiskutierte Ausstellungen organisiert werden (ul. Zapiecek 1). Überquert man die Piwna, so kommt man in die alte Bäckergasse (*Piekarska*). Doch an die Bäcker, die hier im Mittelalter lebten, erinnert nur noch der Name. Ihre Holzhäuser mußten soliden Steinbauten weichen, die sich nur wohlhabende Kaufleute und Goldschmiede leisten konnten. Letztere versorgten Hof und Adel mit Kostbarkeiten und wurden dafür reich entlohnt. Meisterstücke ihres Handwerks sind im ➤Goldschmiedemuseum ausgestellt (*Muzeum Rzemiosł Artystycznych i Precyzyjnych*, ul. Piekarska 20, Eingang ul. Rycerska, Sa+So geschl.).

An der Nordwestecke des Rynek lohnt ein Abstecher in die Gasse *Wąski Dunaj*, die den Marktplatz mit dem Festungswall verbindet. Ihr Prunkstück ist das grüngetünchte Salwator-Haus mit einer eleganten Attika (Nr. 8). Sein erster Besitzer war der italienisch-jüdische Kaufmann Jacopo Gianotti, dessen Initialen auf dem Wappen über dem Hauptportal eingeritzt sind. Das Nachbarhaus (Nr. 10) gehörte der Schneiderzunft und birgt heute ein

Die Wallanlagen

kleines ➤Ledermuseum – dem Schuster Jan Kiliński, der in einer Seitengasse lebte, ist es gewidmet (*Muzeum Cechu Rzemiosł Skórzanych im. Kilińskiego*, ul. Wąski Dunaj 10, nur geöffnet Do–Sa). Kiliński ist bei Warschauer Schülern fast so bekannt wie Kościuszko: 1794 hat er den Angriff auf die Residenz des russischen Botschafters angeführt. Ein Denkmal an den Wehrmauern erinnert an ihn. – Am Ledermuseum geht es rechts zum beschaulichen Platz *Szeroki Dunaj*. Hier finden während des Straßentheater-Festivals im Juni die interessantesten Aufführungen statt.

Die *Nowomiejska* verbindet den Rynek mit der **Barbakane**. Diese kreisrunde rotbraune Backsteinbastion, die mit ihren vier Ecktürmen an eine Festung erinnert, entwarf der venezianische Baumeister Giovanni Battista im Jahr 1548. Sie gehörte zu einem rings um die Altstadt aufgezogenen, nach 1945 teilweise rekonstruierten Befestigungssystem. Die Barbakane schloß die Altstadt nach Norden hin ab, war neben dem Krakauer Tor im Süden das einzige Portal, das Einlaß in die Stadtfestung bot. An dem strategisch günstigen Ort haben sich heute Künstler und Souvenirverkäufer postiert und machen ein gutes Geschäft.

Geht man von der Barbakane in Richtung Weichsel, begegnet man der **Sirene**, dem Wahrzeichen Warschaus. Konstans Hegel hat die Skulptur 1855 entworfen: Mit ihrem erhobenen Schwert gleicht sie einer antiken Kriegsgöttin, die sich zur Verteidigung der Stadt aufschwingt. Die Fischfrau Sirene ist auch auf dem ältesten Wappen Warschaus abgebildet, das aus der Mitte des 14. Jahrhunderts stammt. Dort war sie noch als Dämon mit vogelähnlichen Krallen und Flügeln dargestellt – ein Bild, das eher den Sieg über die Macht des Bösen beschwören wollte als daß es einladen mochte zur Identifikation. Doch im Laufe der Jahrhunderte, scheint es, ging Sirene ihrer dämonischen Kräfte verlustig, wurde als verlockende Frau gezeichnet, deren martialisches Beiwerk den erotischen Reiz nur erhöht.

Von der Barbakane in Richtung Westen schlägt ein Spazierweg zwischen äußerer und innerer Mauer des Festungsrings einen Halbkreis. Er eröffnet schöne Ausblicke auf

Denkmal für einen tapferen Schuster

den Grüngürtel längs der *Podwale* und führt zurück zum Schloßplatz. Dabei sind Darstellungen aus dem polnischen Heldenkatalog zu entdecken. Das **Denkmal des Kleinen Aufständischen** zeigt ein Kind mit Helm und geschultertem Gewehr und will an die jungen Warschauer erinnern, die als Kuriere an den Kämpfen des Aufstands 1944 beteiligt waren. Man nannte sie auch ›Kanalratten‹, da sie durch die städtische Kanalisation Waffen und Munition in die belagerten Stadtviertel schmuggelten. Nahe der Piekarska wird der bereits erwähnte Jan Kiliński geehrt: Der säbelschwingende Schuster holt aus zum Schlag gegen den überlegenen Feind...

Der Kleine Aufständische

Romantischer Winkel

3. Neustadt

An die altstädtischen Festungsmauern schließt sich nördlich die Neustadt (*Nowe Miasto*) an. So jungen Datums wie der Name vermuten läßt, ist sie freilich nicht – neu ist sie einzig im Vergleich zur Altstadt. Die Häuser wurden im Stil des späten 18. Jahrhunderts wiedererrichtet und vermitteln ein Bild jener Zeit, als klassizistische Eleganz die Architektur bestimmte. Nach Nowe Miasto kommt man, um dem Trubel der touristenüberfluteten Altstadt zu entfliehen. Hier gibt es malerische Gassen, z.B. die zum alten Pulvermagazin hinabführende *Mostowa*. Kirchtürme bestimmen die Stadtsilhouette, Klostergärten bieten sich dar als Oasen der Stille. Zumeist stammen sie aus dem 16. Jahrhundert, als Orden verschiedenster Couleur ins Land strömten, um die Seelen der Polen vor den ketzerischen Ideen des Protestantismus zu retten. Es kamen Pauliner und Dominikaner, Franziskaner und Piaristen, Bonifrater, Sakramenter und Redemptoristen – einige sind bis heute geblieben.

Gleich eingangs der *ulica Freta* präsentieren sich die ersten Sakralbauten: links die barocke, doppeltürmige **Paulinerkirche**, von der seit 1711 alljährlich die bedeutende Wallfahrt nach Tschenstochau aufbricht; rechts die mächtige **Dominikanerkirche** mit einer von Tylman van Gameren entworfenen Grabkapelle. Die Freta war vor dem Krieg eine wichtige Einkaufsstraße mit Boutiquen und Hutgeschäften, heute ist sie von Antiquitätenläden, Cafés und Lokalen gesäumt. Im **Samson-Palais** mit reich dekorierter Fassade (Reliefs über dem Portal zeigen Szenen aus Samsons Leben) lebte zu Beginn des 19. Jahrhunderts der preußische Verwaltungsbeamte E.T.A. Hoffmann (➢Portraits). Als *»erstaunlich lebhaft«* empfand er das Leben in Warschau, *»vorzüglich in der Freta-Gasse, da hier der Mehl-, Grütz-, Brot- und Grünzeug-Handel ganz ausnehmend blüht«*; und er ergötzte sich an *»Differenzen«*, die sich dicht unter seinem Fenster abspielten - *»zwischen drei Mehlweibern, zwei Karrenschiebern und einem Schifferknechte.«* Neuerdings ist im Samson-Palais das ➢Museum asiatischer und ozeanischer Kunst untergebracht (*Muzeum Azji i Pacyfiku*, ul. Freta 5, Mo geschl.). Schräg gegenüber befindet sich das ➢Maria-Skłodowska-Curie-Museum; die zweifache Nobelpreisträgerin wurde 1867 in diesem Haus geboren – damals war es noch ein von ihrer Mutter geleitetes Mädchenpensionat (*Muzeum Marii Skłodowskiej-Curie*, ul. Freta 16, Mo geschl.).

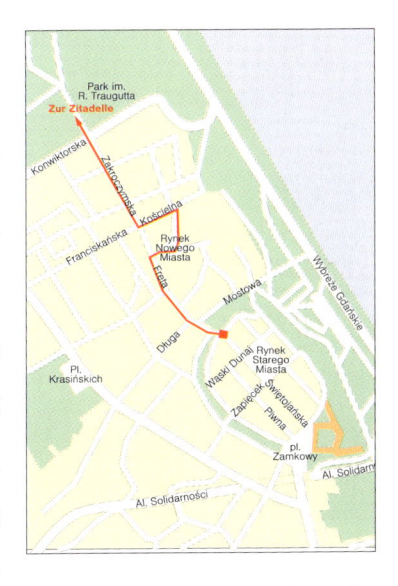

Von hier startet die Wallfahrt nach Tschenstochau

Kurze Zeit später ist der **Neustadtmarkt** (*Rynek Nowego Miasta*) erreicht: ein trapezförmiger, von hohen Bäumen beschatteter Platz. Er ist weniger imposant als sein Pendant in der Altstadt, doch hat er den Vorzug beschaulich-entspannter Atmosphäre. Hier warten keine Droschken auf zahlungswillige Touristen und auch keine Kunstmaler, die austauschbare Landschaftsbilder feilbieten. Blickfang ist die barocke **Kirche der Sakramentinerinnen**, die Königin Marysieńka Sobieska 1683 zum Dank für den Sieg ihres Mannes über die Türken erbauen ließ. Als Architekt war einmal mehr Tylman van Gameren ausersehen, der einen eleganten Kuppelbau schuf. Prunkstück der kargen Inneneinrichtung ist die Grabkapelle der Familie Sobieski, in der auch der letzte Sproß der Dynastie, Maria Karolina, Fürstin von Bouillon, beerdigt ist.

Im Schatten des Bauwerks, erreichbar über die schmale *Piesza*-Gasse, steht die **Kirche der Redemptoristen**, ein schlichtes Gotteshaus, das im 17. Jahrhundert von in Warschau lebenden deutschen Handwerkern und Künstlern begründet wurde. Nur einen Steinwurf entfernt folgt links die gotische **Marienkirche**, der älteste Sakralbau der Neustadt. Von der hohen Uferböschung an ihrer Rückseite eröffnet sich ein weiter Blick auf das Weichseltal mit der gegenüberliegenden Vorstadt Praga. Hier wird alljährlich am 21.

Kleinod des Barock: die Kirche der Sakramentinerinnen

Viele Häuser der Neustadt sind mit Fresken geschmückt

Juni die Johannisnacht gefeiert: Blumenkränze mit brennenden Kerzen treiben auf der Weichsel, dazu erklingt laute Pop- und Schlagermusik.

Über die *Kościelna* kommt man zurück zum Nordende der Freta. Ein makabres Exponat birgt die rechts aufragende, von Kapellen umschlossene **Franziskanerkirche**: Seit 1754 liegen in einem gläsernen Sarg die Gebeine des heiligen Vitalius, ein Geschenk von Papst Benedikt XIV. an den rührigen Orden. Nordwärts, an der *Zakroczymska*, wurde um 1740 für den Kanzler des litauischen Großfürsten das **Palais Sapieha** errichtet: Der schöne Rokokobau diente im 19. Jahrhundert als Kaserne und Lazarett und fungiert heute als Schule.

Nicht viele Touristen verirren sich in das Gebiet nördlich der Neustadt. Vom Grüngürtel an der vierspurigen Danziger Uferstraße (*Wybrzeże Gdańskie*) führt eine monumentale Treppe zur mächtigen **Zitadelle**. Man passiert das Tor der Hinrichtungen (*Brama Straceń*) und geht über den Weg der zum Tode Verurteilten (*Droga Straceń*) an Spandauer Kanonen vorbei zum Hauptgebäude. Die Anlage entstand auf Verlangen von Zar Nikolaus I. nach dem Scheitern des Novemberaufstands von 1830 und wurde zum Symbol der rücksichtslosen Repressionspolitik. Heute beherbergt das ehemalige Gefängnis die Europäische Kunstakademie und ein ➤Museum der Unabhängigkeit, in dem die Etappen der nationalen Befreiung Polens nachgezeichnet sind. Interessantestes Exponat ist eine schwarze, im Hof aufgestellte Kutsche, die wie ein Begräbniswagen wirkt; pol-

Der Blick nach oben lohnt: Fassade in der Neustadt

nische Gefangene wurden in Fahrzeugen dieser Art nach Rußland in die Verbannung geschickt. Den Lageralltag hat der Maler Alexander Sochaczewski mit bewegenden Bildern dokumentiert (*Muzeum X Pawilonu*, Cytadela Warszawska, Skazańców 25, Mo+Di geschl.).

Am Fuße des Hügels liegt das noble Wohnviertel von **Żoliborz,** das für polnische Offiziere in den 20er Jahren angelegt wurde. Die verspielten Villen kontrastieren mit der weiter nördlich liegenden Arbeitersiedlung des ›roten‹ Żoliborz: hier Repliken des polnischen Adelshofs, dort Funktionalismus im Stil Le Corbusiers. Der *plac Wilsona* trug bis vor kurzem noch den Namen der Pariser Kommune. An seiner Westseite steht die moderne Stanisław-Kostka-Kirche, in der nach Aufhebung des Kriegsrechts der Solidarność-Priester Jerzy Popiełuszko seine regimekritischen »Messen fürs Vaterland« hielt. Tausende von Warschauern lauschten seinen Worten – bis zum 19. Oktober 1984, als er spurlos verschwand. Mitglieder der Sicherheitspolizei, wenig später gefaßt, hatten ihn entführt und ermordet. Am 3. November 1984 wurde er in der Kirche beerdigt, zu seinem Grab pilgern noch heute die Gläubigen.

4. Vom Palais Krasiński zum Sächsischen Garten

Im Gebiet südwestlich der Neustadt ist in den vergangenen Jahren eifrig gebaut worden. Wer von der Freta in die *Świętojerska* einbiegt, sieht linkerhand den neuen **Justizkomplex** - manch ein Warschauer ist darüber verärgert, daß der einst große freie Platz nun zubetoniert ist. Auf bedeutend mehr Zustimmung stieß das rekonstruierte **Rathaus** am Theaterplatz - endlich, so meinen die Warschauer, ist die kommunistische Nike, die bisher dort gestanden hat, aus dem Stadtbild verbannt.

Der Rundgang beginnt am barocken **Palais Krasiński** gegenüber dem Obersten Gericht. Der Prachtbau ist 1677 nach einem Entwurf Tylman van Gamerens entstanden und birgt die Sammlungen der Nationalbibliothek mit wertvollen Manuskripten und Druckgraphiken. Die Giebelreliefs über dem Hauptportal schuf Andreas Schlüter, der später mit dem Bau des Königsschlosses von Berlin Berühmtheit erlangte. Eine ganz andere Welt schlägt dem Betrachter auf der Ostseite des Platzes entgegen. In dramatischer, an den Sozialistischen Realismus gemahnender Formsprache erhebt sich das **Denkmal des Warschauer Aufstands**. Überlebensgroße Figuren steigen aus den Kanälen empor, in denen sie sich versteckt gehalten hatten, und machen sich zum Angriff bereit. während des gesamten Aufstands wurden die unterirdischen Verbindungswege genutzt, um den Kontakt zwischen den einzelnen Kampfgruppen in den Stadtteilen aufrechtzuerhalten; später diente die Kanalisation auch als Fuchtweg aus den von deutschen Truppen umzingelten Widerstandsnestern. Doch nicht allen Kämpfern war es vergönnt, den Abwässerkanal zu verlassen. Auf einer kleinen Tafel ist zu lesen, daß im September 1944 über 5000 Aufständische in den unterirdischen Stollen ertranken oder im Feuer der in die Gänge hinabgeworfenen Granaten starben. Andrzej Wajda hat in seinem Film *Kanal* den Schreckensweg dieser Flucht beschrieben. Ein kleines Museum veranschaulicht den Verlauf des Kampfes (➢Museum des Warschauer Aufstands). Gleichfalls mit der Geschichte des Aufstands verknüpft ist das **Palais Raczyński** (ul. Długa 7): 400 verwundete Polen wurden im Oktober 1944 in dem

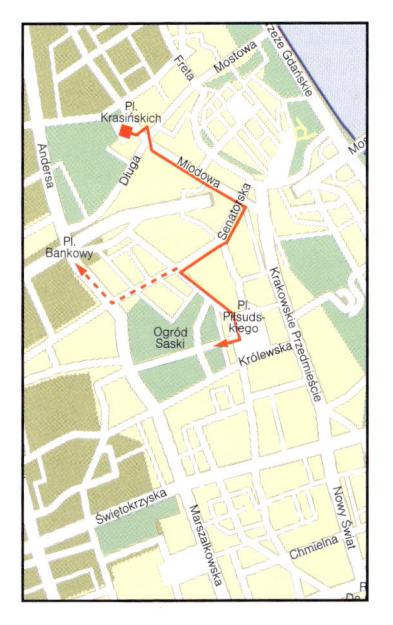

Denkmal der Warschauer Aufständischen

als Lazarett genutzten Palast von deutschen Truppen ermordet.
Um zum Theaterplatz zu gelangen, folgt man der leider von Autos stark befahrenen *Miodowa* in südöstlicher Richtung. Im **Collegium Nobilium**, in dem von 1743 bis 1867 die Söhne des Adels unterrichtet wurden, hat eine bekannte Theaterschule ihren Sitz. Dahinter ragen die schlanken Türme der **Piaristenkirche** auf; die hellgetünchte Barockfront beeindruckt durch Doppelpilaster, auf denen ein antikisierender Giebel ruht. Ein paar Häuser weiter verbirgt sich hinter monumentaler Fassade die **Kirche der Basilianer**. Der byzantinisch-ukrainische Orden wirkte in Osteuropa als geistlicher Hüter der Orthodoxie. Der Primas von Polen residiert gegenüber im **Palais Borch**, erschaffen von Domenico Merlini um 1789. Hier logiert Papst Johannes Paul II. bei seinen Besuchen in Warschau. Die Räume des **Palais Pac**, das mit seinen drei kolossalen Eingangsnischen wie ein Schloß anmutet, werden vom Gesundheits- und Sozialministerium genutzt. Ursprünglich war dies ein Barockbau, doch 1824-28 ließ Graf Ludwik Pac das Palais im Palladiostil umgestalten. Die barocke **Kapuzinerkirche** trägt unverkennbar die Handschrift von Tylman van Gameren. König Jan III. Sobieski schenkte sie der Kirche und bedankte sich damit einmal mehr für seinen Sieg über die Türken im Jahr 1683. Sein Herz ruht in einem Sarkophag in der vorderen rechten Seitenkapelle, in einer nicht ganz so prachtvollen Urne werden die sterblichen Überreste des Sachsenkönigs August des Starken verwahrt.

Kurz bevor die *Senatorska* die *Miodowa* kreuzt, erhebt sich zur Linken das pastellfarbene **Palais Branicki** aus dem 18. Jahrhundert. Seine Attika ist mit großen vogelähnlichen Monstern und exotischen Tieren geschmückt, die einen bizarren Kontrast zu den strengen Architekturformen bilden. Heute beherbergt das Palais eine Filiale des Rathauses; es lohnt sich, einen Blick in die Eingangshalle zu werfen, wo wechselnde Ausstellungen avantgardistischer Kunst gezeigt werden (*Galeria Prezydenta Warszawy*, ul. Miodowa 6, Sa+So geschl.).

Am spätbarocken Palais der Krakauer Bischöfe kann man rechts in die *Senatorska* einbiegen. Ende des 16. Jahrhunderts, als das Dorf Wola zum Ort der Königswahlen bestimmt wurde, verwandelte sich dieser Trakt in eine der Hauptstraßen Warschaus; binnen weniger Jahre entstanden zahlreiche Adelsresidenzen. Prächtigstes Gebäude der Straße ist das ehemalige **Palais der Erzbischöfe** zur Linken. Während der Schwedenkriege wurde es fast vollständig zerstört, um die Mitte des 18. Jahrhunderts von Grund auf im klassizistischen Stil erneuert. Unter der Regentschaft Poniatowskis galt das Palais als eine der herausragenden Residenzen Warschaus, war es ein Zentrum des geistigen und kulturellen Lebens in der kurz währenden Phase der Aufklärung. In dem Gebäude mit auffallendem, von hohen Säulen flankiertem Portal hat sich heute nicht nur die polnische Regierung Repräsentationsräume erobert. Immer häufiger werden Prachtsäle auch von großen westli-

An der Miodowa-Straße

Das Große Theater

Stanisław Moniuszko, Schöpfer der polnischen Volksoper

Der am 5. Mai 1819 in Ubiel bei Minsk geborene Komponist kam im Anschluß an seine Ausbildung in Berlin nach Warschau und wurde erst Opernkapellmeister am Konservatorium, ab 1858 auch Direktor der Oper. Er lebte in der Krakauer Vorstadt 81, eine Tafel erinnert noch heute an ihn. Unter seinen 24 Opern ragt vor allem die 1848 uraufgeführte *Halka* heraus: angefüllt mit vielen Aspekten polnischer Geschichte.

Moniuszko starb am 4. Juni 1872, auf dem Powązki-Friedhof liegt er begraben.

chen Firmen angemietet, die – wie in einer Werbeschrift so schön zu lesen war – *»die Möglichkeit des täglichen Kontakts mit historischer Architektur zu schätzen wissen.«*

In den Jahren 1825-33 hat Antonio Corazzi das **Große Theater** (*Teatr Wielki*) entworfen. Im geteilten Polen war diesem eine besondere Rolle zugedacht: Es diente als Tempel nationaler Kultur, wo Stücke polnischer Autoren vor einem möglichst großen Publikum aufgeführt wurden. Die Grandezza des Theaters spiegelt die Ohnmacht Polens: Nur auf dem Feld der Kultur durften die politisch unfreien Polen ihre nationale Größe beschwören. Nach der Zerstörung Warschaus blieb ist von dem ursprünglichen Bau nur noch die klassizistische, 200 m lange Säulenfassade erhalten. Die beiden Skulpturen vor dem Theater, die sich vor dem Riesenbau verschwindend klein ausnehmen, stellen berühmte Persönlichkeiten dar: Die linke zeigt Stanisław Moniuszko (1819–1872), den Schöpfer der polnischen Volksoper, die rechte Wojciech Bogusławski (1757–1829), den Begründer des polnischen Theaters.

Es lohnt sich, das Theater von innen zu sehen. Denn hinter der Fassade erstreckt sich eine riesige Anlage mit Gebäudetrakten und Höfen, eine wahrhaftige ›Fabrik der Gefühle‹. Das Theaterfoyer ist mit prunkvollem Marmor, Stukkaturen und Kronleuchtern ausgestattet. Über eine weit ausladende Freitreppe gelangt man in den Opernsaal, der für etwa 2000 Besucher konzipiert und damit einer der größten Europas ist. Einen Besuch lohnt auch der kleinere Nebensaal, in dem vor allem Theaterstücke aufgeführt werden. Im ➤Theatermuseum wird die Geschichte der polnischen Bühnen nachgezeichnet (ul. Wierzbowa, Di, Do, Fr 11–14 Uhr).

Früher zog die **Nike**, die dem Nationaltheater gegenüber aufragte, unweigerlich die Blicke aller Besucher auf sich. In der monumentalen Plastik war die Figur der antiken Siegesgöttin geschickt mit der Warschauer Sirene verknüpft: In einer Geste des Aufbegehrens schnellte die Frauengestalt den Oberkörper empor, mit einem Schwert holte sie aus zum tödlichen Hieb – selbst im Untergang gab sie sich nicht geschlagen. Marian Konieczny, später auch als ›Michelangelo des Sozialistischen Realismus‹ bezeichnet, hatte das Denkmal zu Beginn der 60er Jahre im Auftrag der Regierung geschaffen – gewidmet war es den Opfern des Warschauer Aufstands, und beim Aufstellen hatte man großen Wert darauf gelegt, daß das Schwert nicht in Richtung Osten wies. 1995 wurde die Skulptur demontiert und fortgeschafft. An ihrem Platz wurde das **Alte Rathaus** rekonstruiert, das nun allerdings den Herren des großen Geldes als Bank dient. Leider ist durch den Bau die optische Wirkung des Theaters erheblich eingeschränkt, seine Grandezza kommt nicht mehr voll zur Geltung. Und wo findet man Nike? Viele meinten, ihr sozialistisches Pathos verstöre die heutigen Warschauer, darum sollte sie im Museumskeller der Geschichte verschwinden. Andere wollten sie an weniger exponierter Stelle neu aufbauen, wobei sicherzustellen wäre, daß ihr Schwert diesmal nach Osten zeige. Zu guter letzt fand Nike ihren Platz an einer Schnellstraße: an der al. Solidarności hinter dem Rathaus.

Auf der Südseite des Theaters erstreckt sich ein weitläufiger Paradeplatz, der schon oft seinen Namen gewechselt hat. Früher war er nach den sächsischen Königen, später nach Hitler benannt und heißt heute – wie schon einmal in der Zwischenkriegszeit – nach Józef Piłsudski. Das zu seinen Ehren errichtete Denkmal zeigt den General in traditioneller Heldenpose. Es befindet sich vor dem Hotel Europejski, in unmittelbarer Nähe des Militärgerichts.

Fast alle Staatsgäste fühlen sich verpflichtet, am **Grabmal des Unbekannten Soldaten** einen Kranz niederzulegen. Es wird von einer Kolonnade überdacht, die einst den

Wachablösung am Grabmal des Unbekannten Soldaten

Eingang zum Sächsischen Palast markierte. In einer Urne wird die Asche eines bei Lemberg gefallenen Soldaten aufbewahrt, die 14 umliegenden Urnen sind mit der Erde von Schlachtfeldern gefüllt. Auf Granittafeln sind die wichtigsten Schlachten der polnischen Geschichte aufgeführt: vom Sieg über den Deutschen Orden im Jahr 1410 bis zur Befreiung vom Nationalsozialismus 1945. Eine ewige Flamme brennt für die Toten, eine Ehrengarde, die täglich um 12 Uhr in einem feierlichen Zeremoniell abgelöst wird, hält rund um die Uhr Wache.

Hinter dem Grabmal beginnt der **Sächsische Garten**, den König August II. 1727 anlegen ließ. Der Regent wird auch August der Starke genannt, doch berühmt machten ihn eher seine vielen Mätressen und Kinder, die Liebe zu Prunk und Herrlichkeit. Im Park kann man sich wunderbar ausruhen, im Schatten alter Kastanien und Linden entdeckt man Skulpturen aus verschiedenen Epochen.

Abstecher zum Bankplatz

Der Platz, der bis 1989 nach Feliks Dzierżyński, dem Gründer der Kommunistischen Partei Polens benannt war, darf sich jetzt wieder Bankplatz (*plac Bankowy*) nennen. Seine Westseite wird von einem gigantischen klassizistischen Palast flankiert: Der von Antonio Corazzi 1825 entworfene Bau war einmal das polnische Finanzzentrum, jetzt ist darin das **Neue Rathaus** untergebracht. Im linken, von einer Kuppel geschmückten Seitenflügel, wo Besucher noch vor gar nicht langer Zeit in die Geschichte der revolutionären Bewegung Polens eingeführt wurden, ist nun eine aus kirchlichem Besitz stammende ➤Kollektion europäischer Kunst zu bewundern

An der Stelle des Hochhauses stand einst Polens größte Synagoge

(*Muzeum Kolekcji im. Jana Pawła II*, ul. Elektoralna 2, Mo geschl.). Die Ostseite des Bankplatzes wird von einem verglasten, in den 90er Jahren fertiggestellten Hochhaus beherrscht. Es wirkt wie ein monströser Fremdkörper inmitten der monumentalen klassizistischen Architektur, ist aber aufgrund seiner Modernität und ›himmelblauen‹ Farbigkeit bei den Warschauern gleichwohl beliebt. Eingeklemmt im Schatten des Glaskastens ist das Jüdische Historische Institut (➤Tour 9).

MIĘDZYNARODOWE TARGI KSIĄŻKI WARSZAWA 15-19 MAJA 1997

5. Kulturpalast und Geschäftszentrum

Eine Fortschrittsvision für die einen, ein Symbol sozialistischer Gigantomanie für die anderen: der **Kulturpalast** im Zentrum Warschaus ist das höchste Gebäude der Stadt. Seine 234 m hohe Spitze rührt an die Wolken; für den Bau wurden im Zeitraum von 1952 bis 1955, also in nur drei Jahren, 40 Millionen Ziegelsteine zusammengefügt. Der kostspielige Palast, entworfen nach dem Vorbild der Moskauer Lomonossow-Universität, war ein Geschenk Stalins an das polnische Volk, ein unübersehbares Zeichen sozialistischer Staatsmacht. Man braucht gut 20 Minuten, um die pompöse Anlage mit ihren vorspringenden Gebäudeflügeln einmal zu umrunden. Große Skulpturen zeigen Nikolaus Kopernikus, die Idealfigur polnischer Wissenschaft, und Adam Mickiewicz, den sprachgewaltigen Heros der nationalen Literatur. 28 Plastiken sind in Nischen eingelassen und singen das Hohelied von Fortschritt und Gerechtigkeit. Ein athletischer Arbeiter studiert das Kapital von Marx, eine mit Tunika umhüllte Frau schreitet aus, die Welt zu begreifen.

Im Innern des Palastes wird heute eine andere Sprache gelehrt. In bunten Lettern verspricht die Werbung Zufriedenheit und Glück – westliche Markenartikel anstatt utopischer Ideale. Nutzer der prunkvoll ausgestatteten Räume sind zahlungskräftige Unternehmen und Börsenmakler, Versicherungsagenten und ein

Stalins berühmtes Geschenk

internationales Business Centre. Wuchtige Eichentüren führen in Säle mit Marmorböden und Stuckdecken, allerorts hängen schwere Kristallkronleuchter. In Sekundenschnelle gleiten elegante Aufzüge die Stockwerke hinauf, samtrote Teppichböden schlucken jeden Laut. Big Business beherrscht viele der 3288 Räume, doch *»zum Glück noch nicht alle«*, sagen Künstler und Intellektuelle. Im Erdgeschoß gibt es drei große Theater und ein Kino, ein wunderbares Schwimmbad aus Marmor, ein ➢Technikmuseum und ein ➢Museum der Evolution. In der Rotunde des Ausstellungspavillons findet jeden Mai die Buchmesse statt, im Kongreßsaal, der 3000 Besuchern Platz bietet, jeden Oktober das *Jazz Jamboree*. Berühmte Musiker sind hier schon aufgetreten, darunter Louis Armstrong, Ray Charles und Miles Davis. Im zehnten Stockwerk ist das Goethe-Institut untergebracht, sieben Geschosse darüber hat das Deutsche Historische Institut seinen Sitz. Ganz oben haben sich Polnisches Fernsehen, Rundfunk und Telekommunikation einquartiert.

Wer Warschau aus der Vogelperspektive sehen möchte, fährt zur Aussichtsplattform im 30. Stock hinauf (tägl. 11-17 Uhr). Für umgerechnet fünf Mark hat man einen Rundblick, wie es ihn in Warschau kein zweites Mal gibt. Man sieht bis zur Altstadt und erkennt auf der anderen Weichselseite das Stadion des 10. Jahrestages, das im Volksmund ›Russenmarkt‹ genannt wird. Im Uhrzeigersinn schweift der Blick weiter zum Łazienki-Park, in dessen südlicher Verlängerung bei guter Sicht Schloß Wilanów zu sehen ist. Im Nordwesten liegen die Neubauviertel Muranów und Mirów, dort, wo sich einmal das jüdische Ghetto befand. Dieser Teil Warschaus wurde nicht restauriert, graue Wohnanlagen sind an die Stelle der Ruinen getreten. Grau wirkt auch die sogenannte Ostwand, ein dichter Komplex von Wohn- und Warenhäusern entlang der *Marszałkowska*. Dahinter liegt die Nationalphilharmonie, wo seit 1956 der *Warschauer Herbst* stattfindet.

Vor dem Kulturpalast liegt der riesige **Paradeplatz** (*plac Defilad*), auf dem früher bei feierlichen Anlässen bis zu einer Million Menschen zusammenströmten. Von seiner grandiosen Weite ist heute nicht mehr allzuviel spürbar, Verkaufsstände und Imbißbuden haben sich fest etabliert: ein trivialer Kontrast zum monumentalen Architekturentwurf.

Altes und neues Warschau

Doch ob sie auch noch in fünf Jahren hier stehen werden, ist ungewiß. Sind erst die Arbeiten an der U-Bahn abgeschlossen, könnte der Platz mit Hochhäusern bebaut werden, auf daß die umwerfende Wirkung des Kulturpalasts eingedämmt werde. Wichtigste Verkehrsachse der Stadt ist die Straße *Marszałkowska*. Wie mit dem Lineal gezogen erstreckt sie sich über vier Kilometer Länge vom Bankplatz (➤Tour 4) bis zum Platz der Lubliner Union (*plac Unii Lubelskiej*). Dies ist die Rennstrecke der Straßenbahnfahrer, zuweilen wundert man sich, daß die klapprigen Wagen nicht aus den Gleisen springen. Die Marszałkowska wurde nach dem Krieg neu aufgebaut und als Prachtstraße des sozialistischen Warschau konzipiert. Heute wirken die funktionalen Glasbauten und Wohnpaläste in ihrer Mehrheit vernachlässigt – keiner, scheint es, will Geld in ihre Renovierung investieren. Von der neuen Zeit künden nur die riesigen Reklamewände, einzige Farbtupfer in einer Wüste grauen Betons. Nacheinander aufgereiht findet man die **Kaufhäuser** Sezam, Junior, Sawa und Wars, in denen man von der Zahnbürste bis zum Auto alles kaufen kann, was das Herz begehrt. Die große Kreuzung *Marszałkowska/ Jerozolimskie* markiert das Zentrum der Stadt, durch eine labyrinthartige Unterführung gelangt man auf die gegenüberliegende Straßenseite. Und auch in Südrichtung reiht sich ein Geschäft an das nächste, dazwischen ein paar neue Reisebüros und -zig Restaurants, die mit stetig steigenden Preisen um die Gunst der Geschäftsleute buhlen. Doch hinter dem *plac Konstytucji* mit dem Hotel MDM wird die Straße schmaler und das Leben um einiges ruhiger. Wer mit der Straßenbahn bis zum Ende der Marszałkowska fährt, kann im Haus Nr. 8 eine der lebendigsten Studentenkneipen der Stadt kennenlernen. Im Café Brama (gleich neben dem Theater und der Pizzeria Metromilano) kann man abends gut und preiswert essen.

Zurück zum lauten und verkehrsreichen Zentrum: Die *Jerozolimskie* (Jerusalem-Allee) wurde im 18. Jahrhundert bebaut, war damals eine von mehreren Baumreihen flankierte Prunkstraße und hatte, wie der Name andeutet, einen hohen jüdischen Bevölkerungsanteil. Heute wird die Straße von Häusern der Jahrhundertwende gesäumt, dazwischen schieben sich Glas- und Betonpaläste im Stil des Sozialistischen Realismus. Vor allem in Bahnhofsnähe gibt es viele Komforthotels. Im Marriott empfiehlt sich die Fahrt hinauf zum Panorama-Club im 40. Stock; hier hat man einen gleichfalls herrlichen Ausblick über Warschau, der Kulturpalast präsentiert sich als Fotomotiv. Im Polonia, 1909 im Beaux-Arts-Stil errichtet, lohnt ein Blick in das alte Restaurant mit seinen goldverzierten Stukkaturen und üppigen Lüstern. Folgt man der Straße ostwärts in Richtung ➢Nationalmuseum, so kommt man am Haus Nr. 25 vorbei, wo Eintrittskarten für Theateraufführungen, Konzerte und Festivals verkauft werden (Kasse ZASP).

Wem das Leben in den Hauptverkehrsstraßen zu hektisch erscheint, der ziehe sich in die Nebenstraßen zurück. Verkehrsberuhigt ist die *Chmielna*, die seit Generationen auf Schuhe und Kleidung spezialisiert ist. Der älteste Laden gehört der Familie Kielmann, die schon seit 1885 in diesem Haus Schuhe verkauft. Noch einige Jahre älter ist das traditionsreiche Pralinengeschäft Wedel an der Ecke *Szpitalna/ Górskiego*. In der angeschlossenen Trinkstube kann man sich in antik eingerichteten Räumen wunderbar ausruhen und zähflüssige Schokolade schlürfen.

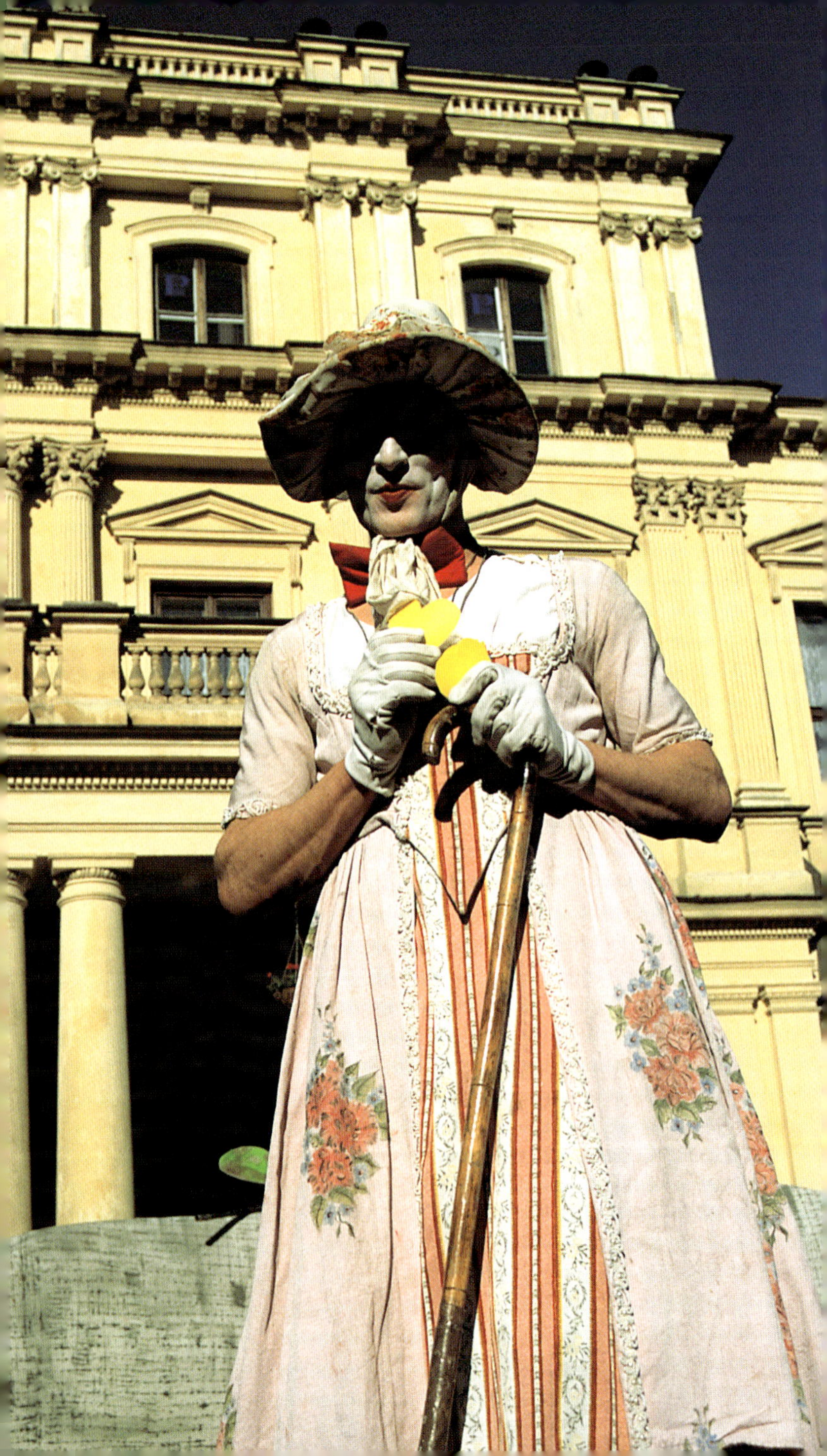

6. Königsweg I: Krakauer Vorstadt und ›Neue Welt‹

Mehrere prachtvolle Straßen verbinden sich zum 10 km langen Königstrakt, der vom Königsschloß bis zum Schloß Wilanów reicht. Die ersten vier Kilometer sind die schönsten: Der Weg führt über die geschäftige Krakauer Vorstadt (*Krakowskie Przedmieście*) und die elegante Neue Welt (*Nowy Świat*) zum Platz der drei Kreuze (*plac Trzech Krzyży*), von dort (➤Tour 7) weiter zum Łazienki-Park mit dem Palais Belvedere. Entlang der Straße entstanden bedeutende repräsentative Bauten, Schlösser, Kirchen und Monumente.

Krakowskie Przedmieście

Als Warschau polnische Hauptstadt wurde, siedelten sich die Adligen in der Krakauer Vorstadt an, jener Straße, die südwärts in Richtung der einstigen Königsstadt führte. Zu den Palästen des 17. Jahrhunderts gesellten sich in der Folgezeit Kirchen, Klöster und Bürgerhäuser. Die meisten Gebäude sind heute im Besitz der Regierung und der Universität sowie der Akademie der Wissenschaften.

Die Krakauer Vorstadt beginnt direkt am Schloßplatz, gleich zur Rechten steht das barocke **Haus der Literaten** mit gemütlichem Café und Außenterrasse. Gegenüber ragt der Turm der **Annenkirche** auf, von dem sich eine phantastische Aussicht auf die Altstadt bietet. Die Kirche, in der heutzutage Universitätsgottesdienste stattfinden, wurde 1454 von Anna, der Herzogin Masowiens, gegründet und 1820 im Stil der Neorenaissance erneuert. Mit ihrer spätbarocken, von den vier Evangelisten geschmückten Fassade und dem freistehenden Glockenturm zählt sie zu den schönsten Kirchen der Stadt. Ihrer äußeren Erscheinung entspricht ein ebenso prächtiges Innenleben: Die Gewölbe sind mit illusionistischen Fresken bemalt, Hauptaltar und Orgel von vergoldetem Rokoko-Schnitzwerk eingerahmt. Lüster mit Hunderten von Glasperlen hängen von der Decke herab, tauchen die Kirche in ein schummriges Licht.

Das sich anschließende langgestreckte Gebäude mit Arkadengang beherbergt das **Dom Polonii**, eine Heimatorganisation der über die ganze Welt verstreuten Exilpolen. Bevor sich die Straße verengt, erblickt man auf ho-

Spektakel vor dem Dom Polonii

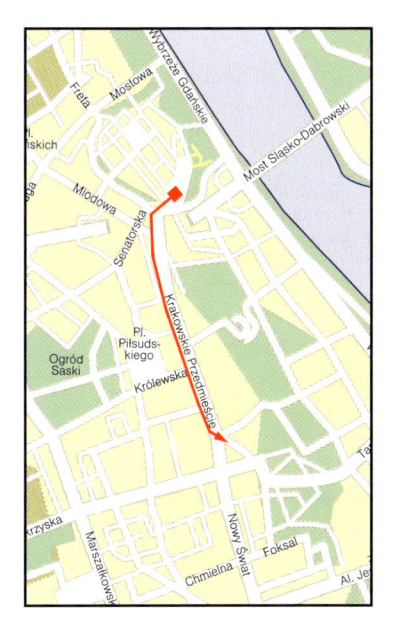

*Vom Turm der Annenkirche bietet sich
ein schöner Ausblick auf die Altstadt*

hem Sockel das **Adam-Mickiewicz-Denkmal**, das 1898 zum 100. Geburtstag des Dichters errichtet wurde. Es steht auf einer grünen Insel, umbrandet von ohrenbetäubendem Straßenverkehr.

Am Platz gegenüber treffen sich Künstler im Café Telimena, angeschlossen ist eine kleine Galerie. In der *ulica Kozia*, die am Café abzweigt, befindet sich etwas versteckt das erste ➢Karikaturenmuseum der Welt (*Muzeum Karykatury*, ul. Kozia 11, Mo geschl.).

Die meisten während des Filmfestivals im Oktober gezeigten Streifen werden im Kino Kultura vorgeführt (Nr. 21/23). Daneben steht das durch schmiedeeiserne Gitter geschützte **Potocki-Palais** (1760-66). Heute hat darin das Ministerium für Kunst und Kultur seinen Sitz, das zugehörige Alte Wachhaus (*Corps de garde*) beherbergt die moderne Kunstgalerie Kordegarda.

Schräg gegenüber, auf der linken Straßenseite, erhebt sich die **Karmeliterkirche**, frühestes Werk des Klassizismus in Polen (1761). Die Fassade wird von einem mächtigen Säulenportal dominiert, auf dem eine ellipsenförmige Weltkugel thront. Der repräsentativste Bau der Krakauer Vorstadt ist das **Präsidentenpalais**, das von vier Steinlöwen bewacht wird. Mitte des 17. Jahrhunderts wurde es für den Heerführer Koniecpolski erbaut, unter den Lubomirskis und Radziwiłłs avancierte es zu einer Nobelresidenz im Stil des Klassizismus; 1818 erwarb es der russische Zar für seinen polnischen Statthalter, General Jozef Zajączek. 1955 wurde hier der Warschauer Pakt geschlossen, 1970 der Vertrag über die Normalisierung der Beziehungen zwischen Polen und der Bundesrepublik Deutschland unterzeichnet. 1989 fanden im gleichen Haus die ›Gespräche am Runden Tisch‹ statt, die der Opposition den Weg zur Macht ebneten. Bis 1994 war das Palais Sitz des Ministerrats, heute residiert hier der polnische Präsident. Das Reiterstandbild (1826-32) in dem von einer Garde bewachten Vorhof hat der Däne Bertel Thorvaldsen geschaffen. Es zeigt József Poniatowski, den Neffen des letzten polnischen Königs, als antiken Helden mit wallender Tunika. 1809 bewährte er sich als General im napoleonischen Heer im Kampf gegen Österreich, in der Völkerschlacht bei Leipzig ist er gefallen.

Gleich nebenan steht das **Bristol**, Warschaus schönstes Hotel. Es wurde 1899-1901 im Jugendstil erbaut, die Innenräume entwarf Otto Wagner im Sezessionsstil. Ignacy Paderewski, bekannter Musiker und 1919

Adam Mickiewicz, Polens Nationaldichter

»Oft sprach er von der Zukunft, da die Völker,
Des Zwists vergessend, sich vereinen werden
Zu einer riesigen Familie...«
(Alexander Puschkin)

Dem Utopisten Mickiewicz war klar, daß die Befreiung einer Nation nur gelingen kann, wenn sie eingebettet ist in den Kampf um die Befreiung der Menschheit. Asl Emigrant lebte er ab 1832 in Paris, von wo er mit Wort und Tat bemüht war, das Anliegen seines Volkes wachzuhalten. Die von ihm verfaßte Literatur, so Hermlin, *»trägt die Züge polnischer Landschaft und polnischer Geschichte, sie erscheint mit den Trompetenschreien des sterbenden polnischen Aufstands, den Wanderwegen des Flüchtlings quer durch das sich verdunkelnde Europa, dem gewitterhaften Wechselspiel von höchster politischer Vernunft und Zukunftsschwärmerei, mit den verklärten Landschaften des ›Pan Tadeusz‹ und der Raserei der ›Totenfeier‹, mit den staubigen Hörsälen von Paris und Lausanne und dem Waffengeklirr der polnischen Legionen, mit der Qual enttäuschter Vaterlands- und Frauenliebe und der Cholerabaracke von Konstantinopel, mit seiner Liebe zu allen Völkern und der verzehrenden, unstillbaren, tödlichen Liebe zum eigenen Volke.«* (Stefan Hermlin, Sinn und Form, 6/55)
· Adam Mickiewicz. Dichtungen und Prosa. Frankfurt 1994.

Geste eines Geisteshelden: Adam Mickiewicz

Hier residiert Polens Präsident

sogar polnischer Ministerpräsident, erwarb die Mehrheit der Aktien und machte das Hotel zu einem Treffpunkt der High Society. Alles, was im 20. Jahrhundert Rang und Namen hatte, war bemüht, auf Reisen durch Polen wenigstens eine Nacht im Bristol abzusteigen. Zu den Gästen des Hotels zählten u.a. Naziführer Hermann Göring, Präsident Kennedy und der Schah des Iran, Pablo Picasso und Pablo Neruda, Marlene Dietrich und Enrico Caruso. Heutige Touristen bescheiden sich meist mit einem Abstecher ins Café des Hotels, dessen Eingang sich an der Karowa befindet. Mit schwarz-weiß gefliestem Boden, langer Theke und kleinen Tischen erscheint es wie ein Pariser Bistro - nirgendwo in Warschau gibt es besseren Kaffee.

Noch vor dem Bristol war in den Jahren 1855-77 das **Europejski** entstanden, das erste moderne Hotel Warschaus, erbaut im Stil der Neorenaissance. Manch einem Besucher ist dieses etwas angegraute, aber traditionsreiche Haus vielleicht schon aus Kieślowskis *Kurzem Film über das Töten* vertraut.

Wo die *Królewska* in den Königstrakt mündet, sieht man zur Linken ein **Denkmal für Kardinal Wyszyński**, der von 1948 bis 1981 die offizielle Kirchenpolitik seines Landes bestimmte. Dahinter erhebt sich die barocke **Kirche der Visitantinnen**, eines Nonnenordens, der um die Mitte des 17. Jahrhunderts von Königin Louise-Marie de Gonzague von Frankreich nach Polen gerufen wurde. Die Kirche ist eines der wenigen Gebäude im Warschauer Zentrum, die die Auseinandersetzungen des Zweiten Weltkriegs heil überstanden haben. Auffallend ist die imposante Fassade mit dreistöckigem Aufbau: in strenger Eleganz streben die Säulen aufwärts, werden gebremst durch eine klassizistisch anmutende Attika. Schönstes Kunstwerk der an Schätzen reichen Kirche ist der spätbarocke Hochaltar mit einer gestaffelten Säulenreihe, aus deren Schatten schemenhaft Figuren hervortreten. Links des Hochaltars lohnt ein Blick auf die weißgoldene Kanzel. Sie ist in Form eines Schiffes gebaut, mit Anker und Bugfigur, Mast und Segel ausgestattet. Der Prediger darf als kompetenter Steuermann auftreten: In unruhigen Zeiten führt er seine Gemeinde ans sichere Ufer.

Auf der Orgel der Klosterkirche hat Chopin gespielt, im **Palais Czapski** schräg gegenüber lebte er mehrere Jahre mit seinen Eltern. Heute ist das Palais Sitz der Akademie der Bildenden Künste. Das Zimmer, in dem der Pianist wohnte, bevor er Polen verließ, trägt jetzt den Namen ➤Chopin-Salon und wurde mit einem originalen Konzertflügel ausgestattet (*Salonik Chopinów*, Krakowskie Przedmieście 5, Mo-Fr 10-14 Uhr).

Der angrenzende Buchladen im Haus Nr. 7 ist mit einer Tafel geschmückt. Sie erinnert daran, daß der Schriftsteller Bolesław Prus hier den Laden des Kaufmanns Wokulski angesiedelt hatte. Dieser spielt eine wichtige Rolle im Roman *Die Puppe*, worin die Gesellschaft Warschaus im ausgehenden 19. Jahrhundert so trefflich beschrieben wird.

Das pompöse Portal auf der linken Straßenseite markiert den Eingang zur **Universität**. 1816 wurde sie gegründet, doch bereits 16 Jahre später auf Geheiß des Zaren wieder geschlossen. Die Mehrheit der Studenten, so monierte die Obrigkeit,

Literarische Spurensuche: Hotel Bristol

»Ein livrierter Portier bewachte den Eingang zum Hotel Bristol, und beim Hineingehen hatte man fast das Gefühl, eine Polizeiwache oder ein Gericht zu betreten. Aber alles ging ganz glatt. Obwohl es einen Fahrstuhl gab, kletterte ich die Treppen zum vierten Stock hinauf. Die Stufen waren aus Marmor, die Mitte war von einem Läufer bedeckt. Betty öffnete sofort auf mein Klopfen. Ihr Zimmer hatte ein großes Fenster und war heller als irgendein Raum, den ich je gesehen hatte. Es hatte aufgehört zu schneien, und die Sonne schien herein. Mir war, als sei ich in ein anderes Klima versetzt worden. Ein Kachelofen mit vergoldetem Aufsatz gab angenehme Wärme ab.«

· Isaac Bashevis Singer. Schoscha. München 1990.

*Palast für Forschung und Lehre:
Zugang zur Universität*

habe den Umsturzversuch von 1830/31 aktiv unterstützt. In den folgenden Jahrzehnten verlagerte sich das geistige Leben in die Emigration nach Paris, von wo Intellektuelle für die polnischen Freiheitsrechte eintraten. 1915 wurde die Universität erneut geöffnet, doch schon 1939 ein weiteres Mal in den Untergrund abgedrängt. 1968 führte die Politisierung der Studenten in Warschau – ebenso wie in westlichen Metropolen – zur zeitweiligen Lahmlegung des Lehrbetriebs. Studentische Aktivisten wie Jacek Kuroń und Karol Modzelewski waren es, die acht Jahre später durch Gründung des KOR, des Komitees zur Verteidigung der Arbeiter, entscheidend beitrugen zur Herausbildung einer landesweiten Opposition gegen die sozialistische Regierung. – Zum Komplex der Alma Mater gehören prächtige Paläste und herrschaftliche Bauten. Im klassizistischen Palais Tyszkiewicza befinden sich das Kupferstichkabinett und die Handschriftensammlung der Universität. Die Bibliothek grenzt an das **Palais Kazimierz** (1634), das König Władysław IV. als Sommerresidenz diente und in dem heute das Rektorat seinen Sitz hat. Weiter südwärts kommt man zur doppeltürmigen **Heiligkreuzkirche**, in der viele berühmte Polen ihre letzte Ruhestätte fanden. Das Herz von Władysław Reymont, der 1924 für seinen Roman *Die Bauern* mit dem Nobelpreis ausgezeichnet wurde und den größten Teil seines Lebens in der Krakowskie Przedmieście 41 wohnte, verbirgt sich hinter einer einfachen Grabplatte. Gleich daneben, am linken Pfeiler des Hauptschiffs, wurde das Herz Chopins beigesetzt. Auf dem Epitaph unterhalb seiner Büste ist eine Zeile aus dem Matthäus-Evangelium eingeritzt: »Wo dein Schatz, dort ist dein Herz« (Gdzie skarb twój, tam serce twoje). Liebhaber des Komponisten können außerdem im fünf Minuten entfernten Palais Ostrogski das ➢Chopin-Museum besuchen (ul. Okólnik 1, Mo-Mi 10–14, Do 12–18, Fr-Sa 10–14 Uhr).

An ihrem Südende verbreitert sich die Krakauer Vorstadt; auf dem dadurch gewonnenen Platz hat Bertel Thorvaldsen 1830 ein **Kopernikus-Denkmal** postiert. Es zeigt den Astronomen mit einem Himmelsglobus. Hinter ihm ragt die Fassade eines zehn Jahre zuvor von Antonio Corazzi erbauten gigantischen Palasts auf: das klassizistische **Staszic-Palais** ist Sitz der Polnischen Akademie der Wissenschaften.

Kopernikus vor der Akademie der Wissenschaften

Nowy Świat

Der Königstrakt ändert nun seinen Namen und auch seinen Charakter. Er verengt sich und heißt fortan *Nowy Świat* (Neue Welt): eine Warschauer Prachtstraße, bestens ausgestattet mit Geschäften und Kaffeehäusern. Ihren Namen erhielt sie zur Zeit ihrer Entstehung Ende des 17. Jahrhunderts: Als es in der von Wehrmauern umschlossenen Altstadt zu eng wurde, ergoß sich das Leben erst in die Vorstadt, dann in die Neue Welt. Die Eleganz der Straße verdankt sich ihrem schwungvollen Bogen, der den Verlauf der Weichselböschung nachahmt. Die Häuser sind allesamt dreigeschossig und einheitlich gestaltet, verschnörkelte schmiedeeiserne Laternen verleihen der Straße zusätzliches Flair. Die Adelsfamilien Zamoyski, Kossakowski u.a. ließen hier Sommervillen bauen und belebten damit das Erbe der Krakauer Vorstadt. Um die Jahrhundertwende bildeten sich intellektuelle Zirkel, man traf sich in den zahlreichen Kaffeehäusern. Sprach man in den 20er Jahren von Warschau als dem ›Paris des Ostens‹, so war es vor allem diese Straße, an die man dachte.

Zur Jahrtausendwende bestimmen abermals Cafés das Bild der Neuen Welt, und es entstehen immer mehr Boutiquen und Galerien. Im gemütlichen **Café Nowy Świat** liegen deutsche und englische Tageszeitungen aus, man begegnet prominenten Schriftstellern und Künstlern. Tadeusz Konwicki ist einer von ihnen: Einem seiner Tagebücher gab er den Titel *Nowy Świa*t, weil ihn gerade diese Straße zu literarischen Abenteuern inspirierte. Seit 1993 gibt es auch wieder das von allen ›süßmäulern‹ geschätzte **Café Blikle** (Nowy Świat 3), das in einem ehemaligen erzbischöflichen Palais untergebracht ist. Schon vor 100 Jahren wurden hier leckere Kuchen und Torten gebacken, es war ein beliebter Treff von Schauspielern, Literaten und Künstlern. 1993 wurde es originalgetreu rekonstruiert und an die am historischen Platz verbliebene Konditorei angeschlossen. Das Publikum stellt ein Panoptikum von Polens neuer Mittel- und Oberschicht dar: Gestylte Geschäftsleute hantieren mit ihrem Handy, dezent geschminkte Frauen stellen Haute Couture zur Schau, dazwischen sieht man ältere Damen, die sich eine Tasse Kaffee leisten. Gern wird die Mär verbreitet, die Blikle-Krapfen seien so gut, daß sie täglich nach London geflogen würden. Wahr ist nur, daß sie zu Ostern und Weihnachten nach England geschickt werden – die dort lebenden Polen sollen die Möglichkeit haben, ihre nostalgischen Eßgelüste zu befriedigen.

Hinter dem Café Blikle zweigt rechts die geschäftige *Chmielna* ab, links die *Foksal* (abgeleitet vom Londoner Vergnügungspark und Stadtteil Vauxhall). Auf der Foksal, die am prächtigen Zamoyski-Palais endet, fanden im 19. Jahrhundert Zirkus und Kirmes statt, heute gibt es hier eine Reihe exquisiter Restaurants. In sozialistischer Zeit unternahm die Regierung den Versuch, die bourgeoise Pracht der Straße Nowy Świat ein wenig zu brechen. Die sogenannten Milchbars wurden geschaffen (*bar mleczny*), gastronomische Einrichtungen, die volkstümlich und für jedermann erschwinglich waren. Eine von ihnen gibt es in der Straße noch heute: die Bar Zum Trauten Heim (Familijny, Nr. 39), ein Relikt volkspolnischer Ästhetik inmitten einer auf Luxus erpichten, kapitalistischen Umgebung. Tadeusz Konwicki hat auch sie in einem seiner Bücher beschrieben: *Die kleine Apokalypse* heißt der Roman, der die

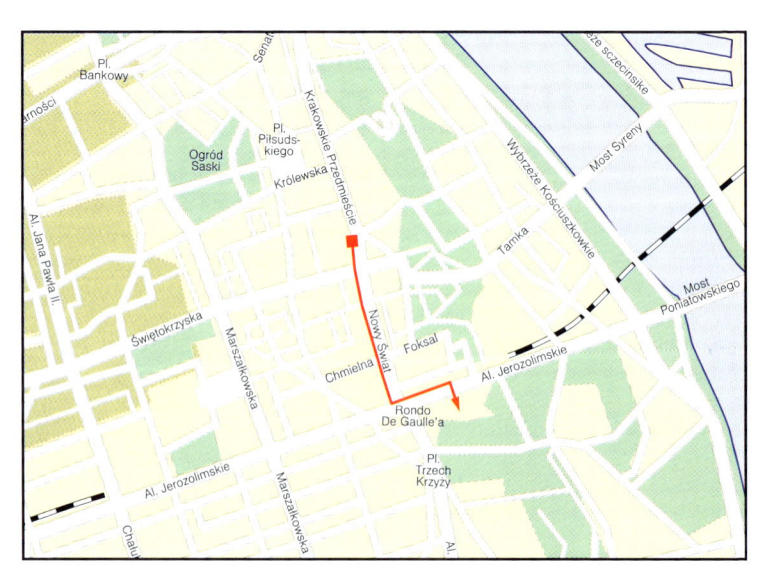

Altes und neues Kriegsgerät im Garten des Militärmuseums

Bar als Schauplatz verschrobener Intellektualität ausmalt.

Am De-Gaulle-Rondell (*Rondo de Gaulle'a*), wo die Nowy Świat auf die Jerozolimskie-Allee stößt, befindet sich rechterhand EMPIK, der größte Einkaufsladen für Zeitungen und Zeitschriften, Bücher und Kosmetika. Schräg gegenüber ein mächtiger, etwas angegrauter Bau der späten 40er Jahre: Wo früher die Kommunistische Partei ihren Sitz hatte, befindet sich heute die Warschauer **Börse**.

Geradeaus setzt sich der Königstrakt fort (➤Tour 7), zur Weichsel hin, in der links abbiegenden Straße, prunkt das mächtige vierflügelige ➤**Nationalmuseum**. Ausgestellt werden Kunstschätze von der Antike bis zur Gegenwart (*Muzeum Narodowe*, al. Jerozolimskie 3, Mo geschl.). Der Ostflügel des Gebäudes bleibt vorerst dem ➤Museum des polnischen Militärs vorbehalten, das die tausendjährige Geschichte der nationalen Streitkräfte dokumentiert (*Muzeum Wojska Polskiego*, al. Jerozolimskie 3, Mo+Di geschl.). Als Alfred Döblin 1924 in Warschau war, notierte er: *»Die Polen haben noch nicht lange Militär, sind lecker danach.«* Und das gilt offensichtlich noch heute: Täglich versammeln sich Schulklassen im Museumspark und begeistern sich an Waffen und Panzern – Kriegsgerät zum Anfassen, und nicht nur den Jungen macht es Spaß...

7. Königsweg II:
Vom Platz der Drei Kreuze zum Łazienki-Park

Polens schönste Grünanlage ist der Łazienki-Park, ein königlicher Entwurf Arkadiens fernab städtischer Zivilisation. Viele werden ihn direkt ansteuern, doch kann man seinen Besuch auch mit der hier beschriebenen Tour verknüpfen. Sie startet am Platz der Drei Kreuze (*plac Trzech Krzyży*), wo die *Nowy Świat* in die *Ujazdowskie* übergeht. Der ovale Platz ist verkehrsreich und geschäftig, wird gesäumt von Wirtschaftsministerium, Sheraton-Hotel und Nobelcafés. In seiner Mitte prangt die **Alexanderkirche**, eines der vollendetsten Beispiele für polnischen Klassizismus. Der kreisrunde, von einer flachen Kuppel gekrönte Bau wurde 1818–25 nach dem Vorbild des römischen Pantheons von Chrystian Piotr Aigner entworfen. Vor der Kirche steht eine barocke Nepomuk-Statue, flankiert von kreuztragenden Säulen, denen der Platz seinen Namen verdankt.

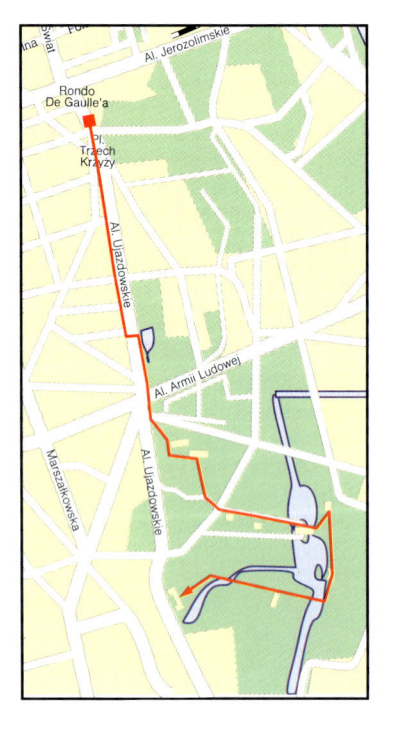

An der baumbestandenen *Ujazdowskie* reihen sich Adelspaläste aneinander, die heute von Diplomaten und Staatsbeamten genutzt werden. Wem es gelingt, einen Blick ins Innere der Gebäude zu werfen, der entdeckt vergoldete Stukkaturen und weißen Marmor, die an den Reichtum der ehemaligen Besitzer erinnern. Östlich der Straße liegt das polnische **Parlament** (*Sejm*), erreichbar über die *ulica Matejki*. Der im Halbkreis erbaute Plenarsaal erinnert an ein römisches Amphitheater, die Reliefs im Art-Déco-Stil symbolisieren Wissenschaft und Recht, Handel und Verkehr.

Zurück zur Hauptstraße, wo sich selbst Apotheken als Nobeletablissements präsentieren: Besonders schön ist die **Schweizer Apotheke** ca. 500 Meter südlich der eidgenössischen Botschaft an der Ecke *al. Róż*. Auf der linken Straßenseite befinden sich Parkanlagen mit kleinen Teichen und dem **Denkmal für Ignacy Paderewski**, dessen Einfluß es (hauptsächlich) zuzuschreiben ist, daß der amerikanische Präsident Wilson ab 1917 die Wiedererrichtung eines geeinten und unabhängigen polnischen Staates befürwortete und diese Forderung schließ-

Ein Geschenk des Zaren: Die Alexanderkirche

lich sogar zum Bestandteil siner »Vierzehn Punkte« machte. Auf einer Brücke, von der man einen weiten Blick bis nach Praga hat, überquert man die Stadtautobahn *Armii Ludowej*. Hält man sich anschließend links, kommt man in fünf Minuten zum frühbarocken, von vier Ecktürmen flankierten **Schloß Ujazdów** (*Zamek Ujazdowski*). Dort hat das Zentrum zeitgenössischer Kunst seinen Sitz, das für seine ungewöhnlichen Ausstellungen und Symposien bekannt ist (*Centrum Sztuki Współczesnej*, al. Ujazdowskie 6, So+Mo geschl.). Von der Terrasse an der Ostseite des Schlosses schaut man über einen schnurgeraden Wasserkanal auf Grünanlagen hinab; im Café-Restaurant Qchnia Artystyczna stärkt man sich mit vegetarischer Kost.

Gleichfalls noch vor dem Łazienki-Park liegt der **Botanische Garten** (*Ogród Botaniczny*, al. Ujazdowskie 4, tägl. geöffnet). Er gehört zur Universität und wurde 1819 gegründet. Hier wachsen Lilien und Rosen, Magnolien und Azaleen. In den Alpinarien gedeiht Bergflora, nahe dem Springbrunnen wurden Wassergewächse gepflanzt. Das Observatorium, ein imposanter Bau im Stil der Neo-Renaissance (1820–24), ist für Besucher leider nicht zugänglich. Kunstliebhaber und Freunde der Romantik werden nicht nur einmal den **Łazienki-Park** besuchen. Der Haupteingang befindet sich links der Hauptstraße neben dem weißgetünchten Palais Belvedere. Vor allem werktags ist es wunderbar ruhig, eine Oase der Stille und doch gar nicht weit vom Zentrum Warschaus entfernt. Mit der Gestaltung des Parks (1766–84) beauftragte König Poniatowski einen der besten Gartenbaumeister seiner Zeit, den Dresdener Johann Christian Schuch. Die Nachahmung der Natur galt Schuch, der zuvor Anregungen auf Reisen durch England, Frankreich und die Niederlande gesammelt hatte, als höchstes künstlerisches Ideal. Binnen weniger Jahre schuf er einen Landschaftspark mit malerisch eingestreuten Seen, Kanälen und Fontänen, dazu weiten Rasenflächen mit zwanglos gruppierten Bäumen – und obgleich sich doch all dies menschlicher Planung verdankte, wirkte es in seiner reizvollen Anmut wie ein Werk der Natur. Architektonisches Schmuckstück wurde das Palais auf der Insel. An gleicher Stelle hatte 100 Jahre zuvor Tylman van Gameren ein Badehaus für den damaligen Besitzer, den Grafen Lubomirski, gebaut. Nun oblag es dem Italiener Domenico Merlini, das Haus in einen Repräsentationsbau für König Poniatowski umzugestalten. Doch lange konnte sich dieser seines Sommersitzes nicht erfreuen – unmittelbar nach der Teilung Polens war er gezwungen zu emigrieren. Seine Erben verkauften die Anlage 1817 an den Zaren Alexander I., ein Jahr später hielt Großfürst Konstantin, der russische Statthalter, Einzug im Park. Er veranlaßte den Bau des Botanischen Gartens, einer Reithalle und mehrerer kleiner Tempel. Als die Russen 1915 aus Warschau verdrängt wurden, nahmen sie alles mit, was ihnen wertvoll schien; die neue Regierung der Bolschewiki gab jedoch schon 1921 die gesamte erbeutete Kunst wieder zurück. – 18 Jahre später waren es Deutsche, die sich am Besitz von Łazienki erfreuten. Hier feierten sie ihre militärischen Siege und genossen das idyllische Ambiente. Praktischen Nutzen versprach ihnen das eisenreiche Chopin-Monument; zwecks Herstellung von Munition wurde es kurzerhand eingeschmolzen. Als die Deutschen 1944 zum Abzug gezwungen waren, setzten sie die schönsten Paläste von Łazienki in Brand. Nach Kriegsende wurde die gesamte Anlage originalgetreu rekonstruiert.

Links hinter dem Eingang scheint hinter Bäumen das **Chopin-Denkmal** (*Pomnik Chopina*) hervor. Es ist im Stil der Sezession gestaltet, beherrscht den ovalen, von Bänken flankierten Rosengarten. Der Komponist sitzt unter einer windgepeitschten

Palais auf der Insel

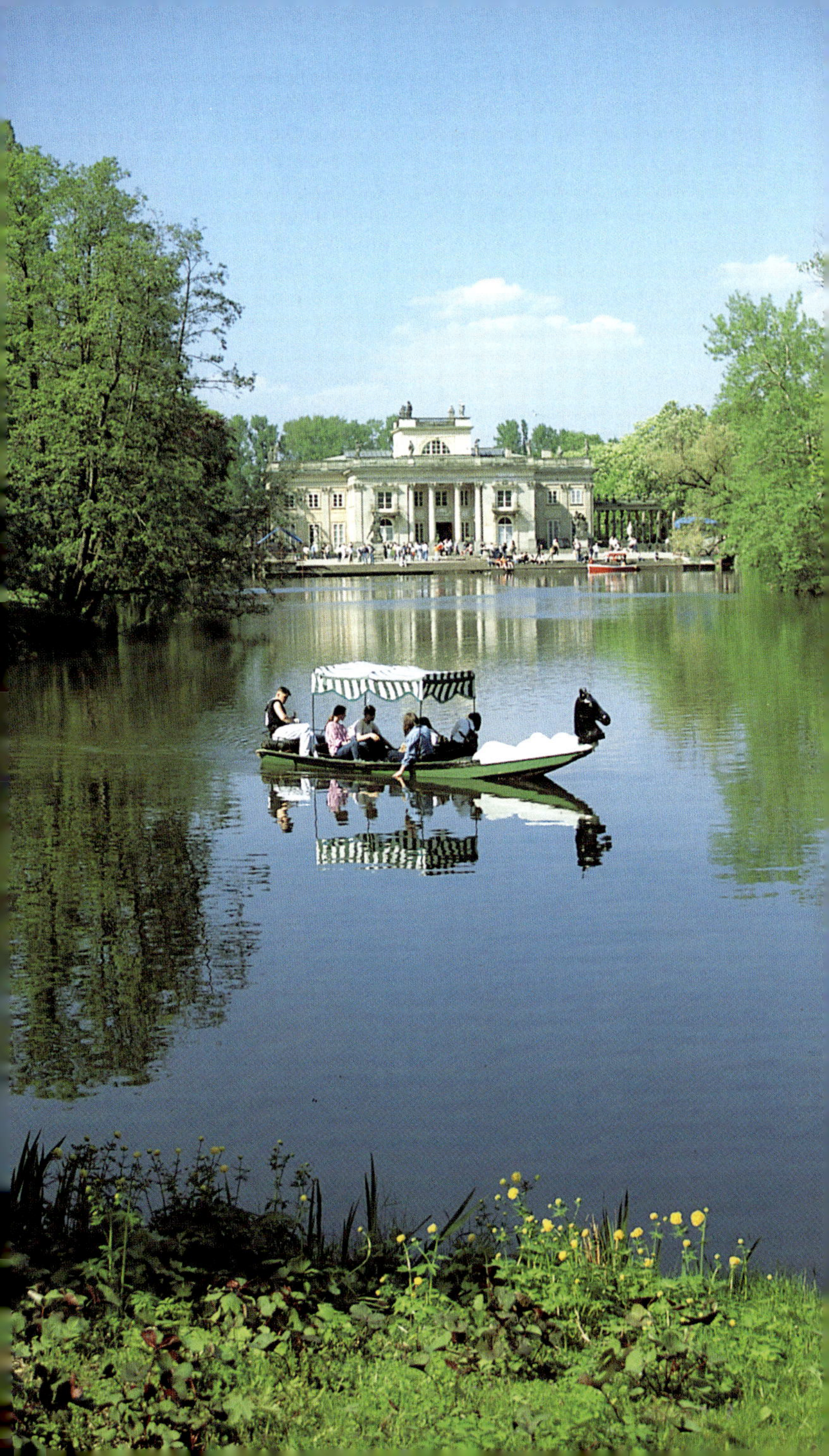

Weide und sucht Inspiration in der Natur. Sonntags kommen während der Sommermonate Musikbegeisterte in Scharen hierher, um den im Freien vorgetragenen Chopin-Sonaten zu lauschen. Folgt man der Allee vom Eingang nordostwärts, erblickt man zur Linken den runden Wasserturm und die Alte Orangerie. Der **Wasserturm** mit umlaufendem Fries wurde 1777 von Merlini entworfen und beherbergt heute eine kleine Verkaufsgalerie. Vom gleichen Architekten stammt die **Alte Orangerie** gleich gegenüber (*Stara Pomarańczarnia*, Di-Fr 9.30-15, Sa-So 10-19 Uhr). Der palastähnliche Bau birgt nicht nur eine interessante Skulpturensammlung, sondern auch eines der wenigen noch erhaltenen europäischen Hoftheater. Bemalte Deckengewölbe gaukeln einen Himmel vor, barocke Stukkaturen liefern den dazu passenden illusionistischen Schmuck. An den Wänden prangen Medaillons mit Portraits von Sophokles, Shakespeare, Racine und Moličre. Noch heute werden hier klassische Theaterstücke sowie Konzertabende gegeben.

Zum Auftakt der Königsallee, einer breiten, von alten Kastanienbäumen gesäumten Promenade, gleitet der Blick rechts zum **Weißen Häuschen** (*Biały Domek*) hinüber. Darin lebte König Poniatowski, bevor sein Palais auf der Insel fertiggestellt war – und wie man hört, kam er auch danach noch oft hierher, um sich mit seinen Geliebten zu treffen. Im Jahr 1801 hat sich ein weiterer berühmter Gast im Weißen Häuschen einquartiert: Ludwig XVIII., der spätere König von Frankreich, erwählte es als Ort des Exils (*Biały Domek*, Di-So 9.30-15.30 Uhr).

Über die Königspromenade, vorbei am schattigen Terrassencafé Trou Madame, kommt man zum **Palais auf der Insel** (*Pałac Na Wyspie*, Di-So 9.30-15 Uhr). Dieses wird oft auch Wasserschloß genannt – in Erinnerung an das hiesige Badehaus, das dem Fürsten Lubomirski gehörte (poln. Łazienki = dt. Bäder). Auf der Terrasse spazieren Pfauen umher und schlagen stolz ihr schillerndes Rad. Liebespärchen, die auf der Ufertreppe sitzen, blicken hinüber zu den majestätisch über das Wasser gleitenden Gondeln. Das Palais war zugleich als repräsentative Residenz und als Lustschloß konzipiert. Die Nordfassade ist mit dem königlichen Wappen sowie Allegorien von Ruhm und Frieden geschmückt, an der Südfassade finden sich Symbole für die vier Jahreszeiten. Ausschweifender Barock beherrscht die Terrasse mit ihren Skulpturen: Der Muskelprotz Satyr raubt eine Nymphe, Hermaphrodit umarmt die junge Salmakis.

Über das Bacchuszimmer mit blauweiß bemalten Kacheln gelangt man in den Baderaum, dessen Wände mit Szenen aus Ovids *Metamorphosen* geschmückt sind. Besonders beeindruckend: die an einen Felsen gefesselte Andromeda, die ein Meeresdrachen zu verschlingen droht. Im linken Seitenflügel befindet sich der Ballsaal, ein neoklassizistischer, marmorner Raum, geschmückt mit grotesken Gemälden von Plersch. Durch einen Raum mit Portraits kommt man in einen prachtvollen, mit Szenen aus dem Leben des weisen Salomon verzierten Saal. Als Weiser wollte sich auch Poniatowski präsentieren, wenn er seine Besucher empfing. Jeden Donnerstag lud er

Ehrenwache vor dem Palais Belvedere

Dichter, Künstler und Philosophen zu einem Mahl und machte sich mit ihren neuesten Werken vertraut. Er liebte den Disput, stritt mit den Gästen über Kunst, Literatur und Politik. Viele der von Poniatowski gesammelten Kunstwerke, vorwiegend Arbeiten holländischer und flämischer Maler, sind in der Gemäldegalerie im rechten Seitenflügel ausgestellt. Abbilder der Lieblingshelden des Königs findet man in der Rotunde: Statuen polnischer Könige und Büsten römischer Kaiser.

Ostwärts gelangt man zum **Großen Hofhaus** (*Wielka Oficyna*), das im 19. Jahrhundert einer Kadettenschule als Quartier diente. Am 29. November 1830 überfielen hier untergebrachte polnische Offiziersanwärter das nahegelegene Palais Belvedere, wo der Statthalter des Zaren residierte. Der Angriff war Auftakt zu einem mehrere Monate währenden Aufstand gegen die Besatzer. Heute gedenkt man an dieser Stelle des Musikers Paderewski. Das gegenüberliegende **Jagdschlößchen** (*Pałac Myślewicki*, Di–So 9.30–15 Uhr) birgt ein Museum für Reitsport und Jagdwesen. Sein Interieur ist bescheiden und stammt aus der Zeit, als hier der Neffe des Königs, General Józef Poniatowski, wohnte.

Im Łazienki-Park gibt es nicht nur ein Palais, sondern auch ein **Theater auf der Insel** (*Teatr Na Wyspie*). Die Bühne, ein antiken Vorbildern nachempfundener Ruinentempel mit efeuumrankten Säulen, ist durch einen Wassergraben vom Zuschauerraum am Ufer getrennt. Während der sommerlichen Abendvorführungen taucht Fackelschein die Kulisse in ein schillerndes Licht, die Silhouetten der Schauspieler spiegeln sich auf der Oberfläche des Wassers. Der See wird in die Handlung einbezogen, auf

Barocke Pracht: Schloß Wilanow

Booten werden die Akteure eingeführt. Südwestlich des Theaters liegt die **Neue Orangerie** (*Nowa Oranżeria*), 1860 als neoklassizistischer Glaspalast errichtet. Heurant bittet betuchte Gäste zu Tisch.

Westlich der den Park durchschneidenden Allee kommt man zu einem See, an dem sich der **Ägyptische Tempel** (*Świątynia Egipska*) und der **Diana-Tempel** (*Świątynia Diany*) verbergen. Beide ließ Großfürst Konstantin errichten, der ab 1818 im **Palais Belvedere** südlich des Parkeingangs residierte (*Pałac Belweder*, ul. Belwederska 52, Tel. 494839, Di-Sa 10-15 Uhr). Das Palais hatte der litauische Großkanzler Krzysztof Pac 1730 erbauen lassen, 37 Jahre später erwarb es König Poniatowski. Unter Konstantin, dem mit einer polnischen Gräfin verheirateten russischen Gouverneur, erhielt es sein heutiges klassizistisches Aussehen. Als Polen 1918 unabhängig wurde, zog hier der polnische Präsident ein - und auch Lech Wałesa ließ es sich nicht nehmen, einen Teil seiner Amtszeit (1990-94) in den edlen Räumen zu verleben. Kurz danach wurde hier das ➢Piłsudski-Museum eingerichtet. Von einigen Räumen bietet sich ein schöner Blick auf den Dschungel des Parks (*Muzeum Piłsudskiego*, Pałac Belweder, ul. Belwederska 52, Tel. 494839, So+Mo geschl.).

· Anfahrt: Ab Krakowskie Przedmieście mit Bus 116, 122, 195, 501, 503, E1, E2 zur Haltestelle Plac Trzech Krzyży (Anfang der Tour) oder sogleich weiter bis zur Haltestelle Bagatella am Eingang zum Łazienki-Park.

8. Schloß Wilanów

Der Königliche Weg verlängert sich über die pappelbestandene *Belwederska* weitere sechs Kilometer zum **Barockschloß** Wilanów. Der legendäre Jan III. Sobieski, dem es 1683 gelang, die Türken vor den Toren Wiens zu besiegen, hatte sechs Jahre zuvor einen stadtauswärts gelegenen Adelshof erworben und ließ ihn in eine herrschaftliche *Villa Nuova* (polnisch Wilanów) verwandeln. Damit hoffte er seiner französischen Frau Marie d'Arquien jenen Luxus bieten zu können, den sie aus ihrem Heimatland gewöhnt war.

In den 300 Jahren seines Bestehens hat das Schloß oft den Besitzer gewechselt - und jeder neue Hausherr hat etwas hinzugefügt oder verbessert. Besondere Verdienste um den Ausbau erwarb sich Stanisław Potocki, der überdies ein guter Kunstkenner war und eine vorzügliche Kollektion von Werken aus dem 17. und 18. Jahrhundert erwarb. Bedeutend ist auch die von ihm zusammengetragene Bibliothek mit seltenen Handschriften, Karten und Stichen. Vor dem Haupteingang wurde ihm zu Ehren ein neugotisches Mausoleum errichtet.

Der Zweite Weltkrieg bedeutete für Wilanów einen tiefen Einschnitt. Die deutschen Besatzer raubten Kunstschätze und zerstörten weite Teile der Anlage; der Baumbestand des Gartens fiel fast vollständig den Flammen zum Opfer. Heute, nach zwei Jahrzehnte währender Restaurierung, erstrahlt das Schloß wider in altem Glanz. Die Sonnenkugel thront wie vor 300 Jahren über dem Eingang, ihre gleißenden Strahlen spiegeln sich in den flankierenden Wappen des Königs. Skulpturen glorifizieren seine militärische Klugheit, seine Weltkenntnis und Gelehrsamkeit. Durch hellen Prunk besticht die klassizistisch gestaltete, in zwei Räume aufgeteilte Eingangshalle. Die Wände des ersten Raums sind mit ionischen Halbsäulen und einem Relieffries geschmückt, der die vier Elemente Feuer, Wasser, Erde und Luft darstellt. Im zweiten Raum, dem Holländischen Kabinett, demonstriert das um 1730 zur Zeit August II. des Starken entstandene Deckenfresko die *»Apotheose des Wohlstands, der Wissenschaft und der Kunst in Zeiten sächsischer Herrschaft«*. Von der Eingangshalle gelangt man in die Gemächer des Königs und der Königin. Die Deckengemälde dieser vier Räume (rechts der König, links die Königin) stellen die Jahreszeiten dar. Im Schlafzimmer des Königs symbolisiert der auf dem Sonnenwagen dahinjagende Apoll den Sommer, im Vorzimmer herrscht Aeolus über die kalten Winde des Winters. Die gemäßigten Jahreszeiten bleiben der weiblichen Seite vorbehalten. Das Schlafzimmer der Königin wird vom Frühlingserwachen bestimmt, das Vorzimmer von herbstlicher Melancholie: Vertumnus und Pomona, Götter der fruchtbaren Natur, sind ein letztes Mal in Liebe vereint. Die beiden antiken Gestalten sind natürlich immer wieder mit Jan III. Sobieski und Marie d'Arquien in Zusammenhang gebracht worden. Des Königs Briefe an Marysieńka, so die polnisch-zärtliche Version ihres Namens, gehören zum klassischen Bestand der polnischen Liebesliteratur.

Prächtig auch in den Details: Schloß Wilanow

Nach soviel Sinnenschmaus bricht man gern auf zu einem Spaziergang durch den **Park**. Er wurde nach dem Vorbild englischer, französischer und italienischer Villengärten geschaffen, zu den Gestaltungselementen zählen mythologische Figuren, Springbrunnen und künstlich aufgeschüttete Hügel. Viele Polen kommen am Wochenende hierher – oft mit der gesamten Familie und für den ganzen Tag. Sie besuchen den chinesischen Pavillon und die Barockkirche St. Anna, lauschen Konzerten in der Orangerie oder besichtigen die laufende Ausstellung (tägl. außer Di 10-15.30 Uhr). Im ➢Plakatmuseum (*Museum Plakatu*, Di-So 10-15.30 Uhr) kann man sehen, zu welcher Meisterschaft es polnische Künstler auf diesem Gebiet gebracht haben.

Der Park Wilanów ist täglich von 9.30 Uhr bis zur Dämmerung geöffnet. Einzelpersonen, die das Schloß besuchen wollen, haben nur am Wochenende Zutritt und müssen sich einer Gruppe mit polnischem Führer anschließen. Wer diesen nicht versteht, sei beruhigt – in jedem Raum gibt es eine Schrifttafel mit Erläuterungen in englischer und französischer Sprache. Die Tour durch das Schloß startet alle 15 Minuten (*Museum w Wilanowie*, ul. Wiertnicza 1, Sa-So 9.30-14.30 Uhr). Schulklassen oder Reisegesellschaften, die das Schloß werktags besuchen möchten, vereinbaren einen gesonderten Termin (Mi-Mo 9.30-14.30 Uhr, Tel. 428101).

· Anfahrt: Ab Krakowskie Przedmieście mit Bus 122 direkt nach Wilanów.

9. Jüdisches Warschau

Juden kamen im 14. Jahrhundert nach Warschau, siedelten sich zwischen den Straßen *Wąski Dunaj* und *Piekarska* an. Im Jahr 1483 wurde per Dekret verfügt, daß sie die Altstadt zu verlassen hätten. Erst ab 1795, dem Jahr, als Polen von der Landkarte verschwand, durften sie sich in Warschau wieder außerhalb des ihnen zugewiesenen Wohnbezirks bewegen. Ihre Zahl wuchs im 19. und frühen 20. Jahrhundert rapide an; zu Beginn des Zweiten Weltkriegs lebten hier über 360.000 Juden, in keiner Stadt Europas gab es mehr. Allein sieben Tageszeitungen erschienen in jiddischer Sprache, es gab ein jüdisches Theater und eine bedeutende Literaturtradition.

Gibt es heute noch etwas, das an jene Zeit erinnert? Ja, einiges ist zu finden – doch es ist wenig. Da sind Straßenbahnschienen, die ins Nichts führen, altes, unter aufgeplatztem Asphalt hervorschimmerndes Kopfsteinpflaster, hier und da eine Plakette, und natürlich das Denkmal der Ghettohelden, der Umschlagplatz sowie der Weg des jüdischen Martyriums und Kampfes. Doch vom ehemaligen jüdischen Viertel ist nichts rekonstruiert, gesichtslose Bettenburgen säumen die Straßen. *»Wo das Ghetto war, ist kein Ghetto mehr, sondern ein Alptraum aus Sozialwohnblöcken.«* (Günther Nenning)
Wenn man heute durch die Straßen des Viertels geht, fragt man sich, ob

Rückkehr in die Krochmalna (Zwischenkriegszeit)

»Wir kamen zur Krochmalna, und als erstes begrüßte mich der Gestank, an den ich mich aus meiner Kindheit erinnerte: eine Mischung aus verbranntem Petroleum, verfaultem Obst und Rauch aus den Schornsteinen. Alles war noch wie damals – das Kopfsteinpflaster, der tiefe Rinnstein, die mit Wäsche behangenen Balkone. Wir gingen an einer Fabrik vorbei mit drahtvergitterten Fenstern und einer fensterlosen Mauer mit einem hölzernen Tor, das ich während meiner ganzen Kindheit nie geöffnet gesehen hatte. Jedes Haus hier war für mich mit Erinnerungen verbunden. In Nr. 5 war eine Jeschiwa gewesen, wo ich einige Monate lang gelernt hatte. Im Hof lag das rituelle Badhaus, wohin gegen Abend die älteren Frauen gekommen waren, um sich zu waschen. Ich hatte sie oft herauskommen sehen, sauber und mit geröteten Backen. Jemand hatte mir erzählt, daß dies das Haus des Rabbi Itschemeir Alter gewesen sei, der vor vielen Generationen der Begründer der Dynastie von Gur gewesen war. Zu meiner Zeit war die Jeschiwa ein Teil des Grodzisker Bethauses. Der Synagogendiener war ein Trinker gewesen. Wenn er etwas zuviel getrunken hatte, pflegte er Geschichten von Heiligen, Dibbuks, halbverrückten Landedelleuten und Hexenmeistern zu erzählen. Er aß nur eine Mahlzeit am Tag, und immer – außer am Sabbat – brockte er hartes Brot in seinen Borschtsch.«
· Isaac Bashevis Singer. Schoscha. München 1990.

da denn gar kein Schmerz empfunden wurde ob des Verlustes jener jüdischen Kultur, die das Leben in Warschau so lange und entscheidend mitgeprägt hat.

Bis 1939 war das Viertel nordwestlich der Altstadt unter dem Namen Nalewki bekannt. Hier lebte ein großer Teil der Warschauer Juden, vorwiegend in hoch aufschießenden Mietshäusern. Unter deutscher Herrschaft wurde das Gebiet zwischen Jüdischem Friedhof und Sächsischem Garten von der Außenwelt abgeriegelt, jüdische Bürger aus Warschau und den umliegenden Städten wurden im Ghetto zusammengepfercht. Im Sommer 1942 wurden 300.000 Juden ins Vernichtungslager Treblinka deportiert, ein Jahr später begann der Aufstand im Warschauer Ghetto.

Es gab Polen, die bemüht waren, den Juden zu helfen und ihnen nach der Flucht aus dem Ghetto Unterschlupf zu gewähren, doch es gab auch Polen, die sich dem Schicksal ihrer Mitbürger gegenüber indifferent verhielten. Staunt man schon angesichts der Tatsache, daß es zwei Warschauer Aufstände, einen jüdischen und einen polnischen, gegeben hat, so ist man restlos verwirrt oder auch verstört, wenn man mit Wahrheiten wie dieser konfrontiert wird: Soldaten der polnischen Heimatarmee (AK) töteten Juden, denen es gelungen war, sich vor den Deutschen zu verstecken.

Schon Marek Edelman, einer der wenigen Überlebenden des jüdischen Aufstands, hatte in seinen Gesprächen mit der Journalistin Hanna Krall manchen Mythos bezüglich

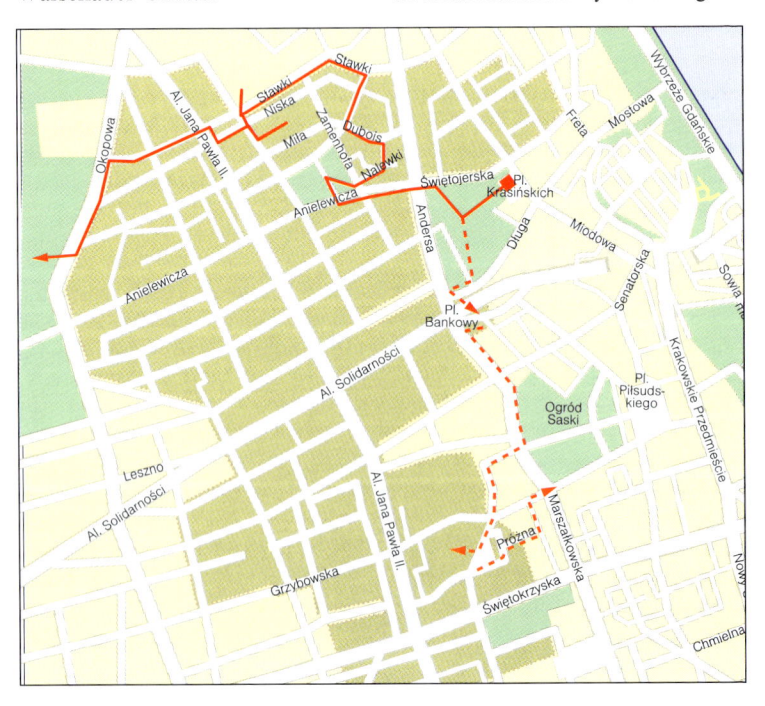

Eine Vergangenheit, die schmerzt

Am Abend des 11. September 1944 hatten AK-Soldaten Juden in einem Bunker bei der Prosta-Straße 4 aufgestöbert, die Männer hinausgetrieben, durchsucht und verhört. »Im Flüsterton«, gab der damals 29jährige Janel Celnik später zu Protokoll, »mußten wir auf folgende Fragen antworten: Gibt es noch irgendwelche Löcher, wo sich Juden verstecken? Wo haben wir uns während des gesamten Krieges versteckt?« Dann trieben sie die Männer in die Nähe der Żelazna-Straße und begannen, einen nach dem anderen zu erschießen. Auch Celnik traf ein Schuß an der Schulter. Er stürzte. »Der Verfolger stand über mir und schoß auf mich – ungefähr siebenmal, wobei er dreimal traf, einmal in den Hals, zweimal am Schulterblatt.« Als der Soldat, im Glauben, Celnik sei tot, zu seinen Kameraden zurückgekehrt war, kroch der Verletzte in ein Trümmerfeld. Später in der Nacht hörte er Schüsse und Schreie in der Nähe. Die Soldaten waren zum Bunker zurückgekehrt und hatten alle Frauen und Kinder erschossen. Insgesamt kamen bei dieser Aktion von Soldaten des Kapitän Hal dreizehn oder vierzehn Menschen ums Leben.

· Helga Hirsch. »Eine Vergangenheit, die schmerzt.« Die Zeit, 17. 6.1994.

des polnisch-jüdischen Verhältnisses zerstört. Die Heimatarmee AK, so erzählte er, nahm nur ungern Juden auf. Und wenn sie es tat, so wurden diese nicht selten an besonders gefährlichen Stellen eingesetzt. »Zeigt, daß ihr nicht feige seid«, so ein Einsatzleiter der AK. »Euer Leben ist sowieso nicht viel wert, also fürchtet den Tod nicht. Dank uns habt ihr bisher überlebt, also geht jetzt als erste; vielleicht rettet ihr anderen Jungens damit das Leben.« (Die Zeit, 17.6.1994)

Marek Edelman zog es vor, in der kommunistischen Volksarmee AL zu kämpfen. Er begrüßte die Rotarmisten als Befreier, verfluchte sie nicht – wie viele nicht-jüdische Polen – als neue Besatzungsmacht.

Und auch nach 1945 war für die Juden, die durchgekommen waren, Vorsicht angesagt. Die neuen, von Moskau eingesetzten Machthaber trugen so unpolnische Namen wie Berman und Lampe und wurden von vielen Polen als »Judenkommune« beschimpft: Antikommunismus verwob sich mit Antisemitismus und erwies sich als politisch legitim. »Es blieb gefährlich«, schreibt Helga Hirsch, »in Polen Jude zu sein.« (Die Zeit, 17.6.1994)

Viele jüdische Bürger, die nach dem Krieg in ihre Wohnungen zurückkehren wollten, wurden geschlagen und beraubt. Die Zahl der 1946 getöteten Juden wird von polnischen Historikern auf 1500–2000 geschätzt.

Die neuen jüdischen Gemeinden Polens zählen gegenwärtig rund 3000 Mitglieder, davon leben etwa 1000 in Warschau, neuerdings wieder mit einer eigenen Schule. Bei einer Umfrage des Meinungsforschungsinstituts CBOS 1997 glaubten über 50% der befragten Polen, ihr Land sei noch immer von Juden ›unterwandert‹, insgesamt gebe es mehrere Hunderttausend bekennende Juden. Viele, die den Holocaust dank gefälschter Kennkarte überlebten, hätten in der Folge ihre wahre

Amerikanische Touristen im Ghetto

Identität verleugnet. Alarmierend ist auch das zweite Ergebnis: Ein Drittel der befragten Polen vertrat die Ansicht, Juden hätten zuviel Einfluß in Politik, Wirtschaft und Medien.

Wir lassen den **Rundgang** am Palais Krasiński beginnen und gehen durch den angrenzenden Park auf die Świętojerska zu. Der Krasiński-Park war einst das Erholungsgebiet der jüdischen Stadtbewohner, die in den umliegenden Straßen wohnten. An die Hauptgeschäftsstraße des jüdischen Viertels, die *ulica Nalewki,* erinnern nur noch Pflasterbelag und freigelegte Straßenbahnschienen am Rande des Parks. Über die große Kreuzung an der mehrspurigen Straße *Generala Andersa* gelangt man auf die *Mordechaja Anielewicza*. Hinter hohen Wohnblocks öffnet sich an der *Zamenhofa* ein großer begrünter Platz, wo das **Denkmal der Ghetto-** **helden** aufragt. Es wurde 1948 inmitten einer Wüste von Ruinen enthüllt. Aus einer großen schwarzen Granitplatte hat Natan Rappaport Menschen herausgemeißelt, die am Boden liegen oder mit der Waffe in der Hand dem ihnen zugedachten Los zu trotzen versuchen. Vor dem Mahnmal leistete Willy Brandt im Dezember 1970 seinen Kniefall, wollte damit ein Zeichen der Versöhnung setzen.

Gegenüber dem Denkmal wurde 1997 der Grundstein für ein Museum der Geschichte der Juden gelegt. Der Ort ist mit Bedacht gewählt: Hier stand das Haus, in dem vom August 1941 bis April 1943 der Judenrat seinen Sitz hatte. Diesem hatten die Nationalsozialisten die Aufgabe übertragen, für die exakte Umsetzung ihrer Weisungen zu sorgen; er war Handlanger der Deutschen und zugleich Vertreter der

Juden. In dem geplanten Museum soll die Verflechtung jüdischer und polnischer, aber auch deutscher Kultur dargestellt, anhand von Modellen, Gemälden und Skulpturen anschaulich ›nacherzählt‹ werden. Das Unterstützungskomitee für den Museumsbau hat die polnische Bevölkerung zu Spenden aufgerufen, *»vor allem jene, die stolz sind auf die Geschichte Polens, das jahrhundertelang für viele Völker, Religionen und Kulturen offen war.«* Marek Edelman, der letzte lebende Anführer des Ghettoaufstands, forderte die polnische Regierung auf, das auf Schweizer Konten deponierte Geld ermordeter polnischer Juden für den Bau des Museums zu verwenden.

Nahe dem Denkmal beginnt der 15minütige **Weg des jüdischen Martyriums und Kampfes**, der in Anknüpfung an christliche Kreuzwegstationen des Aufstands von 1943 gedenkt. Er verläuft entlang der Straßen *Zamenhofa* und *Dubois* zum Umschlagplatz an der *ul. Stawki*, markiert genau jene Strecke, über die so viele in den Tod geführt wurden. Am Weg stehen 16 graue Granitblöcke mit Schriftzügen in hebräischer, jiddischer und polnischer Sprache, die - stellvertretend für alle Ermordeten - an einzelne Personen erinnern, z.B. an Szmul Zygielbojm (1895–1943), den Vertreter des Jüdischen Bundes in London; er beging Selbstmord, als die Alliierten der Niederschlagung des Aufstands im Ghetto tatenlos zusahen. Auf Stein 10 steht der Name des Dichters und Kommandeurs der jüdischen Kampforganisation ŻOB Mordechai Anielewicz (1919–1943): Posthum wurde ihm der polnische Grunwald-Orden dritter Klasse (sic!)

Ohnmacht und Stärke am Denkmal der Ghettohelden

verliehen. Hinter dem Namen Henryk Goldschmidt (Stein 15) verbirgt sich der berühmte Arzt und Schriftsteller Janusz Korczak, der mit den Kindern des von ihm geleiteten Waisenhauses in der Gaskammer starb. Das **Bunker-Denkmal**, ein einfacher Stein auf grasbewachsenem Hügel zwischen den Straßen Miła und Niska, markiert jenen versteckten Ort, von dem aus Mordechai Anielewicz den Aufstand leitete. Der Zufluchtsort der jüdischen Kämpfer wurde am 8. Mai 1943 gestürmt. Kurz darauf gelangt man zum **Umschlagplatz**, der neben den gewaltigen Wohnblocks leicht übersehen werden kann. Der 80 m lange und 30 m breite Platz lag am Rand des Warschauer Ghettos und war von einer hohen Mauer umschlossen. An zwei Stellen war diese durchbrochen:

Umschlagplatz

ein Tor führte ins Ghetto, ein anderes zu einer großen Rampe, wo Güterwagen vorfuhren. Dort wurden innerhalb eines Jahres 300.000 Menschen ›umgeschlagen‹, aus dem Warschauer Ghetto ins Vernichtungslager Treblinka deportiert. Auf dem Platz spielten sich grausame Szenen ab: Oft mußten die Menschen tagelang auf ihren Abtransport warten, und da es weder Trinkwasser noch Lebensmittel gab, brachen viele der Wartenden ohnmächtig zusammen. Der Boden war mit Unrat und Kot bedeckt, an den Mauern standen SS-Schergen mit entsichertem Gewehr. Heute gibt es an diesem Platz ein Denkmal, das in den 80er Jahren aus Mitteln jüdischer Organisationen errichtet wurde. Die weißen, durch schwarze Streifen gegliederten Wände wecken Assoziationen an die Gebetstücher, die jüdische Männer beim Klagegebet tragen. Das halbrunde Relief über dem Eingang zeigt geknickte Bäume: In der jüdischen Ikonographie ist der zerstörte Baum Symbol für den Tod eines Menschen, ein Wald zerborstener Stämme ist Sinnbild für die Massenvernichtung. Geht man durch das Eingangstor hindurch, betritt man einen von Mauern begrenzten Raum, der die Enge des historischen Umschlagplatzes spürbar machen soll. Wie eine endlose Litanei sind hunderte jüdischer Namen in den Marmor geritzt; auf weißen Tafeln wird in hebräischer und jiddischer, polnischer und englischer Sprache der Ghettobewohner gedacht. Über die *Okopowa* gelangt man zum Jüdischen Friedhof, der im folgenden Kapitel ausführlich vorgestellt wird.

Wichtige Orte lebendiger jüdischer Kultur befinden sich an den Plätzen *Bankowy* und *Grzybowski*. An der Ostseite des *plac Bankowy* hat seit 1936 das ➤Jüdische Historische Institut seinen Sitz (*Żydowski Instytut Historyczny*, ul. Tłomackie 3/5, Sa+So geschl.). Es beherbergt ein judaistisches Museum, eine Bibliothek mit 60.000 Büchern in verschiedenen Sprachen sowie Manuskripte, die bis ins 10. Jahrhundert zurückreichen. Im Archiv sind auf 600 Laufmetern viele Dokumente zur Geschichte der polnischen Juden zusammengetragen. Zu entdecken ist fast das gesamte Archiv der Judengemeinden Krakaus, Breslaus sowie 50 weiterer schlesischer Städte. Aus der Menge des Materials zum Zweiten Weltkrieg ragt das im Untergrund erarbeitete Ringelblum-Archiv heraus, das ein genaues Bild vom Leben im Ghetto vermittelt. Sein Gründer, der Historiker Emanuel Ringelblum, sammelte ursprünglich Daten, um jüdischen Nachkommen das gesamte Ausmaß der nationalsozialistischen Vernichtungspolitik deutlich machen zu können. Später agierten er und seine Mitarbeiter vorwiegend als Nachrichtenübermittler für die in den Ghettos gefangenen Juden, die von allen Informationen abgeschnitten waren. Kurz vor dem Beginn des Aufstands wurden die Bulletins in Milchkannen versteckt und verscharrt, ein Überlebender der Gruppe hat sie nach dem Krieg wieder ans Tageslicht befördert.

Das staatlich geförderte Institut archiviert eine Sammlung von 20.000 historischen Fotografien und gibt zwei Zeitschriften heraus: Viermal im Jahr erscheinen das *Bulletin of the Jewish Historical Institute in Poland* und die *Bleter far Geshichte* in jiddischer Sprache. Von den neoklas-

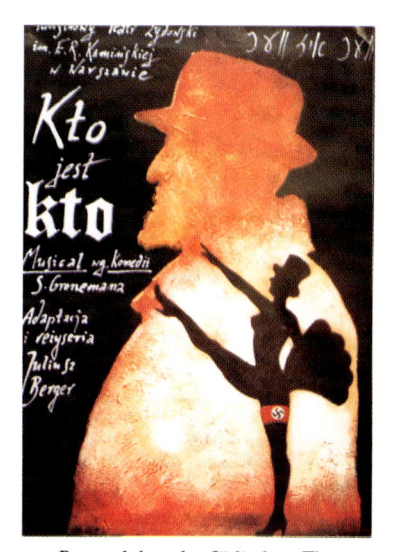

Revueplakat des Jüdischen Theaters

zistischen, eleganten Räumen konnte man früher auf Warschaus schönste und größte Synagoge blicken. Auf Befehl des SS-Brigadeführers Jürgen Stroop wurde sie am 16. Mai 1943 in die Luft gesprengt – ein symbolischer Akt, der die Niederschlagung des Aufstands unterstreichen sollte. Anstatt die Synagoge wieder aufzubauen, hat man in den 80er und 90er Jahren ein glitzerndes, 24stöckiges Hochhaus mit piekfeinen Büroräumen errichtet.

Etwa einen Kilometer südlich, nahe dem *Grzybowski-Platz*, steht das ➤**Jüdische Theater**, die einzige Bühne Europas mit einem Repertoire in jiddischer Sprache (*Państwowy Teatr Żydowski*, plac Grzybowski 12/16, Tel. 6207025). Knapp westlich und etwas versteckt erblickt man die **Nożyk-Synagoge**, wo sich noch heute Warschauer Juden zum Gebet bei Rabbi Schudrich versammeln (*Syn-*

agoga Nożyków, ul. Twarda 6, Do 10–14 Uhr). Der Bau aus dem Jahr 1898 besticht durch eine Metallkuppel mit Davidstern, die sich über dem Aron Ha-Kodesz, dem Aufbewahrungsort der kostbaren Thora-Rollen, erhebt. Mitten im Raum steht die Bimah, wo der Rabbi vor den ringsum versammelten Gläubigen Auszüge aus dem Alten Testament rezitiert. Frauen sind nicht darunter – sie haben nur Zutritt zur Galerie, wo sie in gebührender Distanz zu den Männern den Worten des Rabbis lauschen dürfen. – Die Nożyk-Synagoge wurde von den Nazis als Pferdestall mißbraucht; diesem Umstand verdankt sie es wohl, daß sie vor der Zerstörung bewahrt blieb. Doch was die Nazis nicht vollbrachten, soll nach dem Willen polnischer Rechtsradikaler heute gelingen. Bei einem Brandanschlag am 26. Februar 1997 wurde das unter Denkmalschutz stehende Gebäude samt hölzernem Hauptportal erheblich beschädigt. Dem Anschlag vorausgegangen war ein Parlamentsbeschluß, der die Rückgabe jüdischen Eigentums vorsah. Jüdische Gemeinden sollten die während des Zweiten Weltkriegs enteigneten Immobilien zurückerhalten, sofern diese religiösen oder sozialen Zwecken dienten.

Anschließend kann man über die *Próżna* zur *Marszałkowska* (➤Tour 5) zurückkehren. Der Nordabschnitt der Straße wirkt wie eine vergessene Kulisse aus den 30er Jahren: Er wird von bröckelnden Hausfassaden gesäumt, Toreinfahrten führen in düstere Innenhöfe. In winzigen Läden werden Eisenwaren und anderer Krimskrams verkauft, oft spendet nur eine nackte Glühbirne Licht. Hier und da eine ausgehängte Tür, die den Blick freigibt auf Rasenflächen, hinter denen in einiger Entfernung Plattenbauten hochschießen. Da sich die Próżna außerhalb der Ghettomauern befand, wurde sie von den Nazis verschont. Sie ist das einzige Relikt des jüdischen Wohnviertels, steht daher unter Denkmalschutz. Kürzlich hat die *Jewish Renaissance Foundation* einige Hausruinen aufgekauft und will sie unter Wahrung der Vorkriegsfassade aufwendig restaurieren.

Spuren jüdischer Vergangenheit findet man auch auf der gegenüberliegenden Weichselseite in Praga. Die Straßen *Jagiellońska* und *Kłopotowski* waren fast ausschließlich von Juden bewohnt, hier befanden sich Schule und Synagoge, Bethaus und Mikweh-Bad. Heute sind nur noch zwei Gebäude erhalten: Im Neorenaissancehaus in der Jagiellońska 28, wo unmittelbar nach Kriegsende das Komitee der polnischen Juden tagte, befindet sich heute das ➤Puppentheater Baj. An das Ritualbad in der Kłopotowski 31 erinnert nur noch die gefliese Fassade.

Von allen großen Hotels der Stadt starten vormittags und nachmittags vierstündige Touren durch das jüdische Warschau, vormittags sind auch das Jüdische Historische Institut und der Jüdische Friedhof im Besichtigungsprogramm enthalten. Die Tikkets kosten ca. 50 DM, Veranstalter ist die Organisation *Our Roots*, die außerdem Fahrten nach Auschwitz, Treblinka, Majdanek und Lublin anbietet.

· Our Roots, Jewish Information and Tourist Bureau, ul. Twarda 6, Tel./Fax 6200556

10. Friedhöfe

Die Warschauer Friedhöfe zählen zu den größten und schönsten Europas. Die meisten liegen im Nordwesten der Stadt und bilden einen Gürtel von Grünflächen: eine Stadt der Toten, in der mehr als eine Million Menschen begraben sind. Wie im Leben, so sind auch im Tod die verschiedenen Konfessionen säuberlich voneinander getrennt. Im Norden, an der *ul. Pawązkowska*, liegen der römisch-katholische Friedhof sowie die Begräbnisstätte des polnischen Militärs. Westwärts kommt man zum moslemischen, südwärts zum jüdischen und evangelischen Friedhof.

Der **Römisch-katholische Friedhof Powązki** wird oft mit Père Lachaise in Paris oder auch Campo Santo in Genua verglichen (*Katolicki Cmentarz Powązkowski*, ul. Pawązkowska 1/5, tägl. ab 7 Uhr; erreichbar mit Straßenbahn 16, 17, 19, 33 und 35, Haltestelle Okopowa). Die Künstler Tatarkiewicz, Hegel und Maliński haben das Gräberfeld in eine Skulpturengalerie verwandelt. Hunderte von Denkmälern variieren das Thema von Trauer und Tod, Verlust eines geliebten Menschen und Übergang in ein anderes Leben.

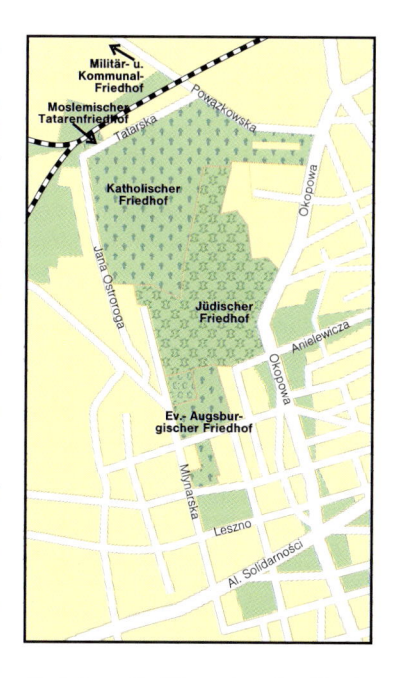

Um die kuppelgekrönte Kirche nahe dem Haupteingang gruppiert sich der älteste, um 1790 angelegte Teil. Pfade, die von Ruhe und Melancholie sprechen, weisen dem Besucher den Weg durchs Labyrinth. In den Katakomben wurden die Verwandten des letzten polnischen Königs Stanisław August Poniatowski bestattet. Dahinter erstreckt sich die Allee derer, *»die sich um das Vaterland verdient gemacht haben«* (*al. Zasłużonych*). Hier ruhen berühmte Künstler und Wissenschaftler, unter ihnen der Opernsänger Jan Kiepura und der Schriftsteller Władysław Reymont. Gleichfalls entdeckt auf dem Friedhof man die Gräber des 1996 verstorbenen Filmregisseurs Krzysztof Kieślowski sowie der Komponisten Moniuszko und Winiawski. Hinzuweisen ist auch auf eine ungewöhnliche Plastik, die einen knienden, angeketteten Arbeiter zeigt. Dieses Denkmal, das im Mai 1996 von Präsident Kwaśniewski enthüllt wurde, ist den 1,1 Millionen Polen gewidmet, die von den Nationalsozialisten zur Zwangsarbeit nach Deutschland verschleppt worden waren. - Die Katakomben bilden einen der Hauptanziehungspunkte am 1. November, zu Allerheiligen: Tausende von Warschauern pilgern dann zum Friedhof, um ihrer Verwandten, aber auch der vielen anonymen Verstorbenen zu gedenken. An diesem Tag scheinen die Gräber zu erglühen, die Parklandschaft ist in ein Lichtermeer getaucht.

Nahe Powązki befindet sich – jenseits der Bahnlinie – der **Militär- und Kommunalfriedhof**, der 1918 für gefallene polnische Soldaten konzipiert wurde (*Cmentarz Komunalny na Powązkach*, ul. Powązka 43/45). Besonderes Interesse wecken die Gräber aus der Zeit des Zweiten Weltkriegs. Hier ruhen auch die Kämpfer des Warschauer Aufstands, ihre Gräber sind angeordnet nach Kompanien und Batallionen, mit dem jeweiligen Kommandeur an der Spitze: ein Wald von Kreuzen aus Stein, Holz und Metall. Alljährlich kommen hier am 1. August um 17 Uhr vor allem ältere Menschen zusammen: an diesem Tag begann 1944 der Warschauer Aufstand.

Mit einem imposanten Grabhügel wird auch der 4500 polnischen Offiziere gedacht, die im April 1940 in Katyń (bei Smolensk) vom sowjetischen Geheimdienst erschossen wurden. In einem später angefügten Trakt ruhen polnische Politiker wie Bolesław Bierut und Władysław Gomułka sowie die Schriftsteller Leon Kruczkowski und Julian Tuwim.

Der **Moslemische Tatarenfriedhof** wurde im Jahr 1867 gegründet und erinnert an die Tataren, die unter zaristischer Besatzung, aber auch in der Zwischenkriegszeit in der Stadt lebten (*Muzułmański Cmentarz Tatarski*, ul. Tatarska, tägl. außer Do 9–16 Uhr). Die meisten Grabsteine aus dem 19. Jahrhundert wurden von deutschen Soldaten zerstört, weitgehend erhalten blieben die Monumente aus der Zwischenkriegszeit, als assimilierte Tataren eine wichtige Rolle beim Aufbau der Kavallerie spielten. Viele von ihnen gaben sich polnische Namen und dokumentierten damit ihre Zugehörigkeit zu Polen.

Der **Jüdische Friedhof** wurde 1806 angelegt und wird noch heute genutzt. Mit seinen über 100.000 Gräbern zählt er zu den größten jüdischen Nekropolen Europas (*Cmentarz Żydowski*, ul. Okopowa 49/51, tägl. außer Fr+Sa 10-15 Uhr). Im Schatten alter Bäume stehen eingefallene Steine mit hebräischen Schriftzügen, Gras überwuchert Felsplatten und Wege. Obelisken und Sarkophage sind mit Bildern aus der Natur, dem Baum des Lebens und Tiermotiven geschmückt. Oft sind auf den Grabreliefs Hände abgebildet: Sind sie zum Segen erhoben, ruht hier ein Priester, halten sie ein Buch, liegt hier ein Gelehrter begraben; und ist in den Händen eine Münze versteckt, handelt es sich um einen Wohltäter. In ungewohnter Offenheit werden letzte Wahrheiten verkündet. Auf einem Grabmal ist zu lesen: »*Tu leży mój mąż, co dręczył mnie wciąż, teraz leży w grobie, ulżył mnie i sobie*«, was auf deutsch soviel heißt wie: »*Hier liegt mein Mann, hat mich immerfort gequält – jetzt liegt er im Grab, macht es für mich und sich leichter.*«

Ein bewegendes Monument, das einen von Kindern umringten Mann zeigt, erinnert an den Schriftsteller

Der jüdische Friedhof wird restauriert

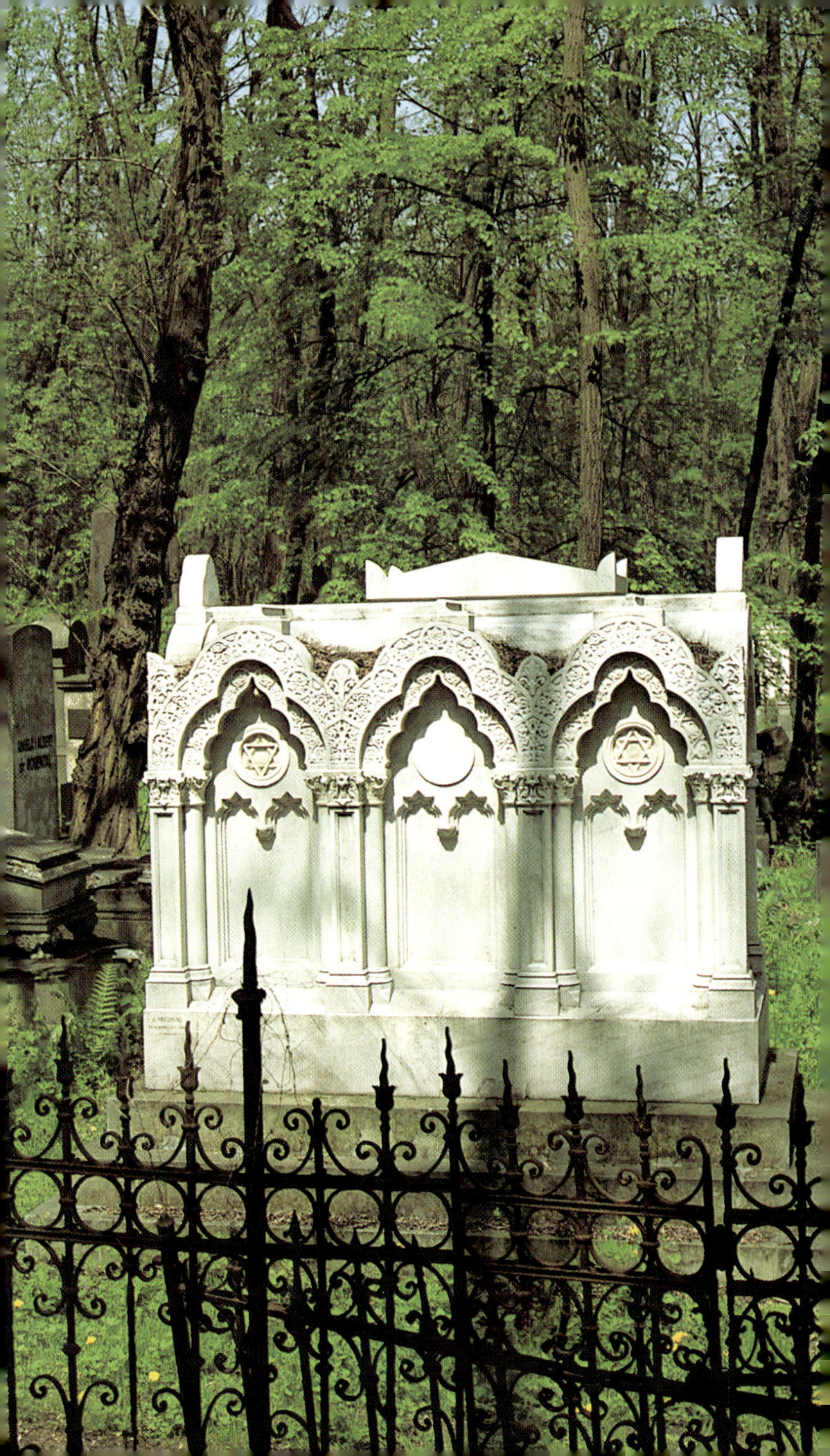

und Pädagogen Janusz Korczak (➤Portraits). Gleichfalls auf dem Jüdischen Friedhof ruht Ludwik Zamenhof (1859-1917). Der in Białystok geborene, später in Warschau (Zamenhofa 5) ansässige Augenarzt ist als Schöpfer einer künstlichen Sprache, des Esperanto, berühmt geworden. Die Grammatik ist bestechend einfach: Es gibt 16 Grundregeln, daneben 10 Vorsilben und 25 Nachsilben zum Bilden neuer Wörter. Zamenhof hatte den Wunsch, daß diese Sprache einmal alle Menschen dieser Welt vereinen sollte. Erst 28 Jahre zählte er, als sein Esperanto-Handbuch veröffentlicht wurde.

Der kleine, aber wunderbar schattige **Evangelisch-Augsburgische Friedhof** gibt Auskunft über die Bedeutung, die der vom späten 18. bis zum frühen 20. Jahrhundert in Warschau beheimateten deutschen Minderheit zukam (*Cmentarz Ewangelicko-Augsburgski*, ul. Młynarska, tägl. geöffnet). Viele, die hier begraben liegen, gehörten der Führungsschicht des Landes an, waren in intellektuellen und kaufmännischen Berufen tätig. Reichtum und soziales Ansehen spiegeln sich z.B. im Mausoleum des Schokoladenfabrikanten Wedel und in den prächtigen Kapellen der Familien Bräunig und Halpert. Im angrenzenden Südabschnitt kann man der Ruhestätte des polnischen Schriftstellers Stefan Żeromski einen Besuch abstatten.

Die übrigen Friedhöfe liegen weiter entfernt. Im Stadtteil *Wola* wurden zwei Friedhöfe dicht beieinander angelegt. Einer von ihnen ist den Opfern des Warschauer Aufstands von 1944 gewidmet (*Cmentarz Powstańców Warszawy*). In Reih und Glied stehen die Grabsteine von 40.000 Männern und Frauen, deren Leichen beim Wegräumen der Ruinen 1945 entdeckt wurden. *Der Friedhof der Orthodoxen* (*Cmentarz Prawosławny*) birgt die zweitgrößte orthodoxe Kirche von Warschau. Im Süden der Stadt liegt der *Sowjetische Soldatenfriedhof* (*Cmentarz Mauzoleum Żołnierzy Armii Radzieckiej*). Er wurde für die Angehörigen der Roten Armee angelegt, die bei der Befreiung Warschaus ihr Leben verloren. Die zahllosen Denkmäler sind ein Panoptikum sozialrealistischer Bildhauerkunst.

11. Stadtteil Praga

Wer die Weichsel auf der Brücke *Śląsko-Dąbrowski* überquert und sogleich in die Uferstraße einbiegt, genießt einen Blick auf die Altstadt, der schon viele Maler zu Bildern inspiriert hat. Die berühmtesten Skizzen stammen von Canaletto, dem venezianischen Hofkünstler Poniatowskis. An die Promenade (*Wybrzeże Helskie*) schließt sich ostwärts der Stadtteil Praga an. Er wurde im 15. Jahrhundert am rechten Weichselufer gegründet und erst Ende des 18. Jahrhunderts an Warschau angeschlossen. Obwohl er im Zweiten Weltkrieg kaum zerstört wurde, verirren sich Touristen nur selten hierher, denn das Straßenbild wird von Mietskasernen bestimmt – mehrheitlich waren es Arbeiter, die hier wohnten. Einige Sehenswürdigkeiten lohnen den Weg dennoch, allen voran der Zoologische Garten und der sogenannte Russenmarkt.

Der **Zoologische Garten** (1928) ist über die Brücke Śląsko-Dąbrowski erreichbar. Wer mit der Straßenbahn kommt, steigt an der al. Solidarności an der ersten Haltestelle östlich des Flusses aus. Vom plac Weteranów führt eine schattige Allee quer durch den Park Praski zum Zooeingang

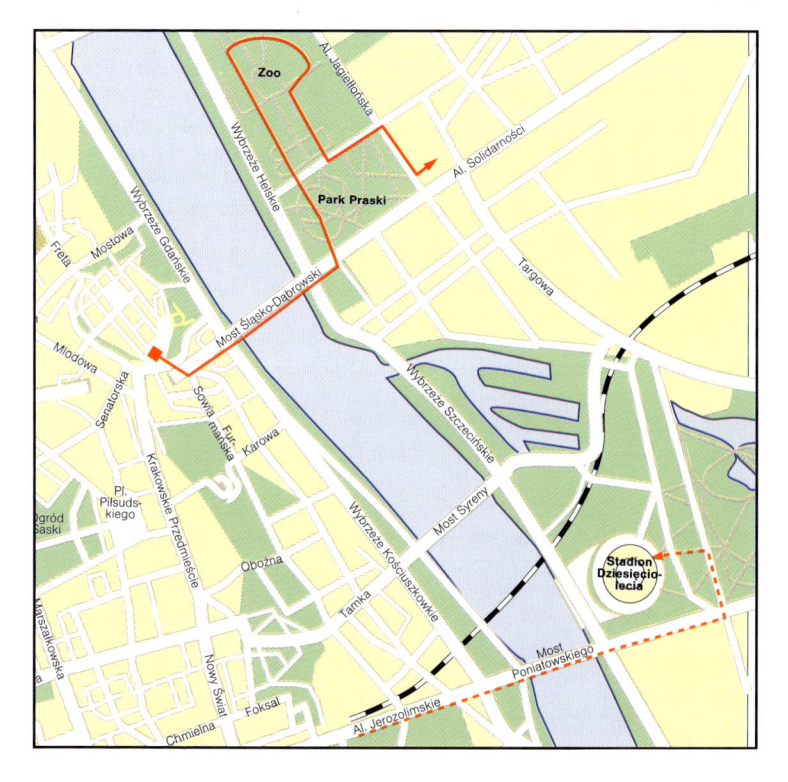

(*Warszawski Ogród Zoologiczny*, ul. Ratuszowa 1/3). Hinter der Kasse beginnt ein zwei Kilometer langer Weg, der beiderseits von Tiergehegen gesäumt wird. Zur Rechten entdeckt man einen Teich mit Flamingos, zur Linken kleine Gehege mit Polarbären, Krokodilen und Wölfen. Außerdem gibt es im Zoo Wisente und Giraffen, Pandabären und Affen. In einem Terrarium werden Reptilien und Schlangen aus aller Welt vorgestellt, aus Käfigen erklingt das Geschrei exotischer Vögel. Insgesamt leben 2000 Tiere auf diesem riesigen, bereits 1928 eingerichteten Areal, das auch per Doppelrad erkundet werden kann.

Die **Orthodoxe Kirche** liegt gleichfalls an der *al. Solidarności* und ist an ihren fünf zwiebelförmigen Türmen zu erkennen. Sie wurde 1865 im russisch-byzantinischen Stil erbaut und ist das wichtigste Gotteshaus dieser Konfession in ganz Polen. Im Innern beeindruckt sie durch schöne Wandmalereien und eine prächtige Ikonostase. Messen finden werktags um 9 und sonntags um 10 Uhr statt, an Feiertagen kann man dem Auftritt orthodoxer Chöre beiwohnen. Das angrenzende Gebäude ist der Sitz des orthodoxen Metropoliten.

Der **Russenmarkt** ist am leichtesten über die Brücke *Most Poniatowskiego* erreichbar (ab Bahnhof mit allen Straßenbahnen Richtung Osten). Man fährt bis zur Haltestelle *Stadion Dziesięciolecia*. Zehn Jahre nach Kriegsende wurde es als Polens modernste Sportanlage eingeweiht (darum der Name: Stadion des Zehnten Jahrestages), heute wird hier jeden Tag ab 5 Uhr morgens ein großer Basar abgehalten. Über 50.000 Menschen verdankten ihm in den 90er Jahren das wirtschaftliche Überleben.

1998 wurden die Visabestimmungen an der polnischen Ostgrenze ver-

Marktwirtschaft à la polonaise

»Die Menge schiebt, stößt und stolpert vorwärts, und keiner der Konsumhungrigen achtet auf jenen Alten, der mittendrin auf einem Schemel hockt wie ein Fels in der Brandung. Er hat den rechten Ellbogen auf sein Knie gestützt und hält eine Handvoll orangefarbener Einwegrasierer in die Luft. Das Gedränge um ihn herum scheint er gar nicht wahrzunehmen. Sein Gesicht zeigt keine Bewegung, so viele der Schnäppchenjäger ihn auch anrempeln mögen. Sogar den Gesetzen des Marketings verschließt er sich konsequent. Er preist seine Ware nicht an, sondern vertraut stumm auf die Botschaft des Produktes. Ob sich dieser kapitalistische Minimalismus allerdings rentiert, ist kaum auszumachen. Denn der Besucher wird Schritt für Schritt, auf der viel zu schmalen Treppe sorgsam einen Fuß vor den anderen setzend, von der tausendfüßigen Menge fortgezogen, die sich unaufhaltsam dem Aufgang in die Arena nähert. Dieser reich gefüllte Sehnsuchtsort, Ziel der Schieber und Schubser, ist der größte Marktplatz Europas. Dort wird die Privatwirtschaft aus dem Geiste des Kurzwarenhandels neu geboren.«

· Heinrich Wefing. »Die Zwischenzeit dauert nicht ewig. Warschau: offene Stadt, auf Fließsand gebaut.« Frankfurter Allgemeine Zeitung, 31.7.1997.

Er kommt aus Armenien und verkauft Ware aus China

schärft, seitdem fahren nicht mehr ganz so viele Busse vor dem Stadion auf wie noch vor wenigen Jahren. Einige der Händler haben einen sehr weiten Weg zurückgelegt. Sie kommen aus fernen Landesteilen Rußlands, aus der Ukraine und Armenien und verkaufen alles, was nicht niet- und nagelfest ist. Darunter findet man Offiziersuniformen der Roten Armee, Vaterlandsorden und andere Sowjetembleme, die vorläufig aus der Mode gekommen sind. Aus noch früherer Zeit stammen Ikonen; sie mögen aus einsamen Waldkirchen gestohlen sein, vielleicht sind es aber auch nur Repliken, die teuer an ahnungslose Touristen verscherbelt werden. Manch ein Besucher deckt sich auf dem Markt mit druckfrischen Reisepässen ein, oft auch mit illegalen Waffen und der dazu passenden Munition, mit Präzisionskameras made in Russia, sibirischen Pelzen und Fellmützen. Endlos ließe sich die Liste des östlichen und fernöstlichen Warenangebots fortsetzen... Nicht weit vom Stadion entfernt gibt es noch einen weiteren Markt, den **Różycki-Bazar**. Dort gehen die Ärmeren einkaufen: das Angebot besteht aus altmodischer Kleidung und Haushaltsartikeln, die für ein paar Złoty billig verhökert werden.

Mit dem Besuch eines weiteren Parks könnte der Ausflug nach Praga enden. Der **Paderewski-Park** östlich des Stadions ist einer der größten Warschaus. Teiche sind durch Kanäle miteinander verbunden, in romantischen Winkeln entdeckt man Skulpturen. Oft läuft man hier auch Diplomaten über den Weg. Sie residieren im Botschafts- und Villenviertel von *Saska Kępa* (Sächsischer Werder), einer der besten Wohngegenden Warschaus und nur einen Kilometer vom Russenmarkt entfernt!

12. Grüner Spazierweg entlang der Weichselböschung

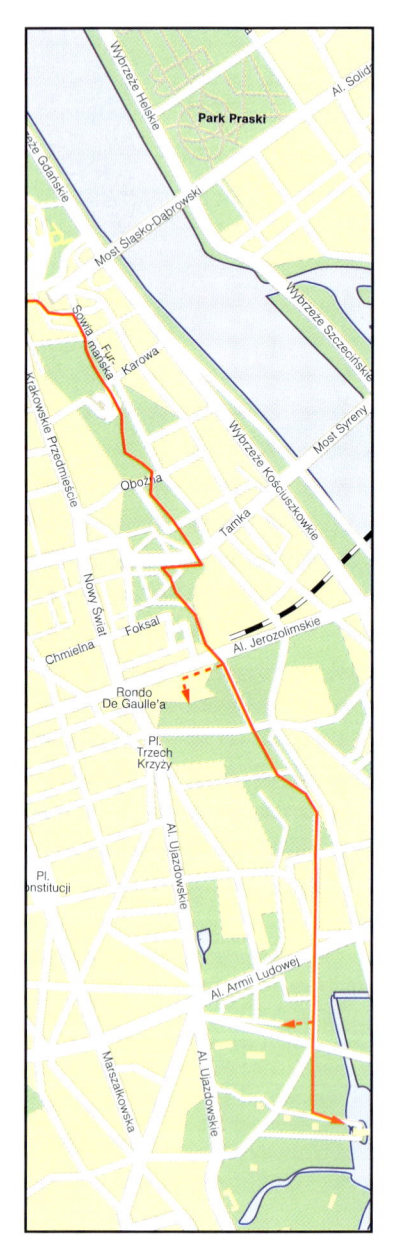

Es gibt wohl kaum eine andere Hauptstadt in Europa, die über so viele Grünflächen wie Warschau verfügt. Von der Altstadt bis zum Łazienki-Park führt ein 4 km langer Weg entlang der Weichselböschung, fernab von Lärm und großstädtischer Hektik. Der Weg ist so angelegt, daß möglichst wenig Straßen passiert werden müssen – über Fußgängerbrücken gelangt man von einer grünen Oase zur nächsten.

Startpunkt des Spaziergangs ist der Glockenturm vor der Annenkirche (Krakowskie Przedmieście 68). Ein malerischer *Treppenweg* führt an den Befestigungsmauern entlang abwärts. Rasch erstirbt der Verkehrslärm, man geht im Schatten alter Bäume hinab und erreicht kurz darauf die *ulica Sowia*. Dort hält man sich rechts und folgt der *Furmańska*, die ihren Namen von der deutschen Fuhrmannsgasse herleitet. Wo die *Karowa* rechts abzweigt, liegt vor einem in südlicher Richtung der *Park Kazimierzowski*. Ein Weg führt parallel zur Straße, schöner jedoch ist es, sich leicht rechts zu halten und unterhalb der Böschung weiterzugehen. Kaum zu sehen ist die Klosteranlage der Visitantinnen, von der Universität erkennt man nur die Westfassade des Palais Kazimierz. Nur wenige Spaziergänger verirren sich hierher, meist begegnet man älteren Leuten, die ihren Hund ausführen.

Nach Überqueren der *Obożna* setzt sich ein schmaler Grünstreifen südwärts fort. Auf einer Brücke überquert man die *Tamka* und steigt rechts zum Palais Ostrogski hinauf,

Schloß Ujazdów

wo das ➤Chopin-Museum besucht werden kann.

Geht man durch den Park weiter, passiert man die *Musikakademie* mit ihrem vielstimmigen Klanggewirr. Zwischen Klostergarten der Barmherzigen Schwestern und Zamoyski-Palais kommt man zur *Jerozolimskie-Allee*, unübersehbar das ➤Nationalmuseum mit den wichtigsten kunsthistorischen Sammlungen Polens. Links davon das ➤Museum der polnischen Armee, durch dessen mit Panzern und Flugzeugen reich bestückten Garten sich der Spazierweg in südwärtiger Richtung fortsetzt.

Nach Überqueren der *Książęca* passiert man das ➤Museum für Erdgeschichte und das Parlament. Südlich der *al. Armii Ludowej* lohnt ein Stopp im Schloß Ujazdów mit Café und Galerie. Höhepunkt des Ausflugs ist der *Łazienki-Park* mit kleinen Palästen und vielen romantischen Wegen (➤Tour 7).

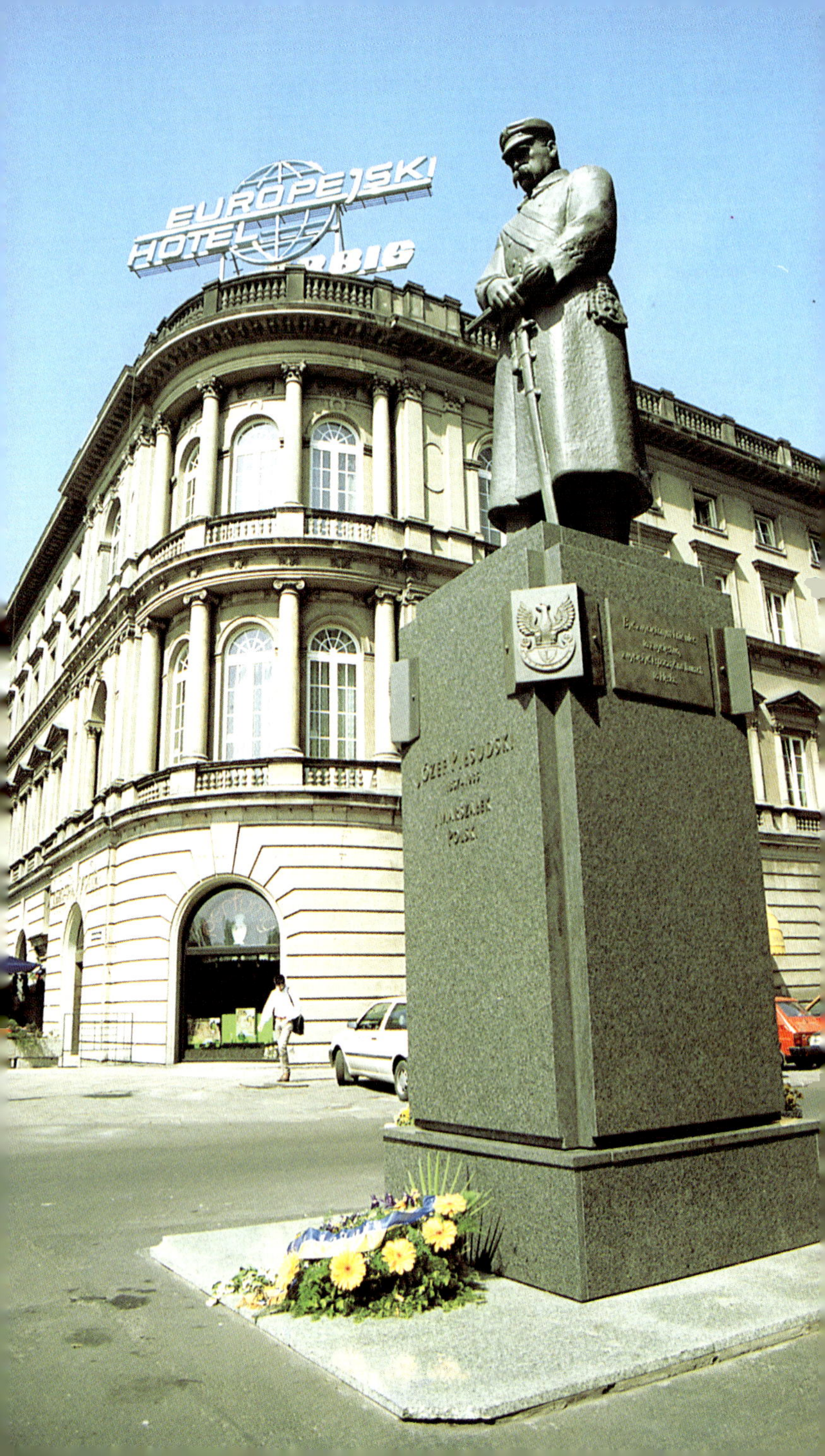
EUROPEJSKI
HOTEL

Hotels und andere Unterkünfte

Business boomt in Warschau, für Geschäftsleute werden in zentraler Lage neue Nobelhotels geschaffen. Sie gehören den Ketten Forte, Marriott und Sheraton, bieten westlichen Komfort zu entsprechendem Preis. Die Klassifizierung erfolgt nach Sternen, doch ist auf diese nicht immer Verlaß, da sich viele Hotels aus steuerlichen Gründen zurückstufen lassen.

Etwas schwieriger gestaltet sich die Suche nach guten Unterkünften für Individualreisende. Doch mit Hilfe der nachstehenden Übersicht findet man auch sie: preiswerte und in einigen Fällen sogar zentral gelegene Hotels, für die man weniger zahlt als in anderen europäischen Metropolen. Sie sind rasch ausgebucht, rechtzeitige Reservierung ist deshalb zu empfehlen. Daneben gibt es eine Agentur für Privatzimmer und während der Sommermonate auch Studentenhotels. Zwei Jugendherbergen sind ganzjährig geöffnet, die Campingplätze nur während des Sommers. Die Reservierung ab Deutschland, Österreich und der Schweiz erfolgt per Telefon oder Fax über die Vorwahlnummer 0048/12. Die in der Übersicht angegebenen Preisklassen beziehen sich auf den Preis für ein Doppelzimmer mit Frühstück.

Luxuspreisklasse: über 200 DM
Obere Preisklasse: 100-200 DM
Mittlere Preisklasse: 50-100 DM
Untere Preisklasse: bis 50 DM

Die Anmerkung (CC) bedeutet, daß die gängigsten Kreditkarten angenommen werden.

Vor dem Hotel Europejski

Luxusklasse (über 200 DM)

Das **Bristol** am Königstrakt ist eines der besten Hotels Europas. 1899-1901 wurde es im Jugendstil erbaut und entwickelte sich rasch zu einem der wichtigsten Treffpunkte des politischen und kulturellen Lebens der Stadt. 1981 wurde es geschlossen, elf Jahre später in neuem Glanz wiedereröffnet, nun als Teil der Hotelkette Forte. Das Art-Nouveau-Interieur spiegelt den Geist vergangener Zeit, ist unaufdringlich elegant. Die Zimmer sind mit dunklen Holzmöbeln gemütlich eingerichtet, geräumig und schalldicht. Im Erdgeschoß gibt es ein Business Centre mit internationaler Presse, Computer- und Faxservice, auf Wunsch steht auch ein Übersetzungsdienst zur Verfügung. In den Restaurants *Malinowa* und *Marconi* wird standesgemäß gespeist, am Sonntagmittag wird der beliebte Brunch serviert. Außerdem gehören zum Hotel Swimming-Pool, Sauna, Dampfbad und Massagesalon.

· Hotel Bristol, ul. Krakowskie Przedmieście 42/44, Tel. 6252525, Fax 6252577, 206 Zimmer (CC)

Das **Sheraton** nahe Börse und Parlament wurde 1996 eröffnet. Es verfügt über fünf Bars und Restaurants: Im *Lalka* ißt man vorwiegend polnisch, im *Oriental* asiatisch und im *Someplace Else* amerikanisch. Das Café des Hauses ist im Wiener Stil eingerichtet, die Piano-Bar in der Lounge ist kein schlechter Ort, um einen Blick auf die neuesten Star-

gäste zu werfen. Die Präsidentensuite kostet ca. 3000 DM pro Nacht.
- Hotel Sheraton, ul. Prusa 2,
  Tel. 6576100, Fax 6576200,
  350 Zimmer (CC)

Im **Victoria** werden das ganze Jahr über Kongresse und Konferenzen abgehalten. Das Haus verfügt über drei gute Restaurants und einen Nightclub, Hallenbad, Sauna und Solarium. Nicht ganz so spektatulär, wie der stolze Preis es vermuten läßt, doch immerhin mit schönem Ausblick auf Piłsudski-Platz, Große Oper und Sächsischen Garten.
- Hotel Victoria, ul. Królewska 11,
  Tel. 6578011, Fax 6578057,
  363 Zimmer (CC)

Das **Forum** ist eine schmal aufragende Orbis-Konstruktion an der Kreuzung zweier Verkehrsadern, der ul. Marszałkowska und der al. Jerozolimskie. Die Zimmer sind besser als die Eingangshalle es vermuten läßt; sie sind relativ klein, verfügen jedoch über ein schönes Bad. Vom Restaurant im 16. Stock hat man einen interessanten Ausblick.
- Hotel Forum, ul. Nowogrodzka 24/26, Tel. 6210271, Fax 6250476,
  733 Zimmer (CC)

Holiday Inn liegt im Schatten des Kulturpalasts unmittelbar hinter dem Hauptbahnhof. Es bietet den Komfort, den man von Einrichtungen dieser Kette erwartet. Mit einer großen begrünten Eingangshalle, mehreren Restaurants, Sauna und Fitneßräumen.
- Hotel Holiday Inn, ul. Złota 48/54,
  Tel. 6973999, Fax 6973899,
  336 Zimmer (CC)

Jan III. Sobieski wurde 1992 im postmodernen Stil eröffnet. Das Hotel liegt an der Straße zum Flughafen südwestlich vom Hauptbahnhof, die weitläufige Eingangshalle ist mit Marmor und Mosaiken geschmückt. Alle Zimmer sind mit hellen Kirschholzmöbeln ausgestattet und schallisoliert. Mit Büffetrestaurants, Cafés und einer bewachten Tiefgarage.
- Hotel Jan III. Sobieski, pl. Zawiszy 1,
  Tel. 6584444, Fax 6598828,
  413 Zimmer (CC)

Das **Marriott** verbirgt sich in in der oberen Hälfte eines 42stöckigen Wolkenkratzers gegenüber vom Zentralbahnhof, 1993 wurde es als erstes Hotel französischer Leitung unterstellt. Zu seinen Annehmlichkeiten gehört die Wahl zwischen mehreren Restaurants. Für das abendliche Vergnügen sorgen Casino, Nightclub und Disco. Den besten Ausblick hat man von den nach Osten weisenden Zimmern und natürlich von der 140 m hoch gelegenen Panorama-Bar.
- Hotel Marriott, al. Jerozolimskie 65/79, Tel. 6306306, Fax 6305239, 522 Zimmer (CC)

Mercure–F. Chopin gehört einem französischen Unternehmen: ein moderner Glaspalast westlich des Geschäftszentrums. Die Restaurants *Le Balzac* und *Le Stanislas* versprechen exquisite Kost, die Konditorei ist nach Madame Walewska, der Geliebten Napoleons, benannt. Alle Zimmer sind klimatisiert und elegant eingerichtet, im Hotel gibt es Fitneßcenter und Sauna.
- Hotel Mercure, ul. Jana Pawła II 22,
  Tel. 6200201, Fax 6208779, 250 Zimmer (CC)

Das **Europejski** wurde 1857 eröffnet und ist damit das älteste Hotel Warschaus. Die Zimmer sind groß, doch mangelt es ihnen an Atmosphäre; eine umfangreiche Renovie-

rung ist geplant. Im Café Europa und der Konditorei gibt es sehr guten Kuchen, die Restaurants servieren internationale Kost.
· Hotel Europejski, ul. Krakowskie Przedmieście 13, Tel. 8265051, Fax 8261111, 239 Zimmer (CC)

Obere Preisklasse (100-200 DM)

MDM liegt im Herzen des Warschauer Zentrums, zwischen Botschafts- und Geschäftsviertel. Aufgrund der guten Verkehrsanbindung sind auch Königstrakt und Altstadt schnell erreichbar. Der weitläufige Platz, den das Hotel optisch dominiert, ist ein Glanzstück sozialistischer Stadtarchitektur, einen extravaganten Touch verleihen ihm die riesigen obeliskartigen Straßenlaternen. Das kürzlich renovierte Hotel der Syrena-Kette verfügt über große, mit Sitzecke und Schreibtisch elegant eingerichtete Zimmer, die meisten mit Aussicht auf den Kulturpalast und Warschaus moderne Stadtsilhouette. Sehr empfehlenswert ist das umfangreiche Frühstücksbüffet mit arabischem Akzent. Vor dem Hotel befindet sich ein bewachter Parkplatz.
· Hotel MDM, pl. Konstytucji 1, Tel. 6216211, Fax 6214173, 120 Zimmer (CC)

Das **Grand Hotel** wurde Ende der 50er Jahre als eines der ersten Hochhäuser Warschaus errichtet. Auf dem Dach wurde ein Hubschrauberlandeplatz eingerichtet, so daß die Gäste auf Wunsch vom Flughafen direkt ins Hotelzimmer gelangen konnten – dieser Service wurde mittlerweile eingestellt. Das Orbis-Hotel liegt zu Fuß nur zwei Minuten von der Jerozolimskie entfernt, verfügt über Casino und Nightclub.
· Hotel Grand, ul. Krucza 28, Tel. 6294051, Fax 6219724, 319 Zimmer (CC)

Gromada Dom Chłopa (Haus des Bauern) war einst bevorzugte Unterkunft der die Hauptstadt besuchenden Landbewohner. Es liegt 500 m östlich des Kulturpalasts und damit sehr zentral, auch vom Königstrakt nur wenige Minuten entfernt. Nachdem alle Zimmer renoviert worden sind und die Eingangshalle glanzvoll erstrahlt, ziehen statt der Bauern Touristen und Geschäftsleute ein. Wie alle Gromada-Hotels mit freundlich eingerichteten Zimmern mit eigenem Bad sowie üppigem Frühstück.
· Hotel Gromada Dom Chłopa, pl. Powstańców Warszawy 2, Tel. 6251545 Fax 6252140, 237 Zimmer (CC)

Karat liegt in einer ruhigen Straße südwestlich des Łazienki-Parks. Alle Zimmer wurden renoviert, sind geräumig und verfügen über TV-Sat.
· Hotel Karat, ul. Słoneczna 37, Tel. 6014411, Fax 495294, 40 Zimmer (CC)

Maria heißt ein familiär geführtes Hotel nordwestlich des Stadtzentrums. Die Zimmer sind sauber und behaglich, doch nicht immer ruhig. Erreichbar mit Straßenbahn 16, 17 und 19.
· Hotel Maria, ul. Jana Pawła II 71, Tel. 8384062, Fax 8383840, 22 Zimmer (CC)

Polonia wurde 1913 im Jugendstil erbaut, Eingangshalle und Restaurant haben ihren ursprünglichen Charakter bis heute bewahrt. Die Zimmer werden schrittweise reno-

viert, bieten zumeist Ausblick auf den Kulturpalast.
- Hotel Polonia, al. Jerozolimskie 45, Tel. 6287241, Fax 6286622, 233 Zimmer (CC)

Belwederski ist eine gute Adresse für alle, die während ihres Aufenthalts oft den Łazienki-Park besuchen wollen.
- Hotel Belwederski, ul. Sulkiewicza 11, Tel./Fax 6822666, 53 Zimmer (CC)

Metropol, ein neunstöckiger Bau am Schnittpunkt der Zentrumsstraßen Marszałkowska und Jerozolimskie, entstand in den 60er Jahren. Mit mehreren Konferenzsälen und beliebter Cocktailbar.
- Hotel Metropol, ul. Marszałkowska 99a, Tel. 6294001, Fax 6286622, 192 Zimmer (CC)

Mazowiecki war früher für polnisches Militär reserviert und trug den Namen *Garnizonowy*. Das Hotel liegt unweit der Altstadt nahe dem Ethnographischen Museum, ist preiswert, doch nicht besonders gepflegt; es gibt vorwiegend Doppel- und Dreibettzimmer, die Bäder befinden sich auf dem Flur.
- Hotel Mazowiecki, ul. Mazowiecka 10, Tel./Fax 8272365, 48 Zimmer

Parkowa südlich des Łazienki-Parks ist komfortabel, wurde kürzlich von Grund auf renoviert. Das Haus gehört der polnischen Armee, von den höhergelegenen Zimmern blickt man auf die Gärten des Verteidigungsministeriums und der russischen Botschaft.
- Hotel Parkowa, ul. Belwederska 46/50, Tel. 6948000, Fax 416029, 44 Zimmer

Reytan ist ein Mittelklassehotel im Ortsteil Mokotów und wurde im Herbst 1998 eröffnet.
- Hotel Reytan, ul. Reytana 6, Tel. 6463166, Fax 481124, 86 Zimmer (Amex, Visa, EC)

Solec liegt nahe der Autobahn, die parallel zur Weichsel verläuft, dient daher vor allem als Zwischenstation für Transitreisende. Das zweistöckige, überteuerte Orbis-Hotel bietet komfortable, aber etwas sterile Zimmer abseits des touristischen Treibens.
- Hotel Solec, ul. Zagórna 1, Tel. 6254400, Fax 6216442, 137 Zimmer (CC)

Novotel, ein weiteres Orbis-Hotel, befindet sich auf halbem Weg zwischen Flughafen und Zentrum. Im Sommer öffnet im Garten ein Pool.
- Hotel Novotel, ul. 1 Sierpnia 1, Tel. 8464051, Fax 8463686, 146 Zimmer (CC)

Gromada wurde 1994 eröffnet und ist nicht zu verwechseln mit dem Hotel ähnlichen Namens im Stadtzentrum. Das fünfstöckige Haus liegt nahe dem Flughafen, ein Minibus-Service sorgt für regelmäßige Verbindung. Alle Räume sind ruhig und mit Bad und WC, teilweise auch mit Fernseher ausgestattet.
- Hotel Gromada, ul. 17 Stycznia 32, Tel. 8465822, Fax 8461580, 128 Zimmer (CC)

Vera befindet sich nahe dem Westbahnhof im Stadtteil Ochota. Das Hotel wirkt etwas charakterlos, doch hat man es von hier nicht weit zum Park Szczęśliwicki und zu einem Sportzentrum mit zwölf Tennisplätzen und vier Swimming-Pools.
- Hotel Vera, ul. Bitwy Warszawskiej 1920r. 16, Tel. 8227421, Fax 8236256, 156 Zimmer (CC)

Warszawa, ein 17stöckiger Bauklotz, war in den 30er Jahren das höchste Gebäude der Hauptstadt. So stabil war es gebaut, daß es selbst die Luftangriffe während des Zweiten Weltkriegs überstand. Es liegt nahe dem Königstrakt, rasch kommt man von hier in die Altstadt oder ins Zentrum. Die Eingangshalle verrät noch etwas von früherer Eleganz, die Zimmer werden schrittweise renoviert.
· Hotel Warszawa, ul. Powstańców Warszawy 9, Tel. 8269421, Fax 8271873, 144 Zimmer (CC)

Zajazd Napoleoński nennt sich ein kleines Nobelhotel im Stil eines polnischen Adelshofs an der Straße nach Lublin östlich der Weichsel. Napoleon hat hier nie genächtigt, was die Hotelleitung freilich nicht daran hindert, mit Bildern des Kaisers der Franzosen und seiner Marschälle zu werben.
· Hotel Zajazd Napoleoński, ul. Płowiecka 83, Tel. 8153068, Fax 8152216, 24 Zimmer

Konstancja, ein hübsches Dreisternehaus im südlich der Hauptstadt gelegenen Kurort Konstancin Jeziorna, besticht durch die attraktive Lage im Park. Alle Zimmer sind komfortabel, ausgestattet mit TV-Sat und Klimaanlage; das Büffetfrühstück ist üppig, das Restaurant für seine altpolnische Küche bekannt. Am Wochenende, wenn viele Warschauer hierher kommen, um sich vom Streß der Großstadt zu erholen, ist das Hotel meist ausgebucht.
· Hotel Konstancja, ul. Źródlana 6, Konstancin Jeziorna, Tel. 7564325, Fax 7564367, 42 Zimmer

Jabłonna, ein klassizistisches Palais 15 km nördlich von Warschau, wurde 1770 für Fürst Michał Poniatowski, den jüngeren Bruder des Königs, erbaut. Es liegt inmitten eines weitläufigen Parks, der sich bis zum Weichselufer erstreckt. Von 1822-1945 ging es in den Besitz der Potockis über, nach seiner Restaurierung 1953 wurde es Sitz der Polnischen Akademie der Wissenschaften. Im fürstlichen Ambiente werden Seminare und Kongresse abgehalten, doch während der Sommermonate bestehen gute Aussichten für Touristen, sich im Schloß einmieten zu können.
· Pałac Jabłonna, Jabłonna, Tel. 7744862, Fax 6281675, 24 Zimmer

Mittlere Preisklasse (50-100 DM)

Felix liegt im Stadtteil Praga Południe (Süd-Praga), macht die Nachteile seiner Lage aber durch viele Vorzüge wett. Das »billigste Zweisternehotel Warschaus« ist vom Zentrum mühelos mit Straßenbahnlinie 9 bzw. 24 (Haltestelle Wspólna Droga) erreichbar, verfügt über Appartements, Ein-, Zwei- und Dreibettzimmer. Alle Räume wurden kürzlich renoviert, sind freundlich eingerichtet und haben Bad und TV-Sat (40 Programme). Ein europäisches Frühstück ist im Preis inbegriffen, dazu trifft man sich im neuen eleganten Speisesaal. Die Hotelbar ist rund um die Uhr geöffnet, außerdem gibt es Sauna und Fitneßstudio. Mit bewachtem Parkplatz.
· Hotel Felix, ul. Omulewska 24, Tel. 6102182, Tel./Fax 130255, 257 Zimmer

Dom Literatury, das »Haus der Literatur«, listetdirekt am Eingang

zur Altstadt. Wer Glück hat, bekommt ein Zimmer mit Blick auf den Schloßplatz. Die Zimmer sind einfach, doch sauber.
· Hotel Dom Literatury, ul. Krakowskie Przedmieście 87, Tel. 6350404, Fax 6353920, 7 Zimmer

Harenda, das frühere Touristenheim des PTTK, gehört zu den besten preiswerten Unterkünften der Hauptstadt. Günstig ist seine Lage nahe der Universität, die meisten Zimmer verfügen über ein Bad und sind einfach und klein, aber sauber. Es empfiehlt sich, mehrere Wochen im voraus zu reservieren. Im Untergeschoß gibt es eine beliebte Bar sowie ein Auktionshaus mit freiem Zutritt für Hotelgäste. Erreichbar mit Bus 175 ab Flughafen oder Bahnhof.
· Hotel Harenda, ul. Krakowskie Przedmieście 4/6, Tel. 8260071, Fax 8262625, 41 Zimmer

Belfer, das einstige Gästehaus für Lehrer, befindet sich nahe der Weichsel im Viertel Powiśle, Bus 128 fährt vom Bahnhof fast vor die Haustür. Königstrakt und Zentrum erreicht man zu Fuß in wenigen Minuten. Bei der Zimmerwahl sollte darauf geachtet werden, daß man keinen Raum zur lauten Straße zugewiesen bekommt. Je höher man wohnt, desto besser der Blick! Die Zimmer sind sehr einfach, aber sauber.
· Hotel Belfer, Wybrzeże Kościuszkowskie 31, Tel. 6250571, Fax 6252600, 214 Zimmer

Cytadela hat seinen Standort, wie der Name andeutet, nahe der Zitadelle, etwa eine Kilometer nördlich des Neustadtmarkts (Rynek Nowego Miasta). Das Hotel untersteht dem polnischen Militär, die Atmosphäre ist dennoch erstaunlich angenehm. Alle Zimmer mit Bad und TV-Sat.
· Hotel Cytadela, ul. Krajewskiego 3, Tel. 6877236, Fax 6877715

Saski, ein weitere traditionsreiches Hotel, liegt am Bankplatz nahe dem Sächsischen Garten. das Gebäude wurde 1828 von Antonio Corazzi entworfen, dem gleichen Architekten, dem Warschau auch das Theater verdankt. Die Fassade überstand den Krieg, die sich dahinter verbergenden Zimmer sind eher bescheiden – auf ein eigenes Bad muß man hier verzichten. Bis zur anstehenden Renovierung eine preiswerte Adresse für Traveller.
· Hotel Saski, pl. Bankowy 1, Tel. 6204611, Fax 6201115, 106 Zimmer

Hera, das Universitätshotel, steht am Südwestrand des Łazienki-Parks und ist vom Bahnhof direkt mit Bus 131 zu erreichen. Die elegante Eingangshalle täuscht Luxus vor, die Zimmer sind jedoch sehr bescheiden; nur wenige verfügen über ein eigenes Bad. Ein Gebäudeflügel bleibt graduierten Studenten vorbehalten.
· Hotel Hera, ul. Belwederska 26, Tel. 410254, Fax 410805, 70 Zimmer

Praski liegt auf der rechten Weichselseite im Stadtteil Praga, nur eine Haltestelle von der Altstadt entfernt. Das jüngst renovierte Haus verfügt über funktional eingerichtete Zimmer teils mit, teils ohne Bad. Das Frühstück wird im zugehörigen libanesischen Restaurant *Le Cedre* eingenommen. Ab Zentralbahnhof erreichbar mit Straßenbahn 4 bzw. 25.

- Hotel Praski, al. Solidarności 61, Tel. 184989, Fax 185314, 33 Zimmer (CC)

Nowa Praga findet man östlich des Zoos inmitten grauer Appartementhäuser. Das siebenstöckige Hotel war einst ein studentischer Geheimtip. Es wurde so populär, daß es modernisiert werden konnte und die Preise für ein Doppelzimmer auf über 50 DM angehoben wurden. Erreichbar vom Bahnhof mit Bus D ab ulica Marchlewskiego.

- Hotel Nowa Praga, ul. Bert Brechta 7, Tel. 6195001, Fax 6197711, 132 Zimmer

Untere Preisklasse (bis 50 DM)

Federacja Metalowcy ist für alle Reisenden mit schmalem Geldbeutel die beste Adresse in Warschau. Das Hotel liegt im dritten Stock eines Hauses in der ul. Długa, die Altstadt erreicht man von hier zu Fuß in knapp fünf Minuten. Man hat die Wahl zwischen Einzel-, Doppel-, Drei- und Vierbettzimmern, einige mit Bad und Küchenzeile; nebenan befindet sich ein asiatisches Restaurant.

- Hotel Federacji Metalowców (Pokoje Gościnne), ul. Długa 29, 3. Stock, Tel. 8314020, Fax 6353138, 25 Zimmer

Na Wodzie (Hotel auf dem Wasser) ist zentral, preiswert und originell. Man schläft auf zwei Schiffen an der Haltestelle der Weißen Flotte, ausschließlich in Einzel- und Doppelzimmern und direkt an der Poniatowski-Brücke. Ab Zentralbahnhof mit Straßenbahn 7, 9, 12, 22, 24 und 25 in Richtung Praga.

- Hotel Na Wodzie, ul. Wybrzeże Kościuszkowskie s/n, Tel./Fax 6285883, 40 Zimmer

Orzeł, ein Sporthotel, liegt im Stadtteil Praga nahe dem Ostbahnhof (Dworzec Wschodni). Einige Zimmer verfügen über ein Bad, die meisten allerdings nur über Waschbekken. Mit Sauna, im Sommer auch mit Tennisplätzen.

- Hotel Orzeł, ul. Podskarbińska 14, Tel. 105060, Fax 102082, 50 Betten

Stegny liegt im Süden Warschaus an der Straße nach Wilanów. Es bietet ausschließlich Zwei- und Dreibettzimmer und verfügt über Sporteinrichtungen.

- Gästehaus Stegny (Tor Łyżwiarski), ul. Inspektowa 1, Tel./Fax 422768

Marco findet man westlich des Zentrums, an der Straße nach Łódź; man zahlt für ein Doppelzimmer knapp 50 DM. Erreichbar ab Zentralbahnhof mit Bus 506.

- Hotel Marco, ul. Połczyńska 55, Tel. 6646452

Pod Kasztanami ist ein einfaches Hotel in Praga nahe dem Weichselufer, erreichbar mit Bus 510 ab Zentralbahnhof.

- Hotel Pod Kasztanami, ul. Konwaliowa 4, Tel. 112495

Privatzimmer, Studentenheime und Jugendherbergen

Für Doppelzimmer, die über das Büro **Syrena** vermittelt werden, sind um die 40 DM zu zahlen.

Dipservice wendet sich an betuchtere Gäste und offeriert komforta-

ble kleine Wohnungen für Einzelpersonen ab 70 DM pro Tag und 1000 DM pro Monat. Dreimal wöchentlich wird gereinigt, alle zehn Tage die Bettwäsche gewechselt.
- Syrena, ul. Krucza 17 (Ecke ul. Wicza), Tel. 6287540, Fax 6294978, tägl. 8-20 Uhr
- Dipservice, Biuro Pensjonatu Zgoda, ul. Szpitalna 6 (2. Stock, Zimmer 5), Tel. 8279459

Das Studentenbüro **Almatur** vergibt in den Semesterferien Plätze in Studentenheimen, meist von Ende Juni bis Mitte September.
- Studentenbüro Almatur, ul. Kopernika 23, Tel. 8262639, Mo-Fr 9-18 Uhr

Das Studentenheim **Bursa Artystów** liegt in unmittelbarer Nähe der Altstadt. Es ist an die Kunstfachschule angeschlossen und in den Monaten Juli und August auch für Touristen geöffnet.
- Bursa Artystów, ul. Miodowa 24a, Tel. 6357905, Fax 121945, 40 Zimmer

Nur zwei **Jugendherbergen** sind das ganze Jahr über geöffnet, die Reservierung ist zwei Tage im voraus möglich. Die erste Herberge liegt sehr günstig nahe dem Nationalmuseum, verfügt aber nur über ein Doppel- und ein Dreibettzimmer, die übrigen Räume sind Massenschlafsäle (ab Zentralbahnhof Straßenbahn 7, 9, 22, 24 oder 25 Richtung Osten). Die zweite Herberge liegt in Wola und ist schlechter erreichbar, wartet aber mit mehreren schönen Doppelzimmern auf (ab Zentralbahnhof Straßenbahn 24 Richtung Westen).
Alle, die noch keinen Ausweis besitzen, können sich diesen beim PTSM, dem Zentralverband polnischer Jugendherbergen, ausstellen lassen (ul. Chocimska 28, 4. Stock, Mo-Fr 9-15 Uhr, Lichtbild nicht vergessen!). Wie in allen Jugendherbergen muß man auch in Warschau die Zimmer zwischen 10 und 16 Uhr verlassen, letzter Einlaß ist abends um 23 Uhr.
- Jugendherberge I, ul. Smolna 30, Tel./Fax 8278952, 9 Zimmer, 115 Plätze
- Jugendherberge II, ul. Karolkowa 53a, Tel. 6328829, Fax 6329746, 23 Zimmer, 140 Plätze

Camping

Das Zelten bleibt in der Regel auf die Monate Mai-September beschränkt und ist überdies nur in Vororten möglich. Zwei Campingplätze gibt es in Ochota; der größere (**Gromada**) bietet 115 zusätzliche Übernachtungsplätze in Holzbungalows und kann vom Bahnhof mit Bus 175 erreicht werden; der kleinere (**Astur**) befindet sich auf einem Wiesengelände südlich des Busbahnhofs und ist mit Bus 154 erreichbar. **Turysta** liegt an der Straße nach Terespol am Ostrand von Praga (Bus 145, 188, Straßenbahn 3, 6, 9). Schattenlos ist **Stegny** neben der gleichnamigen Sportpension an der Straße nach Wilanów (Bus 116, 195).
- Camping Nr. 34 Gromada, ul. Żwirki i Wigury 32, Tel. 8254391, Fax 8279349
- Camping Nr. 123 Astur, ul. Bitwy Warszawskiej 1920r 15, Tel. 8233748, Fax 8271472
- Camping Nr. 121 Turysta, ul. Grochowska 1, Tel. 6106366
- Camping Nr. 260 Stegny, ul. Inspektowa 1, Tel. 422768

Essen und Trinken

Restaurants

Nach dem politisch-ökonomischen Wandel sprießen Lokale wie Pilze aus dem Boden. Binnen weniger Jahre sind in Warschau Dutzende neuer Restaurants entstanden, die das Verlangen nach fremden und exotischen Genüssen stillen. Vertreten sind inzwischen nicht nur polnische und französische, italienische und griechische Küche, sondern es gibt auch die Möglichkeit, japanisch und chinesisch, mexikanisch und karibisch, jüdisch und arabisch zu speisen. Aufgrund des scharfen Wettbewerbs hat sich die Qualität der Speisen deutlich verbessert.

Essen zu gehen ist für Besucher aus dem westlichen Ausland nicht mehr ganz so günstig wie in früheren Zeiten, aber in der Regel noch preiswert. Dort, wo sich die einheimische Bevölkerung trifft, kann man die polnische Speisekarte durchprobieren, ohne tief ins Portemonnaie greifen zu müssen. Ganz anders sieht es in jenen Restaurants aus, in denen sich die internationale Geschäftswelt ein Stelldichein gibt: hier wird gnadenlos abgesahnt, oft sind die Preise höher als in vergleichbaren Etablissements im Westen. Auch importierte Weine und Spirituosen sind sündhaft teuer, da sie mit einer 22%igen Steuer belegt werden. Preiswert dagegen ist Bier, das zum beliebtesten Getränk der Polen aufgerückt ist. Gute Sorten wie *Żywiec, EB* und *Okocim* stehen auf jeder Karte, daneben gibt es ausländische Marken – allen voran *Heineken.*

Einige nützliche Zusatzhinweise: In Nobelrestaurants ist es üblich, ein Trinkgeld von etwa 10% zu zahlen, in den einfacheren Lokalen rundet man geringfügig auf. Viele Restaurants beschäftigen einen Garderobier, bei dem man Mantel und Jacke gegen Aufpreis abgeben kann. Bei jüngeren Polen ist diese Institution ebenso umstritten wie die der Toilettenfrau, die bei jedem entsprechenden Gang abkassiert. Um unliebsame Überraschungen zu vermeiden, sollte man wissen: Das Kreissymbol erlaubt Damen, das Dreieck Herren den Zutritt.

Die folgende Übersicht soll dem Besucher die Wahl des Restaurants erleichtern – fast alle Lokale liegen in den touristisch interessanten Vierteln zwischen Altstadt und Łazienki-Park. Die angegebenen **Preisklassen** beziehen sich auf ein Dreigängemenü mit Getränk.

Untere Preisklasse: bis 15 DM
Mittlere Preisklasse: 15-30 DM
Obere Preisklasse: 30-50 DM
Luxuspreisklasse: über 50 DM

Polnische Küche

Fukier liegt im Herzen der Altstadt und gilt als das beste, aber auch teuerste Restaurant Warschaus. Der Boden ist mit Eichenholz ausgelegt, Kerzenlicht sorgt für romantisches Flair. Geboten wird polnische Küche mit französischem und spanischem Einschlag, z.B. Karpfen in Pilzsauce oder Bigos mit in Cognac eingelegten Pflaumen. Zu den Melodien eines Geigenvirtuosen dinier-

ten hier illustre Gäste wie Henry Kissinger, Felipe González und Yoko Ono. Auch auf die neue russische Elite ist man eingestellt, serviert zaristischen Salat mit Erdbeeren oder Crêpes mit russischem Krabbenfleisch. Im ehemaligen Weinkeller der Kaufmannsfamilie Fugger lagern zahlreiche erlesene Tropfen.
· Fukier, Rynek Starego Miasta 27, Tel. 8311013, Luxuspreisklasse (CC)

Gessler erstreckt sich über drei Etagen. Im Obergeschoß (*Pod Krokodylem*) werden polnische Klassiker auf phantasievolle Art neu zubereitet, z.B. Ente mit Äpfeln oder Kalbsfleisch mit wilden Pilzen. Nicht ganz so teuer ist die *Karczma Gessler* im labyrinthartigen Keller, der einer Schenke aus dem 18. Jahrhundert nachempfunden ist. Geboten wird deftige Kost nach altpolnischen Rezepten, Spanferkel vom Rost ist die Spezialität. Ein kleines nostalgisches Café wurde im Erdgeschoß eingerichtet.
· Gessler, Rynek Starego Miasta 21/21a, Tel. 8311661, obere Preisklasse (CC)

Bazyliszek ist eines der traditionsreichsten Restaurants der Warschauer Altstadt, mit Antiquitäten museumsähnlich eingerichtet. Von den mittelalterlich anmutenden Räumen schaut man durch große Fenster auf das Treiben des Marktplatzes und genießt altpolnische Kost. Diese wird serviert von Kellnerinnen in Tracht, abends erklingt dazu Live-Pianomusik. Mit einem Café im Erdgeschoß und einer Terrasse auf dem Altstadtmarkt.
· Bazyliszek, Rynek Starego Miasta 3/9, Tel. 8311841, obere Preisklasse (CC)

Dezenter Hinweis:
Der Eingang zu Gessler

U Barssa ist im Stil eines mittelalterlichen Adelshauses eingerichtet: Die Wände sind mit Gobelins und Malereien geschmückt, die Räume mit dunklen Holzmöbeln und Silberschmuck ausgestattet. Im Keller öffnet abends eine Weinstube, im Sommer sitzt man draußen auf dem Altstadtmarkt.
· U Barssa, Rynek Starego Miasta 14, Tel. 6352476, obere Preisklasse (CC)

U Dekerta ist in einem verwinkelten Kellergewölbe des Altstadtmarktes untergebracht. Man verzehrt altpolnische Kost bei Kerzenlicht und besiegelt das Mahl mit scharf gewürztem Honigwein (*krupnik*) oder Pflaumenschnaps (*śliwowica*).
· U Dekerta, Rynek Starego Miasta 38/42, Tel. 6351625, obere Preisklasse (CC)

Polnische Küche

Juden, Litauer, Weißrussen und Ukrainer, einst große Minderheiten im Vielvölkerstaat Polen, haben der polnischen Küche ihren Stempel aufgedrückt. Sie ist herzhaft und kalorienreich, schwelgt in Suppen und Saucen, Fleisch, Kartoffeln und Klößen.

Suppen werden phantasievoll zubereitet und sind das Highlight polnischer Kochkunst. Am berühmtesten ist *Barszcz*, eine würzige Suppe aus fermentierter Roter Beete. Sie wird mit knusprigen Fleischkroketten (*z krokotkiem*) aufgetischt, oft auch mit gefüllten Teigtaschen, den sogenannten Öhrchen (*z uszkami*). Im Frühjahr wird sie mit grünen Rübenblättern abgeschmeckt, im Sommer serviert man sie mit Sauermilch als Kaltschale (*Chłodnik*). Als Alternative bietet sich Żurek an, eine Suppe aus angesäuertem Roggenmehl und Sahne, als Einlage dazu oft ein hartes Ei oder eine gekochte Wurst. Wer im Herbst nach Polen kommt, sollte sich die *Zupa grzybowa* nicht entgehen lassen. Die cremige Suppe mit eingerührten, köstlichen Steinpilzen gilt unter Kennern als beste der Welt! Obwohl es sich im strengen Sinne um keine Suppe handelt, taucht **Bigos** auf polnischen Speisekarten ebenfalls in dieser Kategorie auf. Es handelt sich hierbei um ein altpolnisches Jägergericht aus gedünstetem Sauerkraut, Speck, Zwiebeln und Pilzen. Es wird mit Lorbeer und Kümmel gewürzt, durch die Beigabe von Paprika rot eingefärbt. Je öfter man es aufwärmt, desto besser entfaltet es seinen Geschmack.

Vorspeisen gibt es vor allem in den Nobelrestaurants. Neben marinierten Steinpilzen (*Prawdziwki*) stehen vor allem Fischhappen zur Wahl. Lachs aus dem Baltikum (*Łosoś*) ist salziger und stärker geräuchert als sein norwegisches oder schottisches Pendant. Oft wird auch geräucherter Aal (*Węgorz*) aufgetischt; Karpfen in Aspik (*Karp po żydowsku*) erhält durch die Beigabe von Rosinen einen süßen Beigeschmack. Hering (*Śledź*) ist in saurer Sahne, manchmal auch in Öl oder Gemüsesauce eingelegt.

Salate sind in traditionellen polnischen Restaurants Mangelware. Die klassische, eher bescheidene Beilage *Surówka* besteht aus kleingeraspeltem Sauerkraut, Roter Beete, Apfel und Möhre. *Mizeria* sind hauchdünn geschnittene, in Joghurt eingelegte Gurkenscheiben. Wer Saures mag, bestellt *Ogórki kiszone*: pikant marinierte Gurken, abgeschmeckt mit Dill oder Birkenblatt.

Ein **Hauptgericht** ohne Fleisch gilt den meisten Polen als Verstoß gegen die Eßkultur. Schweinefleisch ist am beliebtesten und kommt in vielen Varianten auf den Tisch; lecker schmeckt z.B. Schnitzel in Jägersauce mit Honig und Rosinen (*Sos myśliwski*). Rinder stehen in Polen noch auf der Weide, werden nicht industriell gemästet – Kalb (*Cielęcina*) wird fast nur mit Milch gefüttert. Aus der Zeit, da der Adel in den Wäldern auf Jagd ging, erhielt sich die Tradition, Reh und Hirsch, Fasan und Wildschwein zu servieren. Enten- oder Hasenbraten werden

süßsauer gebeizt und mit geschmorten Äpfeln gefüllt. Auf religiöse Tradition geht der Verzehr von **Fisch** zurück; im katholischen Polen ißt man ihn vor allem am Freitag. Vornehme Lokale offerieren gedünsteten Aal (*Duszony węgorz*) oder gegrillten Zander (*Sandacz z rusztu*).
Als **Beilage** kommen gekochte, gebratene oder pürierte Kartoffeln auf den Tisch. Zu Fleisch werden gern Klöße (*Kluski*) oder Buchweizenknödel (*Kasza gryczana*) gereicht.
Die fleischlosen **Pierogi** erfreuen sich größter Beliebtheit. Aus ausgerolltem Weizenmehl werden runde Plätzchen gestochen, darauf wird eine Füllung gelegt. Anschließend wird das Plätzchen in Form eines Halbmonds verschlossen und in heißem Wasser gar gekocht. Am häufigsten ißt man *Pierogi po ruskie* mit einer Füllung aus gebratenen Zwiebeln, weißem Käse und Kartoffeln; manchmal gibt es sie auch mit Sauerkraut und Pilzen. Wer eine süße Füllung bevorzugt, wählt Pierogi mit Blaubeeren, Pflaumen oder Erdbeeren. Zu den Pierogi bestellt man Saure Sahne (*Śmietana*) oder trinkt Kefir.
Als **Nachspeise** ist Süßes angesagt: Käse-, Mohn- und Hefekuchen oder mit Obst gefüllte Crêpes. Wer Leichtes bevorzugt, wählt Kirschen-, Birnen- und Pflaumenkompott, im Frühsommer vielleicht auch eine Schale frischer Blaubeeren (*Jagody*), Himbeeren (*Maliny*) oder Wilderdbeeren (*Poziomki*) – auf Wunsch mit Schlagsahne.

Ein abschließendes Wort zu den **Getränken**: Während man in einfachen Lokalen Bier trinkt, bevorzugt man in Nobelrestaurants Wein. Kaffee rundet auch in Polen die Mahlzeit ab – freilich nur noch selten *po turecku* (auf türkische Art), d.h. nicht gefiltert, sondern mit siedendheißem Wasser übergossen. In der Regel wählt man einen Espresso oder Kaffee mit Milch, der Cappuccino hat statt einer Milch- meist eine Sahnehaube. Als Spezialität gilt *Kawa po staropolsku*, Kaffee auf altpolnische Art mit Brandy, Zimt und Sahne. Als Digestif eignet sich Wodka, das klassenübergreifende Nationalgetränk.

Kamienne Schodki ist das preiswerteste Lokal am Altstadtmarkt. Seit Jahrzehnten ist hier vorzügliche, mit Apfel gefüllte Ente die Spezialität.
· Kamienne Schodki, Rynek Starego Miasta 26, Tel. 8310822, mittlere Preisklasse

Świętoszek (Der Scheinheilige) liegt nahe dem Rynek in einem Kellergewölbe mit romantischem Kerzenlicht. Herren erhalten nur Einlaß, wenn ihr Outfit dem Oberkellner gefällt. Auf der Speisekarte finden sich klassische polnische Gerichte wie Ente und Lachs, dazu französische Crêpes und chinesisches Chop Suey. Die amerikanische Zeitschrift Newsweek erkor Tartuffe, so die Übersetzung von Świętoszek, zum besten Restaurant Polens.
· Świętoszek, ul. Jezuicka 6/8, Tel. 8315634, obere Preisklasse (CC)

U Pana Michała (Beim Herrn Michael) nahe der Barbakane ist nach einer Romanfigur des Nobelpreisträgers Henryk Sienkiewicz benannt. Hier gibt es deftige Żureksuppe, Bigos und Pierogi, an kühlen Abenden trinkt man heißen Honigwein. Schön ist der gotische, rustikal eingerichtete Keller; im Sommer sitzt man draußen auf der Straßenterrasse. Besonders gute Stimmung kommt freitags und samstags auf, wenn eine Band Shanties und Rockmusik spielt.
· U Pana Michała, ul. Freta 4/6, Tel. 8316044, untere Preisklasse

Pod Barbakanem befindet sich in einem alten Wachhaus am Eingang zur Neustadt. Die Milchbar ist ein Relikt aus sozialistischen Zeiten: Das Essen ist staatlich subventioniert und daher konkurrenzlos günstig. Vor allem Studenten und Rentner finden sich hier ein, um sich an deftiger polnischer Kost wie Żurek und Barszcz satt zu essen. Der Innenraum ist mit handbemalten Kacheln geschmückt; bei gutem Wetter sitzt man auf der attraktiven Terrasse und läßt den Menschenstrom an sich vorbeiziehen. Die Bar ist bereits ab 7 Uhr morgens geöffnet. – Wer Gefallen an dieser Form einfacher polnischer Kost findet, kann ähnlich gut in der **Universitätsbar** und im Lokal **Zum Trauten Heim** essen, beide auf dem Königstrakt.
· Pod Barbakanem, ul. Mostowa 27/29, untere Preisklasse
· Uniwersytecki, ul. Krakowskie Przedmieście 20, untere Preisklasse
· Familijny, ul. Nowy Świat 39, untere Preisklasse

Im **Literacka** werden in lockerer Atmosphäre Suppen, Fleisch- und Fischgerichte serviert: gut gewürzt und überaus reichlich. Das Lokal verfügt über eine Außenterrasse und ist bereits ab 10 Uhr morgens geöffnet.
· Literacka, ul. Krakowskie Przedmieście 87/89, Tel. 6358995, mittlere Preisklasse (CC)

Opera liegt gegenüber vom Großen Theater und offeriert werktags zwischen 12 und 16 Uhr ein gutes und ungewöhnlich preiswertes Mittagsmenü (*Obiad firmowy*).
· Opera, ul. Moliera 4, Tel. 6920570, untere Preisklasse

Polska: Durch einen Hinterhof erreicht man dieses gemütliche Kellerrestaurant mit alten Holzmöbeln, gestickten Tischdecken, Kerzen und frischen Blumen. Dazu erklingt Musik aus den 20er bis 70er Jahren.

Ausschließlich polnische Regionalspeisen werden serviert, ausnahmsweise nicht angereichert mit italienischen oder anderen Zutaten. Am besten schmecken Wildgerichte sowie Żurek mit Pilzen und Sauerrahm.

· Polska, ul. Nowy Świat 21, Tel. 8263877, obere Preisklasse (CC)

Kuchcik ist ein Ort ohne Esprit, die Küche präsentiert sich klassisch-polnisch. Als Vorspeise empfiehlt sich Hering, geräucherter Aal oder Lachs, als Hauptspeise Karpfen oder Forelle.

· Kuchcik, ul. Nowy Świat 64, Tel. 8273900, mittlere Preisklasse

Krokiecik, eine schon Jahrzehnte alte Selbstbedienungsbar, ist eine Warschauer Institution. Sie liegt mitten im Einkaufszentrum und bietet kleine Gerichte mit ungarischem Einschlag, z.B. mit Champignons gefüllte Kroketten oder kalte Crêpes mit Birne und Sahne. Preiswert und beliebt, einige Gäste kommen bereits um 9 Uhr morgens, um zu frühstücken. Dem gleichen Besitzer gehört die gemütliche und eine Spur attraktivere **Grill-Bar** auf der gegenüberliegenden Straßenseite.

· Krokiecik, ul. Zgoda 1, So geschl., untere Preisklasse
· Grill-Bar, ul. Zgoda 4, Tel. 8279934, untere Preisklasse

Chmielna, ein beliebtes Café-Restaurant in der gleichnamigen verkehrsberuhigten Einkaufsmeile, bietet kleine Mahlzeiten in angenehm lockerem Ambiente.

· Chmielna, ul. Chmielna 24 (Ecke ul. Zgoda), Tel. 8271484, untere Preisklasse

Klub Aktora war einmal das Clubrestaurant für Schauspieler, ist aber für jedermann geöffnet. Das Interieur erinnert an Fin-de-Siècle, die polnische Küche zählte einmal zu den besten der Stadt. Noch heute schmecken Pierogi nirgendwo so gut wie hier. Die Preise sind in letzter Zeit erheblich angestiegen, doch dank eines preiswerten Mittagsmenüs halten viele Film- und Theaterleute dem Club die Treue.

· Klub Aktora ZASP, al. Ujazdowskie 45, Tel. 6289366, So geschl., mittlere Preisklasse (CC)

Belvedere heißt auf italienisch schöner Blick – und das Restaurant macht seinem Namen alle Ehre. Es fand seinen Platz im 1860 erbauten Wintergarten der Neuen Orangerie im Südteil des Łazienki-Parks. Offeriert wird polnisch-französische Haute Cuisine, im Hintergrund ertönt klassische Musik. Zu den Spezialitäten des Hauses gehören Żurek mit Meerrettichsauce und Schinken sowie Kitzlein mit Pilzragout und Pflaumensauce.

· Belvedere, Łazienki Królewskie,
 Tel. 414806, Fax 417135,
 Luxuspreisklasse (CC)

Kuźnia Królewska (Königliche Schmiede) liegt am Weg zum Schloß Wilanów und wurde rings um eine Originalschmiede aus dem 19. Jahrhundert errichtet. Das rustikale Lokal ist mit Sätteln und Pferdegemälden dekoriert, im Sommer wird zusätzlich der Garten geöffnet. Spezialität des Hauses ist mit Honig und Pflaumen gefülltes Spanferkel (*Schab Bartnicki*).

· Kuźnia Królewska,
 ul. Wiertnicza 24, Tel. 423171,
 obere Preisklasse (CC)

Wilanowska ist in einem Gasthaus aus dem 14. Jahrhundert untergebracht, eine beliebte Adresse bei allen Schloßbesuchern. Man sitzt in kleinen, durch Holzwände abgeteilten Erkern. An die Jagdlust des Adels erinnern Waffen und Tiertrophäen, die Küche mit ihrer großen Auswahl an Wildgerichten ist dem Ambiente angepaßt. Im Sommer ist der Garten des Restaurants sehr begehrt, oft spielen hier polnische Folkloreensembles.

· Wilanowska, ul. Wiertnicza 27, Tel.
 421852, obere Preisklasse (CC)

Französische Küche

Bistrot ist ein im Stil des 19. Jahrhunderts elegant eingerichtetes Nobelrestaurant. Die schöne Terrasse mit Garten tröstet über die arrogantkühle Bedienung hinweg. Als Vorspeise empfiehlt sich marinierter Lachs mit Senfsauce, als Hauptgericht Lamm mit Ratatouille.

· Bistrot, ul. Foksal 2, Tel. 8278707,
 obere Preisklasse (CC)

Le Petit Trianon ist ein kleines Lokal mit einer Handvoll winziger Tische und Barhocker. Die Besitzerin Pani Teresa serviert französische und polnische Kost, z.B. Seezunge in Béchamelsauce und Frutti-di-Mare-Gerichte. Aufgrund des großen Andrangs sind die Preise in eltzter Zeit beträchtlich nach oben geschnellt.

· Le Petit Trianon, ul. Piwna 42,
 Tel. 8317313, Mo geschl.,
 obere Preisklasse (CC)

Im **Malinowa**, dem renommierten Bristol-Restaurant, überrascht Chefkoch Bernard Lussiana alle zwei Wochen mit einem neuen Menü. Nur abends geöffnet.

· Malinowa, Krakowskie Przedmieście
 42/44, Tel. 6252525, Luxuspreisklasse (CC)

Montmartre liegt am Königsweg gegenüber der Börse. Auf der Karte stehen nur wenige Gerichte, doch dafür sind diese stets frisch: Drei Quiche-Variationen als Vorspeise, sieben Hauptgerichte, darunter Austern aus der Bretagne, Froschschenkel und Schnecken.

· Montmartre, Nowy Świat 7,
 Tel. 6286315, obere Preisklasse
 (Amex)

Jüdische Küche

Café Ejlat, das seinen Namen der israelischen Hafenstadt verdankt, ist einmal wöchentlich Treffpunkt der Jüdisch-Polnischen Gesellschaft. Nur wenige Tische verteilen sich auf den großen, hellen Raum, die Atmosphäre ist locker und entspannt. Für das angenehme Ambiente sorgt vor allem Stanisław Pruszyński, der sich während der ersten internationalen Jugendfestspiele 1955 von Oxford-Studenten außer Landes hatte schmuggeln lassen. In Kanada eröffnete der Diplomatensohn ein polnisches Restaurant, 1989 kehrte er in sein Heimatland zurück. Auf der Karte seines Restaurants findet man gleichermaßen jüdische wie polnische Gerichte, z.B. Karpfen auf sephardische Art (mit Paprika und Zwiebeln gedünstet) und variationsreich gefüllte Pierogi. Mit preiswertem Mittagstisch von 13 bis 16 Uhr, anschließend ist der hausgemachte Kuchen zu empfehlen.

- Café Ejlat, al. Ujazdowskie 47, Tel. 6285472, mittlere Preisklasse (CC)

Menora liegt gegenüber der Synagoge und ist das einzige koschere Restaurant in Zentralpolen. Es wird von Simon Heustein geleitet, der sein Handwerk in den USA und in Israel erlernte. Im Menora gibt es *kreplach* (Teigtasche mit Fleisch) und *kefta* (Reiskugel mit Apfel und Rosinen), natürlich auch *gefilte fish* und Karpfen auf jüdische Art (*karp po żydowsku*). Wer Hochprozentiges mag, beschließt die Mahlzeit mit 70%igem Passah-Wodka!

- Menora, plac Grzybowski 2, Tel. 6203754, mittlere Preisklasse (CC)

Pod Samsonem ist das älteste jüdische Restaurant Warschaus. Es bietet heute zwar keine koschere Kost mehr, doch noch immer einige traditionelle jüdische Speisen. Lecker schmecken Karpfen in Aspik, galizischer Salat und jüdischer Kaviar, d.h., kleingehackte Leber mit Zwiebel und Ei. Wer sich mit Kostproben der beliebtesten Gerichte bescheiden will, wählt das Gedeck *Samson* für zwei Personen (knapp 10 DM). Die barocken Räume sind in Blau- und Weißtönen dezent eingerichtet, für nostalgisches Flair sorgen antike Anrichten und Spitzendecken. Freundliche Atmosphäre, ungewöhnlich gutes Preis-Leistungs-Verhältnis.

- Pod Samsonem, ul. Freta 3/5, Tel. 8311788, untere Preisklasse (CC)

Österreichische und deutsche Küche

Adler ist eine gute Adresse für alle, die auch in Polen auf bayrische Kost nicht verzichten wollen. Als Vorspeise ißt man Knoblauchsuppe, als Hauptgericht Eisbein mit Sauerkraut und zum Nachtisch Apfelstrudel.

- Adler, ul. Mokotowska 69, Tel. 6287384, mittlere Preisklasse (CC)

Am **Kahlenberg** vor den Toren Wiens hat König Jan III. Sobieski die Türken besiegt. Im gleichnamigen Restaurant bestellt man Tafelspitz und Wiener Schnitzel, vor allem aber polnische Pilzsuppe, Karpfen und Forelle; als Nachtisch empfiehlt sich auch hier Apfelstrudel mit Vanilleeis. Die Speisekarte ist auf polnisch und englisch verfaßt, als

Warschau bietet absolute Spitzengastronomie

wir das Lokal besuchten, war kein Kellner des Deutschen mächtig. Man findet das Restaurant nahe dem plac Konstytucji, der Eingang befindet sich an der ul. Poznańska.
· Kahlenberg, ul. Koszykowa 54, Tel. 6308851, obere Preisklasse

Spanische Küche

Casa Valdemar: Bei diesem Namen denkt man gewiß nicht an ein vornehmes, im kastilischen Stil eingerichtetes Restaurant. Das Konzept stammt von Magda Gessler, der Mitbesitzerin des bekannten Fukier. Bevor sie in Polen kulinarisch tätig wurde, arbeitete sie mehrere Jahre in der Küche der spanischen Königsfamilie. Zu den Spezialitäten des Nobelrestaurants zählen Poularden, Lammfleisch und Chorizo-Würstchen, zuvor probiere man Gazpacho oder Knoblauchsuppe. Die Preise sind atemberaubend, zu hoch für das, was geboten wird.
· Casa Valdemar, ul. Piękna 7/9, Tel. 6288140, Luxuspreisklasse (CC)

Valencia bietet, wie zu erwarten, spanische Gerichte: z.B. Paella mit Meeresfrüchten, dazu eine große

Auswahl iberischer Weine und Flamenco-Musik. Etwas abgelegen im Viertel Muranów, unweit des jüdischen Friedhofs.
· Valencia, ul. Smocza 27,
  Tel. 383217, mittl. Preisklasse (CC)

Italienische Küche

Giovanni liegt 200 m vom Schloßplatz entfernt, abends ist das Lokal romantisch beleuchtet. Die gut belegten Pizzas sind hauchdünn und knusprig gebacken.
· Pizzeria Giovanni, Krakowskie Przedmiescie 37, Tel. 262788, mittlere Preisklasse (CC)

Pod Wieżą verbirgt sich im Keller einer Kapelle der Annenkirche, im Sommer werden auch draußen Tische aufgestellt. Es gibt preiswerte Pizza, dazu ein kühles Bier.
· Pod Wieżą, ul. Krakowskie Przedmieście 68, untere Preisklasse

Die **Trattoria Chianti** ist die neueste Schöpfung von Agnieszka und Piotr Kręglicki, denen bereits zahlreiche andere exotische Restaurants in der Stadt gehören. Studenten der Kunstakademie haben die Kellerräume im toskanischen Stil bemalt, die Qualität der Hauptgerichte kann mit dem schönen Ambiente leider nicht mithalten. Empfehlenswert sind einzig die Vorspeisen.
· Chianti, ul. Foksal 17, Tel. 8280222, obere Preisklasse (CC)

Bei **La Gioconda** trifft man sich nach dem Opernbesuch zu einem opulenten Mahl. Authentische italienische Küche und Meeresfrüchte, zubereitet von einem Koch aus Neapel. Zu hausgemachter Pasta mit raffinierten Saucen erklingen im Hintergrund italienische Arien, Balladen und Lieder.
· La Gioconda, pl. Piłsudskiego 9,
  Tel. 8279442, Luxusklasse (CC)

Vom **Metromilano** wird behauptet, es sei der Treffpunkt aller in Warschau lebender Italiener. Das Ambiente ist unprätentiös, doch nicht so locker wie im *Café Brama* nebenan (Haus Nr. 8). Außer Pizza und Pasta gibt es Fleisch- und Fischgerichte; Käse und Schinken werden aus Italien frisch importiert, die Preise für Wein sind vergleichsweise niedrig. Mit einer großen Außenterrasse für die Sommermonate.
· Metromilano, ul. Marszałkowska 10/16, Tel. 6216973,
  untere Preisklasse (CC)

Balkanküche

Varna ist eine der besten Ausgehadressen der Stadt. Kaum jemand würde vermuten, daß das schlichte und etwas versteckt gelegene Restaurant im Betonbau des Hotels Metropol so gute Küche bietet. Die Zutaten sind frisch, die Portionen üppig, engagiert kümmert sich der aus Bulgarien stammende Herr Lewon um jeden einzelnen Gast. Unbedingt empfehlenswert sind der *szopska*-Salat mit feingeriebenem bulgarischen Schafskäse und die hausgemachten Würste (*nadenichki*) mit Paprika-Tomatenmousse (*lutenica*). Vegetarier bestellen *paprika biurek*: eine gehäutete, mit pikantem Käse gefüllte Schote, paniert und knusprig gebraten. Zum Abschluß trinkt man guten bulgarischen Schnaps – wie wär's zum Beispiel mit *rakija*?
· Varna, ul. Marszałkowska 99A,
  Tel. 6252641, mittl. Preisklasse (CC)

Santorini: eine griechische Taverne mit erfreulich lockerem Ambiente südlich der al. Stanów Zjednoczonych im Stadtteil Praga. Hier gibt es guten Taramasalata, Moussaka und Giros, dazu Retsina und griechische Musik. Zum Abschluß wird auf Wunsch ein starker Kaffee serviert. Auch eine gute Adresse, um bei warmem Wetter im Freien zu speisen.
· Santorini, ul. Egipska 7,
  Tel. 6720525, mittl- Preisklasse (CC)

Arabische Küche

Ugarit ist nach jener Stadt Altsyriens benannt, in der das Alphabet erfunden wurde. Das Lokal befindet sich im Hotel MDM, ein syrischer Koch präsentiert Fleischgerichte aus seiner Heimat. Empfehlenswert sind vor allem die Vorspeisen, wie *hommos* (Kichererbsenmus) und *mutabbal* (Knoblauchcreme). Arabisch inspiriertes Dekor mit Marmorsäulen und Springbrunnen, dazu orientalische Musik, manchmal auch Bauchtanz.
· Ugarit, plac Konstytucji 1,
  Tel. 6216211, mittlere Preisklasse (CC)

Britisch-amerikanische Küche

Alamo bietet Atmosphäre wie im Wilden Westen, Kellnerinnen in abgeschnittenen Jeans lassen nacktes Fleisch hervorblitzen. Dazu gibt es erstklassige Steaks und andere typisch amerikanische Gerichte. Zu Fuß knapp 10 Minuten vom Zentralbahnhof.
· Alamo, al. Jerozolimskie 119,
  Tel. 6293969, mittl. Preisklasse (CC)

Ein **London Steak House** mit knallroter Telefonkabine darf in Warschau nicht fehlen. Es liegt in Bahnhofsnähe und tischt englisches Sonntagsessen auf, am liebsten Roast Beef mit Yorkshire Pudding. Anschließend kann man im Pub ein Bier trinken und Billard spielen.
· London Steak House,
  al. Jerozolimskie 42, Tel. 8270020, mittl. Preisklasse (CC)

Paris-Texas: Seit der französische Koch mit der Kasse verschwand, ist das Restaurant rein amerikanisch mit mexikanischem Einschlag. Lekker schmecken die Suppen und Vorspeisen, nicht ganz so gut die pikant gewürzten Barbecue-Gerichte und Nachspeisen. Hier trifft man all jene Leute wieder, die man tags zuvor im Café Brama und in der Bar Między Nami gesehen hat.
· Paris-Texas, ul. Marszałkowska 66,
  Tel. 6220007, untere Preisklasse (CC)

Mexikanische und karibische Küche

Im **El Popo** gibt es fast jeden Abend lateinamerikanische Live-Musik. Ein mexikanischer Koch bereitet *tacos* und *enchilladas*, *burritos* und *guacomole* zu, Steaks werden nach Gusto des Gastes am Tisch gebraten. Als Verdauungstrunk empfiehlt sich Tequila oder Margarita.
· El Popo, ul. Senatorska 27,
  Tel. 8272340, mittlere Preisklasse (CC)

Barbados nahe dem Großen Theater lockt mit exotischem Ambiente: Warme Töne und eine Bar im Kolonialstil sind als Gegengewicht zu grauen Warschauer Wintertagen gedacht. Das Restaurant bringt kari-

bische, aber auch italienische und französische Spezialitäten auf den Tisch. Besonders zu empfehlen sind der in rotem Wein marinierte Tintenfisch oder Hühnchen mit Pilzsauce.
· Barbados, ul. Wierzbowa 9, Tel. 8277161, mittl. Preisklasse (CC)

Asiatische Küche

Cesarski Pałac: Über eine kleine Brücke betritt man das chinesische Restaurant gegenüber vom Großen Theater, das nicht nur Gaumen-, sondern auch Augenschmaus bietet. Monatelang, so erzählt die junge Besitzerin Yajia Lin-Iwonejko, sei sie durch China gefahren, um einen Meisterkoch aufzutreiben. Sie fand ihn schließlich in Peking, in der Küche des Präsidenten. Aus Mohrrüben und Kartoffeln schnitzt Zhao Cong Rong Fische und Flamingos, wahre Kunstwerke, die das Gedeck dekorieren. Seine Spezialität sind Fleischgerichte aus Sezuan sowie Fisch, der in einem Netz aus Karotten gereicht wird. Dazu gibt es Reis, serviert in kleinen verschlossenen Bambusröhren. Zu empfehlen ist auch das Fondue für zwei Personen mit Fisch, Fleisch und Gemüse. Sehr gutes Preis-Leistungs-Verhältnis.
· Cesarski Pałac, ul. Senatorska 27, Tel. 8279707, mittlere Preisklasse (CC)

Bliss ist am besten über die vom Schloßplatz nach Mariensztat hinabführenden Treppen erreichbar. Das chinesische Restaurant liegt sehr zentral und doch abseits vom touristischen Trubel. Gute traditionelle Küche.
· Bliss, ul. Boczna 3, Tel. 8263210, mittlere Preisklasse (CC)

Tsubame heißt das beste japanische Restaurant der Stadt. Sein Besitzer Jacek Wan ist halb Pole, halb Chinese, ein studierter Japanologe und Geograph. Schiebewände aus Pergament, schwarze Möbel und dezente Beleuchtung sorgen für eine entspannte Atmosphäre; der japanische Botschafter und die Warschauer Geschäftswelt geben sich hier ein Stelldichein. Im Souterrain befindet sich *Sushi*, die japanische Variante einer Tapas-Bar: Man sitzt an einer Theke und wählt aus einer großen Palette roher Meeresfrüchte. Diese werden vom Koch auf einem Reishügel angerichtet, mit Algenstreifen garniert und auf einem kleinen Holztablett gereicht. Dazu paßt warmer Sake, ein Wein, der in Porzellanfläschchen serviert wird.
· Tsubame, ul. Foksal 16, Tel. 8265127, obere Preisklasse

Im **Bong Sen** bereiten vietnamesische Köche 110 Speisen nach Originalrezepten zu. Laternen, Plastikdrachen und glänzende Seidentapeten sollen ein Gefühl von Fernost vermitteln. Nur bis 22 Uhr geöffnet.
· Bong Sen, ul. Poznańska 12, Tel. 6212713, mittlere Preisklasse

Dong Nam darf dank sorgfältig ausgewählter Originalgewürze und -zutaten als bestes vietnamesisches Restaurant Warschaus gelten. Es befindet sich nahe dem plac Konstytucji oberhalb des gleichnamigen thailändischen Restaurants. Nach der Frühlingsrolle (mit Krabben, Fleisch oder vegetarisch) empfiehlt sich Tofu mit pikanter Sezuansauce, auch die Hühnchen- und Fischgerichte

Vegetarische Küche in sommerlichem Ambiente: Nove Miasto

schmecken sehr gut. Das ➤Museum für asiatische und pazifische Kunst organisiert in den Räumen des Restaurants interessante Ausstellungen, am Wochenende gibt es Musik- und Tanzdarbietungen.

- Dong Nam, ul. Marszałkowska 45/49 (OG), Tel. 6213234, mittlere Preisklasse (CC)
- Dong Nam Thai, ul. Marszałkowska 45 (EG), Tel. 6271888, mittlere Preisklasse (CC)

Maharaja-Thai ist das erste Thai-Restaurant Polens. In einem gemütlichen Haus der Altstadt werden raffiniert gewürzte asiatische Spezialitäten, z.B. Hühnchen mit Honigsauce, serviert.

- Maharaja-Thai, ul. Szeroki Dunaj 13, Tel. 6352501, mittlere Preisklasse (CC)

Maharaja, ein indisches Restaurant, bietet scharf gewürzte, aber leckere Tandoori-Gerichte, gefüllte Pfannkuchen (*Naan*) und Teigtaschen (*Samosa*). Vom Band erklingt indische Filmmusik.

- Maharaja, ul. Marszałkowska 34/50, Tel. 6211392, mittl. Preisklasse (CC)

Taj Mahal, gleichfalls indisch, findet man in einer stillen Seitengasse der Altstadt. An der Südostecke des Marktplatzes biegt man in die ul. Celna und dann links in die Brzozowa ein. Die Tandoori- und Fleischgerichte, insbesondere die Mittagsmenüs (Mo–Fr 12–16 Uhr), sind relativ preiswert. Im Sommer kann man auf einer Außenterrasse speisen.

- Taj Mahal, ul. Brzozowa 27/29, Tel. 8318926, untere Preisklasse (CC)

Vegetarische Küche

Polen ist zwar nicht gerade ein Paradies für Vegetarier, doch findet man oft auf der Speisekarte feinerer Restaurants die Rubrik *Potrawy jarskie* (vegetarische Gerichte) oder *Portrawy bezmięsne* (fleischlose Gerichte). Die klassische polnische Gemüsebeilage heißt *Surówka* und besteht aus feinen Streifen von Sauerkraut, Roter Beete, Apfel und Möhre. *Mizeria* sind hauchdünn geschnittene, in Joghurt oder saurer Sahne eingelegte Gurkenscheiben. Wer Saures mag, sollte bei *Ogórki kiszone* einkehren: pikant marinierte Gurken, abgeschmeckt mit Dill oder Birkenblatt.

Nove Miasto liegt am Neustadtmarkt: ein beliebtes Restaurant mit ökologisch-vegetarischer Kost. Außer einer großen Auswahl frischer Säfte, Salate und leichter Gerichte gibt es auch originell abgewandelte polnische ›Klassiker‹, wie z.B. mit Tofu gefüllte Pierogi. Die Räume sind hell und gemütlich, mit Rattanmöbeln und vielen Pflanzen eingerichtet; Wandmalereien setzen bunte Akzente. Im Sommer ißt man auf der kleinen Terrasse mit Blick auf den ruhigen Neustadtmarkt; an Wochenenden erklingt Jazz.

· Nove Miasto, Rynek Nowego Miasta 13/15, Tel. 8314379,
  mittlere Preisklasse (CC)

Die **Qchnia Artyztyczna** ist ein beliebter Treffpunkt von Yuppies, Künstlern und Galeristen. Er befindet sich im Schloß Ujazdów, wo auch das ➢Zentrum zeitgenössischer Kunst untergebracht ist. Am schönsten speist man im Sommer, auf einer großen Terrasse mit Blick auf symmetrisch angelegte Wasserkanäle und Grünanlagen. Die Besitzerin Marta Gessler überrascht mit eigenwilliger Nouvelle Cuisine, groß ist die Auswahl an Salaten und Gemüsespeisen.

· Qchnia Artystyczna,
  al. Ujazdowskie 6, Tel. 6257627,
  mittlere Preisklasse

Salad Bars werden in Warschau seit 1996 eingerichtet. Eine von ihnen befindet sich direkt am Bankplatz. Moderne, aber nicht sehr phantasievolle Ausstattung, mit reichhaltigem Angebot an Sandwiches und frischen Salaten.

· Salad Bar, pl. Bankowy 2,
  Tel. 6372520, untere Preisklasse

Internationale Küche

Elefant befindet sich neben dem Hotel Saski. Freundliche Bedienung und großzügige, stets frisch zubereitete Portionen sorgen dafür, daß der Elefant gut gefüllt ist. Besonders lecker schmecken Schinkencarpaccio und Muschelsalat, Steak mit Pommes frites und Schafskäsesalat, dazu deutsches und irisches Bier. Der deutsch-polnische Grenzgänger Artur Jarczyński alias Sellmann hat das Restaurant 1990 gegründet, ab 10.30 Uhr wird es geöffnet.

· Elefant, pl. Bankowy 1,
  Tel. 6204611, mittl. Preisklasse (CC)

U Szwejka im Erdgeschoß des Hotels MDM ist meist brechend voll. Gut schmecken die gemischte Fleischplatte vom Grill, aber auch Schafskäsetorte (*Tarta owczym serem*) oder panierter Camembert mit Moosbeeren (*Camembert z żurawiną*). Bevorzugtes Getränk ist Budweiser vom Faß.

- U Szwejka, pl. Konstytucji 1,
  Tel. 6218755, mittl. Preisklasse
  (Amex, EC)

Flik ist im Gartenstil eingerichtet und liegt im Süden der Stadt nahe dem Park Morskie Oko. Beliebt ist das Mittagsmenü mit Salat-Büffet, üppigem Hauptgang, Nachtisch und Kaffee. Die variationsreich zubereiteten Pierogi gelten als die besten in Warschau, die angebotenen Weine sind überteuert. Am Freitag- und Samstagabend treten Folklorekünstler auf, ansonsten ertönt dezente klassische Musik. Bei warmem Wetter speist man im lauschigen Garten oder begnügt sich mit einem Glas Bier.
- Flik, ul. Puławska 43, Tel. 494434,
  mittlere Preisklasse (CC)

Bei **La Bohème** im Seitenflügel der Großen Oper treffen sich Geschäftsleute und Theaterfreunde. Im Erdgeschoß öffnet bereits um 10 Uhr ein helles, freundliches Café, mittags gibt es hier ein vergleichsweise preiswertes Menü. Das elegante Kellerrestaurant ist in dunklen Rottönen gehalten und bietet exquisite polnische Kost, z.B. Wildschwein mit Birnen und Lammfleisch in Rosmarinsauce.
- La Bohème, pl. Teatralny 1,
  Tel. 6920681, obere Preisklasse (CC)

Nowy Świat: Das elegante Restaurant über dem gleichnamigen Café ist vielen Warschauern noch unter dem Namen »Da Pietro« bekannt. Die Besitzer, waschechte Österreicher, hatten mit Pastagerichten keinen Erfolg. Nun servieren sie eine bunte Mischung französischer, italienischer und österreichischer Kost, deshalb auch Gulasch auf Wiener Art mit Zwiebelknödeln sowie Apfelstrudel mit Sahne und Vanilleeis. Empfehlenswert ist vor allem der Business Lunch (Mo-Fr 12-15 Uhr).
- Nowy Świat, Nowy Świat 63,
  Tel. 8265803, mittl. Preisklasse (CC)

Opus One befindet sich im Gebäude der Nationalen Philharmonie. Doch sind es nicht so sehr Klassikliebhaber, sondern eher aufstrebende Yuppies, die sich hier in lockerem Ambiente zusammenfinden. Der Besitzer Otto Stohl serviert nicht nur österreichische und polnische Gerichte, einmal in der Woche steht auch Kost aus Texas und Mexiko auf dem Programm. Am Freitagabend gibt es Jazz live, am Wochenende ein Frühstück im amerikanischen Stil.
- Opus One, plac Młynarskiego 2, Tel.
  8275100, mittl. Preisklasse (CC)

Delfin ist das beste von mehreren Fischrestaurants der Stadt. Es ist im Souterrain des Warschauer Anglerclubs untergebracht, zu Fuß fünf Minuten vom Zentralbahnhof entfernt. Mit maritimem Flair und einer riesigen Auswahl an Fisch. Zur Wahl stehen 20 Frutti-di-Mare-Gerichte, u.a. frischer Hummer und Austern. Doch bitte aufpassen: bezahlt wird nach Gewicht! Als Vorspeise sollte man sich *Rydze* nicht entgehen lassen: köstlich marinierte Waldpilze.
- Delfin, ul. Twarda 42,
  Tel. 6205080, mittlere Preisklasse
  (Amex, EC, DC)

Cafés und Teehäuser

Fukier, Kamienne Schodki, Manekin und **Metal**: Rings um den Altstadtmarkt reiht sich im Sommer ein Terrassencafé ans nächste. Kein schlechter Ort, um die vielen Touristen zu beobachten, die eifrig ihr Sightseeing-Programm absolvieren. Wenn es regnet, sitzt man gut im **Bazyliszek** oder auch im **Gessler**, wo auf einem Grammophon alte Schellack-Platten abgespielt werden. Nach einem Besuch des Königsschlosses kehrt man im benachbarten **Café Zamek** ein, wo man sich in stilvollem Ambiente erholen kann. Und hier noch einige besondere Empfehlungen:

Nowy Świat ist ein österreichisches Café in Warschau. Große Auswahl frischer Süßspeisen; besonders lecker schmeckt der Wiener Strudel (*Strudel wiedeński*), den man sich warm mit Sahne oder Vanilleeis bestellen kann. Dazu gibt es sehr guten Kaffee und internationale Presse. Nirgendwo sonst in Warschau treffen alle Generationen und Schichten der Gesellschaft so dicht aufeinander: Der Professor sitzt neben der Hausfrau, der handybewehrte Yuppie neben einem armen Studenten. Allen Ginsberg, heißt es, war von diesem Café so angetan, daß er darüber ein Gedicht geschrieben hat. Im Stockwerk darüber kann man elegant speisen: österreichisch, französisch und auch italienisch.
· Nowy Świat, Nowy Świat 63, Mo-Fr 9-22 Uhr, Sa-So 10-22 Uhr

Altertümlicher Laden der Firma Emil Wedel (Sklep Staroświecki Firmy E. Wedel): so lautet der volle Name des traditionsreichen Schokoladen- und Pralinengeschäfts östlich des Kulturpalasts. Mitte des 19. Jahrhunderts war die Familie von Mecklenburg nach Warschau gekommen, um eine Konditorei zu eröffnen. In den Jahren des Zweiten Weltkriegs war sie dafür bekannt, daß sie Hilfsaktionen für Polen und Juden organisierte. Die Originaleinrichtung im Art-Déco-Stil wurde bis heute bewahrt: mit üppigen Lüstern und buntbemalten Glasvitrinen aus der Zeit der Jahrhundertwende. An das Geschäft ist eine elegante Pijalnia (*Trinkstube*) angeschlossen, in der den Gästen dickflüssige heiße Schokolade (*Czekolada na gorąco*) angeboten wird. Beste Qualität und nur für Nichtraucher!
· Wedel (Pijalnia Czekolady), ul. Szpitalna 8, Mo-Fr 11-19, Sa-So 11-17 Uhr

Jenseits von Afrika (Pożegnanie z Afryką) heißt das winzige Café in der Neustadt, das hervorragenden Kaffee serviert. Nirgendwo riecht Kaffee so gut wie in diesem kleinen Laden, wo man mit etwas Glück auch Platz an einem der wenigen Tische findet. Gäste haben die Wahl zwischen mehr als 30 Kaffeesorten, serviert werden diese in hübschen Porzellankännchen. Der Kaffee wird grundsätzlich mit Mineralwasser zubereitet. Einziger Kuchen im Angebot ist *Mazurek Bakaliowy*, ein von russischen Aristokraten in der Zwischenkriegszeit eingeführter Schokoladenkuchen.
· Pożegnanie z Afryką, ul. Freta 4/6, Mo-Fr 11-19, Sa-So 11-17 Uhr

Café Literacka im legendären »Haus der Literatur« nahe dem Schloßplatz bietet außer Kuchen auch kleine Tagesgerichte; oft gibt es abends musikalische Darbietungen. Wer ›richtig‹ speisen will, steigt ins Untergeschoß hinab, wo in mittelalterlichen Gewölben polnische Kost aufgetischt wird.

· Café Literacka, Krakowskie Przedmieście 87, Tel. 6358995, ab 10 Uhr (CC)

Café Bristol ist ein vornehmes Café im Art-Déco-Stil mit Marmortischen und Holzstühlen. Sehr guter Kaffee, dazu hervorragende Süßspeisen. Der hausgemachte Strietzel gilt als bester der Stadt. Auch ein guter Ort, um die neuesten Zeitungen aus aller Welt zu studieren.

· Café Bristol, Krakowskie Przedmieście 42, 10–21 Uhr (CC)

Demmer's Teahouse nahe dem Schloßplatz bietet Tee aus aller Welt, den man kaufen, aber auch vor Ort kosten kann. Der Besitzer kommt aus Österreich.

· Demmer's Teahouse, Krakowskie Przedmieście 61, Mo-Fr 10-19, Sa-So 11-18 Uhr

Telimena zählt fast 200 Jahre, ist heute in der *Galeria Studio M*, schräg gegenüber vom Mickiewicz-Denkmal untergebracht. Im Erdgeschoß wird Kunst zum Verkauf angeboten, im Obergeschoß kann man sich in bequemen Sesseln von der Warschauer Hektik erholen. Mit kleiner Außenterrasse.

· Café Telimena, Galeria Studio M, Krakowskie Przedmieście 27, ab 9 Uhr

Café Blikle befindet sich auf dem Königstrakt neben der traditionsreichen Konditorei gleichen Namens. Dort werden die besten Berliner (*Pączki*) gebacken, es gibt eine breite Palette unterschiedlicher Frühstücksmenüs und Salate, dazu kleine Tagesgerichte, ausgezeichnetes Joghurt-Eis und Milkshakes.

· Blikle, Nowy Świat 33, Mo-Sa 9-23, So 10-23 Uhr

Eßdolmetscher

Hier die wichtigsten Begriffer der polnischen Speisekarte auf einen Blick:

antrykot	Entrecôte
babka drożdżowa	Hefekuchen
barszcz czerwony	Rote-Rüben-Suppe
– z krokotkiem	– mit Fleischkrokette
– z uszkami	– mit Teigtaschen
befsztyk	Beefsteak
– tatarski	Beefsteak Tatar
bigos	Krautgulasch mit Pilzen
budyń	Pudding
bukiet z jarzyn	Gemüseplatte (gekocht)
bułka	Brötchen
chleb	Brot
chłodnik	Kaltschale aus roter Beete
chrzan	Meerrettich
ciastko	Kuchen
cielęcina	Kalbfleisch
cukier	Zucker
dania bezmięsne	fleischlose Gerichte
– jarskie	vegetarische Gerichte
– mięsne	Fleischgerichte
– rybne	Fischgerichte
desery	Nachtisch
dorsz	Dorsch
drób	Geflügel
dziczyna	Wild
dżem	Marmelade
eskalopi cielęce	Kalbsschnitzel
fasolka szparagowa	grüne Bohnen
filet z kurczaka	Hähnchenfilet
flaki	Kutteln
frytki	Pommes Frites
galaretka	Götterspeise
golonka	Eisbein
gołąbki	mit Fleisch und Reis gefüllte Krautrouladen
groszek zielony	grüne Erbsen
gruszki	Birnen
grzyby	Pilze
– marynowane	marinierte Pilze
gulasz wołowy	Rindsgulasch
herbata	Tee
– z cytryną	Tee mit Zitrone
– z mlekiem	Tee mit Milch
indyk	Truthahn
jabłka	Äpfel
jagody	Blaubeeren
jajecznica	Rührei
jajko	Ei
kaczka pieczona	gebratene Ente
– z jabłkami	– mit Äpfeln
kalafior	Blumenkohl
kapusta kiszona	Sauerkraut
– z grzybami	Kraut mit Pilzen
kapuśniak	Krautsuppe
karp w galarecie	Karpfen in Aspik
kawa	Kaffee
kawior	Kaviar
kiełbasa	Wurst
– z rożna	Grillwurst
kluski/kluseczki	Nudeln
kompot	Kompott
knedle	Knödel
kotlet szabowy	Schweineschnitzel
– mielony	Hackschnitzel
krewetki	Garnelen, Krabben
królik	Kaninchen
krupnik	Graupensuppe
kurczak	Hähnchen
kurki	Pfifferlinge
lody	Eis
łosoś	Lachs
makowiec	Mohnkuchen
makrela	Makrele
maliny	Himbeeren
masło	Butter
miód pitny	Honigwein, Met
mizeria	Gurkensalat mit saurer Sahne
mleko	Milch
– kwaśne	Sauermilch
musztarda	Senf
naleśniki	Eierkuchen

– z serem	Eierkuchen mit Quark	sok	Saft
napoje	Getränke	– pomarańczowy	Orangensaft
– alkoholowe	alkoholische Getränke	– pomidorowy	Tomatensaft
– bezalkoholowe	alkoholfreie Getränke	– jabłkowy	Apfelsaft
– owocowe	Fruchtgetränke	– z czarnej poreczki	Johannisbeersaft
okoń	Barsch	sól	Salz
ogórki kiszone	marinierte Gurken	sos	Soße
owoce	Früchte, Obst	stek	Steak
parówki	Würstchen	surówka	Rohkost, Salatbeilage
pasztet	Pastete	– z marchewki	Karottensalat
pieczarki	Champignons	– z pomidorów	Tomatensalat
pieczeń	Braten	szarlotka	Apfelkuchen
– huzarska	gefüllter Rindsbraten	szaszłyk	Fleischspieß
– z dzika	Wildschweinbraten	szczupak	Hecht
– wieprzowa	Schweinebraten	sznycel	Schnitzel
pieczywo	Gebäck	szparagi	Spargel
pieprz	Pfeffer	sztufada	Rindersauerbraten
pierogi	gefüllte Teigtaschen	śledź w oleju	Hering in Öl
– po ruskie	auf russische Art	śmietana	Sahne
– z mięsem	mit Fleisch	szampan	Sekt
– z kapustą	mit Sauerkraut	tort	Torte
piwo	Bier	twaróg	Quark, Schichtkäse
placki ziemniaczane	Kartoffelpuffer	truskawki	Erdbeeren
polędwica	Lendenstück	warzywa	Gemüse
pomidory	Tomaten	węgorz wędzony	geräucherter Aal
potrawka	Ragout	wieprzowina	Schweinefleisch
– z kurczaka	Geflügelragout	wino	Wein
– cielęca	Kalbsragout	– białe	Weißwein
poziomki	wilde Erdbeeren	– czerwone	Rotwein
pstrąg	Forelle	– grzane	Glühwein
rosół	Brühe	– wytrawne	trockener Wein
rożen	Grill	– słodki	süßer Wein
rumsztyk	Rumsteak	woda mineralna	Mineralwasser
ryba smażona	gebratener Fisch	wódka	Wodka
– wędzona	geräucherter Fisch	wołowina	Rindfleisch
– w galarecie	in Aspik	zając w śmietanie	Hase in Sahne
ryż	Reis	zapiekanka	überback. Baguette
sałatka	grüner Salat	ziemniaki	Kartoffeln
– jarzynowa	Gemüsesalat	zrazy	Fleischklößchen
– z pomidorów	Tomatensalat	zupa	Suppe
sandacz	Zander	– grzybowa	Steinpilzsuppe
sardynka	Sardine	– jarzynowa	Gemüsesuppe
ser biały	Schichtkäse, Quark	– ogórkowa	Gurkensuppe
– żółty	Hartkäse	– pomidorowa	Tomatensuppe
sielawa	Maräne	żurek	Sauerrahmsuppe

Kultur und Vergnügen

In Warschau kommt abends keine Langeweile auf. Zwar ist das Kulturangebot nicht so umfangreich wie in Paris oder London, doch es ist vielfältig und vor allem erschwinglich. In der am Freitag erscheinenden Kulturbeilage der Tageszeitung *Gazeta Wyborcza* wird man über wichtige kommende Ereignisse informiert. Die genaueste Übersicht enthalten die Zeitschriften *Insider* und *Kalejdoskop Kulturalny* (Cultural Kaleidoscope), die beide monatlich herauskommen und in der Touristeninformation sowie am Straßenkiosk verkauft werden. Viele Filme, Aufführungen und Konzerte werden zusätzlich auf Plakaten angekündigt, mit denen die öffentlichen Plätze der Stadt übersät sind. Die zentrale Vorverkaufsstelle für alle wichtigen Veranstaltungen befindet sich auf der Jerusalemer Allee nahe dem Hotel Forum:

· Kasy Teatralne ZASP,
 al. Jerozolimskie 25, Tel. 6219383,
 Mo-Fr 11-14, 14.30-18,
 Sa 11-14 Uhr

Gemälde von Modrzelewski

Museen und Galerien

Am Königsweg befinden sich historische Gebäude mit Museumscharakter. Es handelt sich um das **Königsschloß** (*Zamek Królewski,* pl. Zamkowy 4, Di-So 10-17 Uhr), das **Palais auf der Insel** im Łazienki-Park (*Łazienki Królewskie,* ul. Agrykola 1, Di-So 9.30-15.30 Uhr) und den **Barockpalast in Wilanów** (*Pałac Wilanów,* ul. Wiertnicza 1, Mi-Mo 9.30-14.30 Uhr). All diese Schlösser und Paläste wurden bereits im Rundgang ausführlich vorgestellt.

Daneben gibt es in Warschau eine Fülle von Museen, in denen der Besucher Zeuge tiefer polnischer Geschichtsverbundenheit wird. In der Kultur überlebte die Nation, dankbar pflegen die Polen ihre Erinnerung ans Gestern. Doch es gibt auch den Blick nach vorn: Moderne Kontrapunkte setzen das Zentrum der zeitgenössischen Kunst und die über die Stadt verstreuten Galerien.

In der folgenden Übersicht werden die Museen nach Sachgruppen geordnet und einzeln vorgestellt:
1. Bildende Kunst und Fotografie
2. Literatur, Theater und Musik
3. Geschichte
4. Archäologie und Ethnologie
5. Naturwissenschaften und Pharmazie

Auf die Nennung von Eintrittspreisen wird verzichtet, da diese in Warschau nur symbolischen Charakter haben. Besonders großer Andrang herrscht an Tagen mit verlängerter Öffnungszeit, wenn der Eintritt kostenlos ist.

1. Bildende Kunst und Fotografie

Wer an Kunst interessiert ist, wird im **Nationalmuseum** fündig, das seit 1932 in der al. Jerozolimskie nahe der Weichsel angesiedelt ist. Es ist die größte Einrichtung dieser Art in Polen, präsentiert Kunstschätze von der Antike bis zur Gegenwart. Zusätzlich werden wichtige Ausstellungen organisiert, die anschließend oft auch in Krakau und westeuropäischen Städten zu sehen sind.

Das Erdgeschoß birgt eine *Galerie antiker Kunst*: mit einer Sammlung griechischer Vasen und römischer Skulpturen, etruskischer Urnen und Bronzeobjekte. Die ausgestellten Mumien und hieroglyphenbeschrifteten Papyrusrollen stammen aus Ägypten. Besonders interessant ist die *Pharos-Galerie* links der Eingangshalle. Sie zeigt mittelalterliche Bilder aus Afrika (8.-14. Jh.), die ein polnisches Archäologen-Team 1972 im Sudan entdeckte. Es handelt sich um den Wandschmuck eines der ältesten Bischofssitze des Schwarzen Kontinents, der Kathedrale von Pharos. Auf den Fresken sind christliche Heilige dargestellt - so die mit schreckhaft aufgerissenen Augen gezeichnete Anna, die zum Zeichen des Schweigens einen Finger an den Mund legt. Und wohl in keinem Museum außer in Warschau gibt es nicht nur schwarze Sklaven, sondern auch einen schwarzen Bischof zu sehen: Auf dem in der Galerie ausgestellten Bild wird er von Petrus, seinem Namenspatron, schützend umfangen. Alle Portraits sind mit Erdfarben gemalt und erinnern in ihrer eindringlichen Archaik an mittelalterliche Ikonen.

Im Seitenflügel rechts der Eingangshalle befindet sich die *Galerie mittelalterlicher Kunst.* Zu sehen sind meisterhaft gemalte Altarbilder und geschnitzte Skulpturen. Aus Danzig stammt ein imposanter Altar, der einst die Marienkathedrale schmückte, aus Breslau die Skulptur der Schönen Madonna, in der Maria als anmutige Königin verherrlicht wird. Sehenswert ist auch der Holzaltar aus Pławno, der das Leben des heiligen Stanisław bebildert; geschaffen hat ihn Hans Süss von Kulmbach, ein Dürer-Schüler, der viele Jahre in Polen verbrachte.

Im **ersten** und **zweiten Stock** wird die Geschichte der Malerei vom 16.-20. Jahrhundert präsentiert. Italienische und französische, deutsche und flämische Kunst ist nach Räumen getrennt. Zu den schönsten Bildern zählen Botticellis *Madonna mit Kind*, das *Portrait einer Prinzessin* von Cranach, der *Gitarrenspieler* von Greuze und die satirischen *Geldwechsler* von Reymerswaele.

Fresko der heiligen Anna (Pharos, 8. Jh.)

In neun großen Räumen ist polnische Kunst zu sehen. Aus der Renaissance stammen realistische Portraits von Adeligen und Bischöfen, aus der Aufklärung Canalettos Stadtansichten und die Hofbilder Bacciarellis. Unter den Künstlern der Romantik beeindruckt Piotr Michałowski; düster-dramatisch wirkt sein Gemälde *Napoleon auf dem Pferd*, das den Feldherrn nach dem gescheiterten Rußlandfeldzug zeigt. Der Historienmaler Jan Matejko hat die Wendepunkte polnischer Geschichte festgehalten. Durch die Wahl seiner Sujets, aber auch durch seine Ausdruckskraft und naturalistisch genaue Darstellung, wurde er Polens berühmtester Maler, eine Art nationale Ikone. *Die Schlacht bei Grunwald* zeigt den Sieg über den Deutschen Orden im Jahr 1410, durch den Polens Aufstieg zur europäischen Großmacht ermöglicht wurde. Ganz anders das Bild *Stańczyk*, das den Hofnarren des Königs präsentiert; er prognostiziert den drohenden Untergang des Landes, doch seine Warnungen werden ignoriert.

Zu den herausragenden polnischen Malern des 20. Jahrhunderts gehören Stanisław Wyspiański, Józef Mehoffer und Jacek Malczewski, die den Symbolismus zur Meisterschaft entwickelten. Unter den Expressionisten ist Stanisław Ignacy Witkiewicz zu nennen, der mit grellbunten, grotesk verzerrten Portraits vertreten ist. Zu den wenigen Künstlerinnen, die im Museum ausgestellt sind, zählt Tamara Łempicka: durch ihre kühl-abweisenden Bilder der Goldenen 20er Jahre wurde sie weltweit bekannt.

Gleichfalls im zweiten Stock befindet sich eine *Galerie polnischer Dekorationskunst* mit handwerklichen Produkten ab dem 16. Jahrhundert, einer großen Miniaturensammlung, Porzellan- und Glasartikeln aus polnischen Manufakturen sowie Möbeln und Kostümen.

· Museum Narodowe, al. Jerozolimskie 3, Di-Mi 10-16, Do 11-18, Fr-So 10-16 Uhr (Do frei)

Eine **Kollektion europäischer Kunst** verbirgt sich in den schönen Räumlichkeiten des klassizistischen Rathauses. Dort hängen 450 Meisterwerke europäischer Malerei von Cranach bis Chirico. Sie sind nach sechs Themengebieten geordnet: Mutter und Kind, Mythologie und Allegorie, Bibel, Stilleben und Landschaft, Impressionismus und Glanzzeit Polens. Eine reiche Familie polnischer Emigranten hat sie der Kirche geschenkt; der Papst dient als Namenspatron und darf mit seinem Portrait den Eingang schmücken. Schönster Raum ist die Rotunde, wo sich im 19. Jahrhundert die Börse befand; heute finden hier im Rahmen des Mozartfestivals Konzerte statt.

· Museum Kolekcji im. Jana Pawła II, pl. Bankowy 1, Di-So 10-16 Uhr

Das **Erzbischöfliche Museum** birgt eine wertvolle Sammlung sakraler Kunst vom 15. bis zum 20. Jahrhundert, darunter 48 Holzschnitte von Dürer, aber auch moderne und orthodoxe Kunst. Es befindet sich nahe der Weichsel in einem Gebäude aus dem 18. Jahrhundert und war zur Zeit des Kriegsrechts ein Zentrum des Widerstands.

· Muzeum Archidiecezjalne, ul. Solec 61, Di-Fr 11-16, Sa 11-15 Uhr

Was das Centre Pompidou für Paris, ist das **Zentrum zeitgenössischer Kunst** für Warschau: Es ist Polens größtes Museum für Kunst der Avantgarde, stilvoll untergebracht in einem Barockschloß aus dem 17. Jahrhundert. In mehreren Galerien wird polnische Kunst im internationalen Kontext gezeigt, Künstlertreffen und Symposien machen mit aktuellen Strömungen vertraut. Alljährlich im Herbst werden Künstler gewürdigt, die mit verschiedenen Medien virtuos umzugehen wissen. So waren hier bereits das Meredith Monk Ensemble aus New York sowie der amerikanische Musiker Steve Reich zu Gast.

Das Programm reicht weit über die Grenzen traditioneller bildender Kunst hinaus; angeschlossen sind ein Film- und Videozentrum sowie ein experimentelles Theater. Das Dokumentations- und Informationszentrum gibt allmonatlich die Zeitschrift *Obieg* heraus, die Bibliothek verfügt über einen umfangreichen Bücherfundus.

· Zentrum zeitgenössischer Kunst
  (Centrum Sztuki Współczesnej),
  Zamek Ujazdowski,
  al. Ujazdowskie 6, Di-Do 11-17,
  Fr 11-21, Sa 11-17 Uhr

Warschaus Galerien: Kunst oder Kunsthandwerk?

Die Maler und Graphiker der 80er Jahre verweigerten sich mehrheitlich der von oben verordneten Kunstauffassung. Mißtrauisch beäugten sie die offizielle Kulturpolitik, die mit Zuckerbrot und Peitsche, Subventionen und Zensur kritische Regungen unterband. Als Gegenmacht bot sich die Kirche an, doch auch sie förderte nicht uneigennützig; nur Werke religiösen Inhalts waren ihr willkommen. So entstand eine künstlerische Subkultur, die sich im Abseits formierte. Ausstellungen wurden in Wohnungen und Kellern, in Ateliers und Privatgalerien improvisiert; die Künstler lebten in bescheidenen materiellen Verhältnissen. Sie sagten sich von formalistischen Experimenten und einer auf den Intellekt zielenden Kunstsprache los, bevorzugten die spontane Umsetzung unmittelbarer Gefühle und Phantasien. Der expressiv-rebellische Gestus vieler Bilder trug ihnen den Beinamen ›Polnische Wilde‹ ein.
Viele Kunstfreunde nutzten das politische Tauwetter in den frühen 90er Jahren zur Gründung von privaten Galerien, in denen sie oppositionelle, zuweilen auch experimentierfreudige Künstler ausstellten. Doch kaum war der Rausch der ersten Vernissagen verflogen, wurde offenkundig, daß kaum jemand bereit war, den verlangten Preis für die Bilder zu zahlen. So vollzog sich alsbald eine rasante und gründliche Transformation vieler Galerien: Qualitätskriterien wurden verabschiedet und durch Marktkriterien ersetzt. In der Übersicht dieses Buches sollen vorrangig jene Galerien aufgeführt werden, die am Anspruch festhalten, Kunst nicht dem Kunsthandwerk zu opfern.

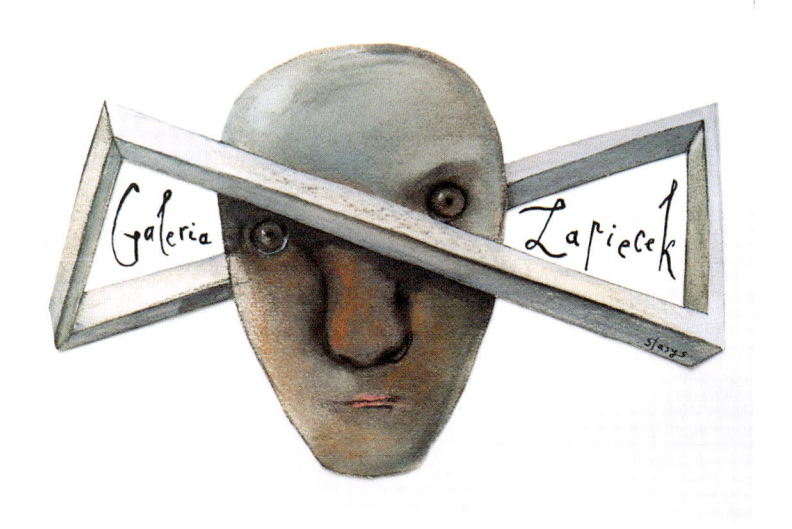

Die **Galerie Zachęta** südlich des Sächsischen Gartens ist - neben Schloß Ujazdów - Polens wichtigste Galerie moderner Kunst. Sie ist in den lichtdurchfluteten Sälen eines eleganten Palais untergebracht, das um die Jahrhundertwende für die Gesellschaft zur Pflege der Schönen Künste erbaut wurde. Ausgestellt werden Künstler von Rang, darunter Klassiker wie Picasso und Ernst, aber auch zeitgenössische Maler und Bildhauer wie Richard Serra und Hanna Łuczak.
· Galeria Zachęta, pl. Małachowskiego 3, Di-So 10-18 Uhr (Fr frei)

Die **Galerie Zapiecek** im Herzen der Altstadt wurde 1972 gegründet, um herausragende polnische Kunstwerke international bekannt zu machen. Auch nach ihrer 1991 erfolgten Privatisierung will sie dem Vorsatz treu bleiben, Kunst um der Kunst willen, auszustellen: *»Vor 20 Jahren versprachen wir den Künstlern, einen Ort zu schaffen, dessen sie sich nicht schämen müßten. Und auch heute wollen wir, trotz der harten Spielregeln des Kapitalismus, keine Zugeständnisse machen: Kunst geht vor Kommerz«,* verspricht Mirosława Arens, die Zapiecek schon von Beginn an leitet. Die Besucher werden nicht enttäuscht: In gotischen Gewölben werden verstörende Werke von Künstlern wie Tadeusz Kantor, Zdzisław Beksiński oder Stasys Eidrigevicius ausgestellt.
· Galeria Zapiecek, ul. Zapiecek 1, Mo-Fr 10-19, Sa 11-16 Uhr

Die kleine, aber prestigeträchtige **Galerie Kordegarda** ist im ehemaligen Wachhaus des Potocki-Palais untergebracht, vorgestellt werden Werke arrivierter polnischer Künstler.
· Galeria Kordegarda, ul. Krakowskie Przedmieście 15/17, Di-So 10-18 Uhr

In der **Galerie Test BWA** wird polnische Kunst des In- und Auslandes gezeigt. Oft gibt es hier auch Fotoausstellungen, dazu Vorträge und Symposien.
· Galeria Test BWA, ul. Marszałkowska 34/50, Di-Sa 11-18, Sa 13-18 Uhr

Das **Studio Art Centre** ist im Kulturpalast untergebracht: eine Art Multi-Media-Tempel, der sich keinerlei Genre-Grenzen auferlegt. Benannt ist er nach Stanisław Ignacy Witkiewicz, einem der vielseitigsten polnischen Künstler des 20. Jahrhunderts. Die Galerie beherbergt eine große Sammlung moderner Kunst, die im Rahmen wechselnder Werkschauen vorgestellt wird. Zusätzlich verfügt das Kulturzentrum über Kino, Theater und Konzertsaal.
· Galeria Studio, Studio Art Centre, Pałac Kultury i Nauki, plac Defilad, Di-Fr 12-18, Sa-So 14-18 Uhr

Die kleine, staatlich finanzierte **Galerie Foksal** befindet sich in einem Seitenflügel des Zamoyski-Palais. Sie wurde 1966 von Tadeusz Kantor u.a. gegründet, um Ausstellungsraum für radikale zeitgenössische Kunst zu schaffen. Laut Wiesław Borowski, dem langjährigen Direktor, war Foksal »*bis zur politischen Liberalisierung die einzige bedeutende Galerie östlich von West-Berlin und eine Art Funkleitstelle zur Kunst des Westens*«. Künstler, die hier ihre Installationen vorstellen (zu ihnen gehörten zuletzt Susan Hill, Anselm Kiefer und Jerzy Nowosielski), werden mit keinerlei Auflagen konfrontiert, können über die Ausstellungsfläche nach eigenem Gutdünken verfügen. Ein umfangreiches Archiv dokumentiert die Arbeit der beteiligten Künstler und Kritiker.
· Galeria Foksal, ul. Foksal 1, Mo-Fr 12-17 Uhr

Die **Galerie Piotr Nowicki** ist Polens erste private Nachkriegsgalerie. Seit 1977 werden in einem Pavillon im Hinterhof eines Bürgerhauses Werke polnischer Künstler ausgestellt, darunter Jarosław Wócnik und Marian Czapla. In einem Magazin werden Graphiken der letzten Jahrzehnte archiviert, von Künstlerhand angefertigter Silber- und Goldschmuck ist zum Verkauf freigegeben.
· Galeria Piotr Nowicki, ul. Nowy Świat 26, Mo-Fr 11-18, Sa 10-14 Uhr

Die **Galerie des Stadtpräsidenten** verbirgt sich im Palais Branicki nahe der Kreuzung von Senatorska und Miodowa. Jungen und begabten Warschauer Künstlern wird hier ein Forum für ihre avantgardistischen Versuche gegeben.
· Galeria Prezydenta Warszawy, ul. Miodowa 6, Mo-Fr 10-13 Uhr

Im **Haus des Bildhauers** (Dom Artysty Plastyka) werden wechselnde Ausstellungen von Mitgliedern der polnischen Künstlervereinigung gezeigt. Der Schwerpunkt liegt auf bildender Kunst, daneben gibt es Video-Art und Performances. Im Obergeschoß befindet sich ein Kunstbuchladen. Während der Buchmesse im Mai werden die interessantesten Buchillustrationen vorgestellt.
· Galeria DAP, ul. Mazowiecka 11a, Di-So 11-18 Uhr

Im **Xawer-Dunikowski-Museum** können Skulpturen von Polens berühmtestem zeitgenössischen Bildhauer besichtigt werden. Das Museum befindet sich in einem klassizistischen Palais, das *Królikarnia* genannt wird, weil König August II., der ein großer Jagdliebhaber war, hier eine Kaninchenzucht (*królik* = Kaninchen) anlegen ließ. Der Palast liegt in einem Garten an der steilen Böschung der Weichsel, im Süden des Stadtteils Mokotów.

· Muzeum Xawerego Dunikowskiego (Królikarnia), ul. Puławska 113a, Di-So 10-15

Ganz nah am Königstrakt, im einstigen Frühstückssalon des Primas, befindet sich das erste **Karikaturenmuseum** der Welt, das 1978 vom Satiriker Eryk Lipiński (1908-1991) eröffnet wurde. Witzig ist vor allem die Galerie polnischer Berühmtheiten, die von Lipiński mit spitz-spöttischer Feder aufs Korn genommen wurden. Vor keiner nationalen Ikone machte der Cartoonist halt, selbst Walęsa und der Papst erscheinen als groteske Gestalten. Das Museum verfügt über eine Sammlung von 15.000 Graphiken polnischer und ausländischer Zeichner, die in wechselnden Ausstellungen gezeigt werden.

· Muzeum Karykatury, ul. Kozia 11, Di-Fr 11-17, Sa-So 12-17 Uhr

Das erste **Plakatmuseum** der Welt wurde in der ehemaligen Reitschule von Schloß Wilanów eingerichtet. 50.000 Poster illustrieren die Geschichte dieser Kunstrichtung; eine Ausstellung dokumentiert, wie europäische Graphiker dieses Medium zur Meisterschaft entwickelt haben. Hier präsentiert sich keine glatte Warenästhetik, sondern es werden Botschaften vermittelt. Mit Biß und Verve wird um die Aufmerksamkeit der Betrachter geworben. Ausgestellt sind u.a. Werke von Andy Warhol, Pablo Picasso und Alfons Mucha. Unter den polnischen Künstlern ragen die bizarren und makabren Plakate von Wiktor Sadowski und Wiesław Wałkuski heraus; Stasys Eidrigevicius verzerrt die Welt, indem er das Gesicht eines Kindes ins Zentrum seiner Bilder rückt. Auch die Poster von Dudźinski, einem der bekanntesten polnischen Graphiker, sind hier zu sehen. Berühmt wurde er durch die Erfindung einer eigenwilligen Vogelfigur. Sie schreitet mit spinnendünnen Beinen durch die Welt, starrt das Publikum einem großen Auge an und weist mit langem Schnabel auf die Wunden der Zeit. Sie heißt *Dudu* und erschien erstmals in der Zeitschrift *Szpilki*. In der Gierek-Ära rief sie mit ihrem ätzend scharfen Humor den Zensor auf den Plan; heute ist *Dudu* frei, aber zur Wanderschaft verdammt.

Alle zwei Jahre, in der Regel von Juni bis September (1998, 2000 etc.), wird im Museum die **Internationale Plakatbiennale** organisiert. Plakate aus aller Welt geben Aufschluß über die Trends in Polit- und Werbekunst.

· Muzeum Plakatu, Pałac Wilanów, ul. Wiertnicza 1, Di-So 10-15.30 Uhr (Mi frei)

Ende der 50er Jahre entdeckten polnische Künstler das Plakat als ideales Medium, um ihre raffiniert gestalteten, bissig-sozialkritischen Anschauungen unter die Leute zu bringen. Auch Theater- und Kino-Poster begannen damals, subversive Kraft zu entfalten. Rasch erwarb die graphische Kunst Polens den Ruf, poetischer als die der westlichen Welt zu sein. Die Zeichner waren darin geübt, ihre Botschaft zu verschlüsseln, denn nur so konnten sie der Kritik des Zensors entschlüpfen. Sie bedienten sich listiger Andeutungen, spielten mit schillernden Zeichen. In zwei Warschauer Plakatgalerien kann man prüfen, ob sich die polnische Plakatkunst auch heute noch durch Originalität und Witz auszeichnet. Die **Graphik- und Plakatgalerie** in der ul. Hoża (gegründet 1976) mit einem Archiv von über 7000 Werken gilt als Polens wichtigste Graphikgalerie und zeigt wechselnde Ausstellungen. Die **Galerie auf dem Rynek** gleicht dagegen eher einem Souvenirladen – zum Verkauf wird angeboten, was populär ist.

- Galeria Grafiki i Plakatu, ul. Hoża 40, Mo-Fr 11-18, Sa 10-15 Uhr
- Galeria Plakatu, Rynek Starego Miasto 23, tägl. 10-19 Uhr

Die **Fotogalerie** ZPAF der Vereinigung polnischer Kunstfotografen wurde 1947 gegründet und verfügt über ein riesiges Archiv sowie eine umfangreiche Bibliothek. Einmal im Jahr wird eine große Auktion veranstaltet, Interessenten wenden sich an Grażyna Zdebiak, Tel. 8310386. Ausstellungen mit zeitgenössischen polnischen Künstlern aus aller Welt werden in zwei Galerien am Schloßplatz organisiert, der *Mała Galeria* (der kleinen Galerie) und der *Stara Galeria* (der alten Galerie). Die gotischen Gemäuer, in denen sie untergebracht sind, dienten früher als Küchenräume des Schlosses.

- Mała Galeria/Stara Galeria ZPAF, plac Zamkowy 8, Di-So 12-18 Uhr

Wer aus der Hektik des Stadtzentrums in eine gänzlich andere Welt eintauchen will, besucht das **Photoplastikon**, ein Relikt aus den Pioniertagen des bewegten Bildes. Man sitzt im Kreis um eine große, sich stetig bewegende Trommel, blickt durch ein kleines Loch und sieht, wie die Bilder zu laufen beginnen. Vor den Besuchern werden Ansichten der Belle Époque zum Leben erweckt, Straßen und Plätze aus Alt-Warschau, die längst nicht mehr existieren. Sie sind bevölkert von Frauen in langem Gewand und Männern mit Stock und Hut. Kaum ein Auto ist zu erkennen, wohl aber Pferdefuhrwerke und Straßenbahnen. Im Hintergrund ertönen alte Chansons, abgespielt auf einem Grammophon. Außerdem sind Streifen zu Danzig und Thorn sowie vielen anderen Städten und Regionen der Erde zu sehen. Jede halbe Stunde gibt es einen neuen, ca. 20minütigen Film.

- Photoplastikon, al. Jerozolimskie 51

»Artibus« – den Künsten: Der Giebel des Theatermuseums

2. Literatur, Theater und Musik

Das **Literaturmuseum** an der Ostseite des Marktplatzes macht mit wichtigen polnischen Literaten vertraut. Dem romantischen Volksdichter Adam Mickiewicz, nach dem das Haus offiziell benannt ist, sind mehrere Säle gewidmet, die angefüllt sind mit Erinnerungsstücken und Erstausgaben seiner Werke. In weiteren Sälen werden Julian Tuwim und Leopold Staff, Melchior Wańkowicz und Kazimierz Wierzyński gewürdigt – allesamt im Westen wenig bekannte Schriftsteller.

- Muzeum Literatury im. Adama Mickiewicza, Rynek Starego Miasta 20, Tel. 314061, Mo-Di 10-15, Mi-Do 11-18, Fr 10-15, So 11-17 Uhr

Das **Theatermuseum** ist im Opernhaus (Teatr Wielki) untergebracht und illustriert die Geschichte der polnischen Bühnen anhand von Plakaten und Fotos. Zu sehen sind Stars wie Pola Negri, die in den Stummfilmen von Ernst Lubitsch weltweite Berühmtheit erlangte, und der Tenor Jan Kiepura, der für das Warschauer Publikum vom Balkon des Hotels Bristol sang. Eine umfassende Kostümsammlung veranschaulicht die Entwicklung der Mode ab dem 18. Jahrhundert.

- Muzeum Teatralne, pl. Teatralny, Di, Do, Fr 11-14 Uhr sowie in den Pausen während der Abendvorstellung

Das **Chopin-Museum** im barocken Palais Ostrogski ist für Liebhaber des Komponisten ein absolutes Muß. Hier werden Portraits, Briefe und Notenblätter ausgestellt, u.a. die

*Das Chopin-Museum
im Palais Ostrogski*

berühmte Mazurka f-Moll op. 68 Nr.4 ausgestellt. Auch der Konzertflügel der Firma Pleyel, auf dem Chopin in seinen letzten Lebensjahren spielte, darf bestaunt werden. Wer sehen möchte, wie und wo Chopin in den Jahren 1827–1829 lebte, begibt sich zum Königstrakt, wo im Palais Czapski der **Chopin-Salon** rekonstruiert wurde.

· Muzeum Fryderyka Chopina, Pałac Ostrogskich, ul. Okólnik 1, Mo–Mi 10–14, Do 12–18, Fr–Sa 10–14 Uhr
· Salonik Chopinów, Krakowskie Przedmieście 5, Mo–Fr 10–14 Uhr

Das **Ignacy-Paderewski-Museum** im Großen Hofgebäude des Łazienki-Parks zeigt Erinnerungsstücke und Ausheichnungen des Politiker-Komponisten, sein Piano sowie seine umfangreiche Kunstkollektion (▷Portraits).

· Muzeum Ignacego Paderewskiego, ul. Szwoleżerów 9, Di–So 10–15

3. Geschichte

Das **Historische Museum** der Stadt Warschau dehnt sich über die gesamte Nordseite des Altstadtmarkts aus und vermittelt einen plastischen Eindruck von frühbürgerlicher Warschauer Wohnkultur. In 60 Sälen, die auf vier Stockwerke verteilt sind (Übersicht kostenlos an der Rezeption), wird die 700jährige Geschichte der Stadt veranschaulicht: ihre Entwicklung zur Hauptstadt Polens, ihre Zerstörung im Jahr 1944 und der nach dem Krieg eingeleitete Wiederaufbau. Ein 20minütiger Dokumentarfilm, der von Dienstag bis Samstag gezeigt wird, vergegenwärtigt die Geschichte der Stadt im 20. Jahrhundert. Außerdem beherbergt das Museum eine Sammlung von Fotografien und Postkarten mit Stadtansichten sowie eine Bibliothek und ein Lapidarium mit Ruinenfragmenten.

· Muzeum Historyczne m. st. Warszawy, Rynek Starego Miasta 28, Di 12–18, Mi 10–15.30, Do 12–18, Fr 10–15.30, Sa–So 10.30–17 Uhr (So frei)

Das **Museum der polnischen Armee** dokumentiert die tausendjährige Geschichte der polnischen Streitkräfte. Es entstand 1920 auf Wunsch des Marschalls und späteren Diktators Józef Piłsudski, der das Militär an die Spitze der Gesellschaft stellte. Ausgestellt sind Waffen und Kreigsgerät vom frühen Mittelalter bis zur Gegenwart, z.B. ein goldener Helm aus dem 11. Jahrhundert von einem der ersten christlichen Befehlshaber. Unzählige Memorabilia erinnern an die wichtigsten Feldzüge, darunter eine eiserne, auf einem Pferd postierte Rüstung, wie sie z.B.

die polnischen Adeligen in der Schlacht gegen die Türken im Jahr 1683 trugen. Ein von der Gegenseite erbeutetes Zelt dokumentiert, in welchem Ambiente die osmanischen Feldherren ihre Strategien ersannen. Eine eigene Abteilung informiert darüber, an welchen Fronten des Zweiten Weltkriegs polnische Truppen kämpften; im Garten sind Panzer und Flugzeuge aus dem 20. Jahrhundert zu sehen.

· Muzeum Wojska Polskiego,
  al. Jerozolimskie 3,
  Mi-So 10-16 Uhr (Fr frei)

Das **Jüdische Historische Institut** ist eine Forschungsstelle, angeschlossen sind Archiv, Bibliothek und Museum. Im Rahmen einer ständigen Ausstellung werden das Martyrium und der Kampf des jüdischen Volkes während der Naziokkupation geschildert. Die Sammlung von Malerei, Graphik und Bildhauerkunst enthält Werke aus dem 19. und 20. Jahrhundert. Daß es keine Arbeiten aus früherer Zeit gibt, erklärt sich daraus, daß es laut Altem Testament untersagt war, sich ein Bildnis von der Natur zu machen. Erst mit der jüdischen Aufklärung lockerte sich das Verbot, Juden begannen sich vertraut zu machen mit weltlicher europäischer Kunst. Die ausgestellten Bilder zeigen Juden mit langen Bärten, über Bücher gebeugte Talmudisten sowie Szenen aus dem jüdischen Alltag im Shtetl. Die Sammlung mit Sakralobjekten ist eher bescheiden; gezeigt werden Gegenstände, die in religiösen Zeremonien benutzt wurden, u.a. Thorarollen und -mäntel, Kelche und Gewürzbehälter sowie Chanukka-Lampen. Zu den wertvollsten Handschriften des Instituts gehören die illuminierten Pergamentrollen des Buches Ester aus dem 18. und 19. Jahrhundert.

· Jüdisches Historisches Institut
  (Żydowski Instytut Historyczny),
  ul. Tłomackie 3/5, Tel. 6218392,
  Mo-Fr 9-15 Uhr

Ein **Museum der Unabhängigkeit** wurde im Radziwiłł-Palais auf einer Verkehrsinsel der Solidaritätsallee eingerichtet. Die Exponate des Lenin-Museums, das hier bis 1990 untergebracht war, sind in den Keller gewandert. Nun wird in wechselnden Ausstellungen die Entwicklung der polnischen Nation von der Zeit der Teilungen bis zur Gegenwart nachgezeichnet. Eine Filiale befindet sich in der *Zitadelle*, dem ehemaligen Sicherheitsgefängnis. Dort wird besonders Rußlands Anteil an der Unterdrückung des polnischern Freiheitskampfes beleuchtet. Vor dem Museumseingang steht die berüchtigte schwarze Karosse, in der die Häftlinge ins Zarenreich deportiert wurden.

· Muzeum Niepodległości,
  al. Solidarności 62, Di-Fr 10-17,
  Sa-So 10-16 Uhr
· Muzeum X Pawilonu, Cytadela Warszawska, ul. Skazańców 25,
  Mi-So 9-15 Uhr

Das **Museum des Gefängnisses Pawiak** erinnert daran, daß an diesem Ort über eine Zeitraum von mehr als 100 Jahren politische Häftlinge interniert wurden: von 1835 bis 1918 durch die zaristischen Besatzer, anschließend von der polnischen Regierung, ab 1939 von den Nationalsozialisten. Der Tod zweier Frauen am 3. November 1939 eröffnet die Liste von etwa 37.000 Pawiak-Gefangenen, die bei geheimen und öffentlichen Exekutionen den Tod fanden. Die ersten Hinrichtungen fanden im Garten des Parlaments und im Universitätsgarten statt, danach wurde der Tatort in die Wälder der Puszcza Kampinoska (bei Palmiry) verlegt. Ein Modell veranschaulicht die riesigen Ausmaße des am 21. August 1944 von den Deutschen gesprengten Gefängnisses. Ein Baum an der Straßenkreuzung Jana Pawła II /Dzielna ist mit Grabtafeln behängt: das erste Denkmal, das 1945 für die Opfer des Faschismus errichtet wurde. Kindern unter 14 Jahren ist der Eintritt ins Gefängnismuseum nicht gestattet.

· Muzeum Więzienia Pawiak,
  ul. Dzielna 7, Mi-So 10-16 Uhr

In der Szucha-Allee befand sich der Sitz der Gestapo. Wer die dortigen Verhöre überstand, kam meist ins Pawiak-Gefängnis und von dort zur Hinrichtungsstätte vor Ort bzw. in ein KZ. Im Gestapo-Hauptquartier hat heute das Erziehungsministerium seinen Sitz. Im Untergeschoß erinnert das **Museum der Leidensgeschichte Polens** an jene Warschauer Bürger, die während der deutschen Besatzungszeit gefoltert und ermordet wurden.

· Muzeum Martyrologii Polskiej,
  al. Szucha 25, Mi-So 10-16 Uhr

Das **Museum des Warschauer Aufstands** dokumentiert die 63 Tage des Kampfes; über die wichtigsten Ereignisse informiert ein Film. Gezeigt werden Fotografien aus der umkämpften Stadt, Lagepläne und Waffen, die Ausschilderung ist auch deutschsprachig. Fast immer ist im Museum die Leiterin Jadwiga Podrygałło anwesend, die zu Beginn des Krieges in den Untergrund ging und sich dem Frauenbataillon *Dysk* anschloß. Wer Polnisch spricht, kann von ihr viel Wissenswertes über den Aufstand erfahren. Geplant ist, das Museum in das ehemalige Gebäude der Staatsbank zu verlegen (ul. Bielańska), wo die Aufständischen 1944 ihr Hauptquartier hatten.

· Muzeum Powstania Warszawskiego,
  ul. Długa/ul. Miodowa, 11-17 Uhr

Südlich des Eingangs zum Łazienki-Park befindet sich das Palais Belvedere, in dem seit 1995 das **Piłsudski-Museum** Besucherscharen anlockt.

· Muzeum Piłsudskiego, Pałac
  Belweder, ul. Belwederska 52,
  Di-Sa 10-15 Uhr

Das **Katyń-Museum** befindet sich im Ortsteil Sadyba, zwei Busstationen von Wilanów entfernt (z.B. Linie 179 und 180). Es ist in einer Backsteinfestung aus dem 19. Jahrhundert untergebracht und informiert über das Massaker von Katyń, bei dem 1940 4500 kriegsgefangene polnische Offiziere vom sowjetischen Geheimdienst erschossen wurden. Karten und Fotografien, Dokumente und Briefe erinnern an das Geschehen; auf Wunsch wird ein Video gezeigt, das – wie alle Exponate des Museums – nur mit polnischem Kommentar versehen ist.

· Muzeum Katyńskie, ul. Powsińska
  13, Mi-So 10-16 Uhr

4. Archäologie und Ethnologie

Das **Archäologische Museum** ist im ehemaligen königlichen Arsenal (1638-47) untergebracht. Es zeigt Fundstücke vom Neolithikum über die Bronzezeit bis zum frühen Mittelalter. Die meisten Besucher drän-

Das Museum für asiatische und pazifische Kunst

Das **Ethnographische Museum** befindet sich in einem Palais nahe dem Piłsudski-Platz, das der venezianischen Markusbibliothek nachgebildet ist. Es vermittelt einen Überblick über Volkskunst und Alltagskultur Polens. Bunte Trachten und Schmuckstücke, naive Bilder und ornamentgeschmückte Möbel entstammen einer Phantasiewelt, in der sich christliche Motive mit altslawischen mischen. In einer zweiten Abteilung werden Kunst- und Kultobjekte aus Afrika, Südamerika und Ozeanien ausgestellt.
· Muzeum Etnograficzne,
  ul. Kredytowa 1,
  Di 9-16, Mi 11-18, Do-Fr 9-16,
  Sa-So 10-17 Uhr (Mi frei)

Im **Goldschmiedemuseum** werden u.a. verzierte Golduhren und feinziselierter Schmuck gezeigt: Kostproben des Könnens der Juweliere, die ab dem 17. Jahrhundert Hof und Adel mit Zierat versorgten und dafür reich entlohnt wurden.
· Muzeum Rzemiosł Artystycznych i Precyzyjnych, ul. Piekarska 20,
  Mo-Fr 10-13.30 Uhr

Das **Ledermuseum** befindet sich in einer kleinen Gasse, die den Altstadtmarkt mit dem Festungswall verbindet. In einer originalgetreu nachgebauten Werkstatt erfährt man Interessantes über das Sattlermetier; ausgestellte Schuhe, Gürtel und Taschen veranschaulichen die Entwicklung des Handwerks quer durch die Jahrhunderte.
· Muzeum Cechu Rzemiosł
  Skórzanych im. Kilińskiego,
  ul. Wąski Dunaj 10,
  Do-Sa 10-15 Uhr

gen sich um den Bernsteinschatz von Basson (5. Jh.) und die Rekonstruktion der frühslawischen Siedlung von Biskupin (6. Jh. v.Chr.). Die angrenzende Straße der Ghettohelden (ul. Bohaterów Getta), früher wichtigste Geschäftsstraße des jüdischen Viertels, führt in den romantischen Krasiński-Park mit 200 Jahre alten Bäumen.
· Muzeum Archeologiczne,
  ul. Długa 52, Mo-Fr 9-16,
  So 10-16 Uhr

Das **Museum für asiatische und pazifische Kunst** zeigt wechselnde Ausstellungen zur Kultur und Kunst des Fernen Ostens und Ozeaniens. Es verfügt über zwei Galerien, besonders schön sind die Kammersäle im Palais Samson in der Freta-Straße. Die Kollektion wurde im wesentlichen von Andrzej Wawrzyniak, dem Direktor des Hauses, zusammengetragen; als Diplomat lebte er 26 Jahre in Asien.
· Muzeum Azji i Pacyfiku,
  Galeria Aziatycka, ul. Freta 5,
  Di-So 11-17 Uhr, und
  Galeria Nusantara, ul. Nowogrodzka 18a, Mo-Fr 11-17 Uhr

5. Naturwissenschaften und Pharmazie

Auf dem höchsten Punkt der Weichselböschung liegt das Warschauer **Museum der Erdgeschichte**. Vor dem Eingang sind Findlinge aus der Eiszeit postiert, bilden einen Kontrast zu den dorischen Säulen des Palasts. Das Museum birgt 150.000 Steine, Mineralien und Fossilien, darunter die größte Bernsteinkollektion der Welt mit Exemplaren, die bis zu 2 kg wiegen. Ein Kuriosum ist das Skelett eines Elefanten, das 1962 in der Nähe von Warschau gefunden wurde. Pathetisch und in einer geologischen Sammlung etwas unpassend wirkt eine Marmorplatte, die mit dem Blut eines 1944 gefallenen Aufständischen befleckt ist.

· Muzeum Ziemi, al. Na Skarpie 27, Mo-Mi 9-16, Do 9-18, Fr 9-16, So 10-16 Uhr

Das **Geologische Museum** ist eher unbedeutend und zeigt Steine und Mineralien aus Polen.

· Muzeum Geologiczny, ul. Rakowiecka 4, Mo-Fr 9-15, So 10-14 Uhr

Im **Museum der Evolution** PAN wird die Entwicklung des Lebens nachgezeichnet. Die Spanne reicht von der Entstehung erster pflanzlicher Organismen vor ca. 400 Millionen Jahren bis zur Gegenwart. Interessant sind die Skelette von Dinosauriern, die in der Wüste Gobi gefunden wurden, sowie Rekonstruktionen zahlreicher weiterer Tiere.

· Muzeum Evolucji PAN, Pałac Kultury i Nauki, pl. Defilad 1, Di-So 10-15 Uhr

Das **Technikmuseum** im Erdgeschoß des Kulturpalasts veranschaulicht die Entwicklung von den ersten Werkzeugen und Maschinen bis zur Umweltzerstörung. Eine computergesteuerte Simulation illustriert die Verlagerung des Ozonlochs. Hauptattraktion des Museums ist das *Planetarium*, wo man alle zwei Stunden die Bewegungen der Sterne und Planeten studieren kann. Großes Interesse weckt auch das ›gläserne Fräulein‹, ein anatomisch genaues Modell des menschlichen Organismus.

· Muzeum Techniki, Pałac Kultury i Nauki, pl. Defilad 1, Di-Sa 9-16, So 10-17 Uhr

Früher wurde bei *Norblin* Eisen geschmiedet, zeitweise auch Luxusgeschirr aus Silber hergestellt. Heute sind die alten Fabrikhallen mit ihren Präge- und Schmiedemaschinen als **Industriemuseum** zu besichtigen. Für Auto- und Motorradfreaks wurde ein zusätzlicher Salon eingerichtet, Glanzlichter der Ausstellung sind Oldtimer, Harley-Davidson- und Sokół-Modelle.

· Muzeum Przemysłu, ul. Żelazna 51/53, Di-Sa 10-14 Uhr (April-Oktober)

Interessant für Technikfreaks: Das **Museum der Filterstation** erläutert die Funktionsweise und Geschichte von Warschaus erstem Wasserleitungs- und Kanalisationssystem aus dem Jahr 1880. Es befindet sich im alten Maschinengebäude westlich der Polytechnischen Universität.

· Stacja Filtrów, ul. Koszykowa 81, Eintritt nach Voranmeldung (Tel. 6288061)

Im **Maria-Skłodowska-Curie-Museum** (ŘPortraits) wird an die Naturwissenschaftlerin erinnert, die für ihr Werk mit den Nobelpreisen für

Die zahlreichen Straßenkünstler haben nichts von ihrer Faszination eingebüßt

Kulturinstitute

Gegenwärtiger Direktor des Warschauer **Goethe-Instituts** ist Peter C. Seel, der frühere Leiter des Instituts in Krakau. Er möchte kein schönfärberisches Deutschlandbild, sondern lebensnahe Eindrücke der bundrepublikanischen Wirklichkeit vermitteln. Es finden Retrospektiven avantgardistischer Filmemacher statt, dazu Kunst- und Fotoausstellungen, Lesungen und Symposien. Neuerdings beteiligt sich das Institut auch an der Gestaltung des *Warschauer Herbstes*, des bedeutenden Festivals zeitgenössischer Musik.

Das Institut befindet sich (noch) im zehnten Stock des Kulturpalasts, die Bibliothek im Erdgeschoß: Wer Lust auf die Lektüre deutschlandbezogener Bücher, Zeitungen und Zeitschriften hat, findet hier einen reichen Fundus; auch Ton- und Videokassetten werden archiviert.

Physik (1903) und Chemie (1911) bedacht wurde. Da die Ausschilderung auch in englischer und französischer Sprache verfaßt ist, kann man die biographischen Stationen leicht nachverfolgen. Auf Wunsch werden Filme über ihr Leben sowie über die Geschichte der Naturwissenschaften gezeigt.

· Muzeum Marii Skłodowskiej-Curie,
  ul. Freta 16, Di-Sa 10-16.30,
  So 10-14.30 Uhr

· Goethe-Institut (Instytut Goethego),
  Pałac Kultury i Nauki, 10. Stock,
  pl. Defilad 1, Tel. 6566050,
  Fax 6566052, Bücherei Di 13-19,
  Mi 13-17, Do 13-19, Fr 10-16 Uhr

1993 wurde in Warschau das **Deutsche Historische Institut** eröffnet, dessen Aufgabe es ist, die deutsch-polnischen Beziehungen quer durch die Jahrhunderte zu erforschen. Der Aufbau einer Bibliothek, Übersetzungen polnischer themenbezogener Bücher sowie die Organisation von Symposien sind geplant. Finanziert wird das Institut vom deutschen Forschungsministerium.

· Deutsches Historisches Institut,
  Pałac Kultury i Nauki, 17. Stock,
  pl. Defilad 1, Tel. 6567182,
  Fax 6937006, Mo-Di 10-16,
  Mi 10-18, Do 10-16, Fr 10-13 Uhr

Das **Österreichische Kulturinstitut** befindet sich in einem unscheinbaren Betonbau an der ul. Próżna, der einzigen Straße des einstigen jüdischen Viertels, die den Krieg halbwegs unbeschadet überstanden hat.

- Österreichisches Kulturinstitut (Instytut Kultury Austriackiej), ul. Próżna 8, Tel. 6209620, Fax 6201051, Lesesaal Mo-Fr 13-16 Uhr

Auch die **Kulturinstitutionen** der übrigen westeuropäischen Länder wollen ein Bild vom Leben in ihrem Land vermitteln. Außer Filmvorführungen in der jeweiligen Originalsprache gibt es Konzerte und Theateraufführungen, Ausstellungen und Vorträge zu Literatur und Geschichte. Die neuen Räume des *British Council* liegen schräg gegenüber vom Kulturpalast und wurden am 26. März 1996 durch Königin Elizabeth II. höchstpersönlich eingeweiht. Das *Institut Français* ist in einem großen Jugendstilhaus zwischen Theater- und Bankplatz untergebracht. In einer Seitenstraße der Nowy Świat befindet sich das *Instituto Italiano*, nahe dem Łazienki-Park das *Instituto Cervantes*. Das spanische Kulturinstitut organisiert Kunstausstellungen in der Galerie Studio, Konzerte im Paderewski-Museum und Filmreihen bekannter spanischer Regisseure im Kino Rejs.

- British Council (Instytut Brytyjski), al. Jerozolimskie 59, Tel. 6955900
- Institut Français (Instytut Francuski), ul. Senatorska 38, Tel. 8277640
- Instituto Italiano (Włoski Instytut Kultury), ul. Foksal 11, Tel. 8266288
- Instituto Cervantes (Instytut Cervantesa), ul. Myśliwiecka 4, Tel. 6225422

Weitere Kulturinstitute:

Die Slowakei hat in der Nähe des Altstadtmarkts ein attraktives Haus mit Informations- und Ausstellungsräumen eröffnet. Außerdem gibt es in Warschau u.a. Kultureinrichtungen der Ungarn, Tschechen und Japaner.

- Slowakisches Institut (Instytut Słowacki), ul. Kryzwe Koło 12/14, Tel. 6357774
- Ungarisches Kulturinstitut, ul. Marszałkowska 80, Tel. 6293241
- Tschechisches Zentrum, ul. Marszałkowska77/79, Tel. 6297271
- Japanisches Kultur- und Informationszentrum, al. Jana Pawła II 23, Tel. 6539430, Fax 6539434

Plakat von Jan Lenica für das Teatr Wielki

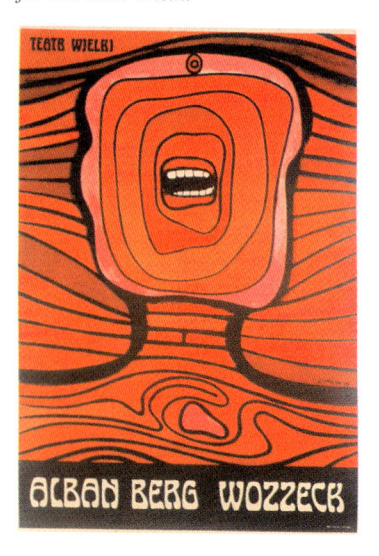

Theater

Die Theatersaison startet auch in Polen im September und reicht bis in den Juni hinein. Die begehrten Karten für Theateraufführungen bekommt man bei der zentralen Vorverkaufsstelle ZASP in der al. Jerozolimskie 25 oder auch direkt an der jeweiligen Theaterkasse. Es gibt in Warschau über 20 Theater: Der Bogen spannt sich von Oper und Musiktheater über Unterhaltungskunst bis hin zu zeitgenössischem Drama.

Warschaus wichtigstes Bühnenensemble ist das traditionsreiche **Große Theater** (*Teatr Wielki*). 1833 wurde es mit Rossinis *Barbier von Sevilla* eingeweiht, heute sind Drama, Oper und Ballett unter einem Dach vereint. Der Hauptsaal bietet Raum für knapp 2000 Besucher, daneben gibt es noch zwei kleinere Bühnen. Die künstlerische Leitung des Nationaltheaters liegt in den Händen von Ryszard Beryt, früher Regisseur an der Kammeroper. Sein Ziel ist die *»polyphone Verbindung von Tradition und Neuem«* in Sprech-, Musik- und Tanztheater. Zu den Höhepunkten der vergangenen Saisonen zählten der Auftritt Robert Wilsons und ein Gastspiel des Piccolo Teatro unter Leitung von Giorgio Strehler.
· Teatr Narodowy, plac Teatralny 1, Tel. 8263288

Einzigartig in Europa ist das **Jüdische Theater** Warschaus, das Stücke in jiddischer Sprache sowie Musicals aufführt. Da es nur noch wenige Zuschauer gibt, die des Jiddischen mächtig sind, wird der Text simultan ins Englische und Polnische übersetzt. Das meist internationale Publikum des Jüdischen Theaters hat die Herausbildung eines Pantomimen-Ensembles gefördert, das seine Stücke unter Umgehung verbaler Verständnisprobleme zu inszenieren vermag. Der Stil ist dem deutschen Expressionismus verbunden, lotet die Psychologie der Figuren aus, ohne in Psychodramatik zu versacken. Zu den größten Erfolgen der vergangenen Saison zählte *Die Gesichter der Wahrheit* nach einer aus Kurosawas Film *Rashomon* übernommenen Idee. Klassiker von Scholem Aleichem spiegeln das Leben im Shtetl wider, hinter dem *Troubadour aus Galizien* verbirgt sich eine Liedfolge Mordechaj Gebirtigs. Das amerikanische Publikum, erfährt man, begeistert sich jedes Jahr neu am Musical *Fiddler on the Roof*.
· Jüdisches Theater (Teatr Żydowski), pl. Grzybowski 12, Tel. 6206281

Im **Musiktheater Roma** spannt sich der Bogen von der Operette bis zum Tango. Revuen stehen auch auf dem Programm von **Rampa, Buffo** und **Syrena**. Größter Erfolg der letzten Jahre war das Musical *Metro*, das erst in Warschau und anschließend auch am Broadway für ausverkaufte Häuser sorgte.
· Musiktheater Roma (Teatr Muzyczny Roma), ul. Nowogrodzka 49, Tel. 6280360
· Rampa, ul. Kołowa 20, Tel. 6798976
· Buffo, ul. Konopnickiej 6, Tel. 6254709
· Musikbühne Syrena, ul. Litewska 3, Tel. 6280674

»Das Wort muß Bild werden, denn es ist zu leise, um sich im Tumult der Wörter Gehör zu verschaffen«: So setzt Józef Szajnas Theatersprache ganz aufs Optische, die Worte bleiben auf ein Minimum reduziert. 1971 kreierte Szajna die Experimentalbühne des **Studio-Theaters** mit angeschlossener Galerie – noch heute eine der besten Adressen für Freunde zeitgenössischer Kunst. Klassiker werden in aktuellen Kontext gestellt, bei den Performances werden Zuschauer ins theatralische Spiel einbezogen.

· Centrum Sztuki Studio, Pałac Kultury i Nauki, plac Defilad 1, Tel. 6596941

Das **Dramatische Theater** ist in einem großen, mit einer Renaissanceattika geschmückten Seitentrakt des Kulturpalasts untergebracht. Hier wurden nach dem Zweiten Weltkrieg umstrittene Stücke aufgeführt, z.B. Werke von Brecht, Frisch und Dürrenmatt, Sartre, Gombrowicz und Różewicz. In den vergangenen Jahren kriselt es am Theater; das Ensemble bemüht sich, ein neues, auch jüngeres Publikum anzusprechen.

· Teatr Dramatyczny, Pałac Kultury i Nauki, plac Defilad 1, Tel. 8263872

Intellektuell anspruchsvoll bleiben die Inszenierungen des **Kleinen Theaters**. Über Polens Grenzen hinaus erregte Zbigniew Brozozas Aufführung von Kafkas *Verwandlung* Aufsehen. Aber auch unabhängige Provinzensembles erhalten an dieser Bühne ihre Chance.

· Teatr Mały, ul. Marszałkowska 104/122, Tel. 8275022

Adam Ferency in: Wie es euch gefällt (Teatr Dramtatyczny)

Das **Polnische Theater**, 1912 im Empire-Stil erbaut, galt lange als modernstes Theater des Landes, denn es verfügte über eine Drehbühne und einen Eisernen Vorhang. Wie der Name vermuten läßt, werden hier vor allem polnische Klassiker aufgeführt. Eine Nebenbühne befindet sich in einer Seitenstraße der Nowy Świat.

· Teatr Polski, ul. Karasia 2, Tel. 8267992
· Teatr Kameralny, ul. Foksal 16, Tel. 8264918

Das **Theater der Gegenwart** entstand 1944, als am linken Weichselufer noch der Warschauer Aufstand tobte. Von Anfang an wurden hier sozialkritische Stücke aufgeführt. Frei entfalten konnte sich das Theater vor allem nach dem politischen Tauwetter von 1956, als unter der Leitung von Irena Babel

talentierte Regisseure und Schauspieler ins Haus kamen. Heute ist das Powszechny als Avantgarde-Bühne etabliert, gespielt werden z.B. Karl Kraus' *Die letzten Tage der Menschheit* oder Stücke von Witkiewicz, Schaeffer und Albee.
- Teatr Powszechny, ul. Zamoyskiego 20, Tel. 184819

Das **Zeitgenössische Theater** begann in den 50er Jahren mit Aufführungen absurder Dramatiker, noch heute sind diese – neben Werken von O'Casey, Mrożek und Gogol – fester Bestandteil des Repertoires.
- Teatr Współczesny, ul. Mokotowska 13, Tel. 251352

Komödien werden im **Kwadrat** und in der **Komedia**, Grotesken von Mrożek u.a. im **Ochoty** gegeben. Interessante Monodramen bietet das **Alte Pulvermagazin** in der Neustadt; man erreicht es über die abschüssige Miodowa.
- Kwadrat, ul. Czackiego 15/17, Tel. 8262389
- Komedia, ul. Słowackiego 19a, Tel. 8336880
- Ochoty, ul. Reja 9, Tel. 8258544
- Stara Prochownia (Altes Pulvermagazin), ul. Boleść 2, Tel. 6580562

The **English Theatre Company**: Junge Schauspieler aus Polen, England und den USA haben sich zu einem Ensemble zusammengeschlossen, das die Werke britischer Dramatiker in Originalsprache präsentiert. The **Globe Theatre Group** machte 1997 mit Hamlet-Aufführungen Furore und wird immer häufiger zu Gastspielen außerhalb Warschaus verpflichtet.

- The English Theatre Company of Poland, ul. Szanajcy 4/49, Tel. 6199817
- Globe Theatre Group, pl. Grzybowski 6, Tel. 6204429

Marionettentheater wird groß in Warschau geschrieben. **Guliwer** wendet sich an die vier- bis sechsjährigen Kinder, aufgeführt werden u.a. Märchen der Gebrüder Grimm; für seine unkonventionelle Darbietung von Märchenstoffen wurde das Theater beim Fringe Festival in Edinburgh mit einem Ersten Preis ausgezeichnet. **Lalka** ist ein Theater für die etwas Älteren. Es begann seine Arbeit 1944, zeichnet sich aus durch phantasievolle Dekoration und kühne Experimente; die Kinder begleiten den Aussteiger Robinson auf seiner Fahrt zu unbekannten Inseln oder begeben sich nach einer Idee von Jules Verne auf eine Reise ins Erdinnere, wo sie einem Neandertaler sowie Tieren aus prähistorischer Zeit begegnen. – In einem Haus in Praga, das bis 1940 der Orthodoxen Jüdischen Gemeinde gehörte, wurde von Sozialarbeitern für die Allerjüngsten das **Theater Baj** eingerichtet. Sein Ziel ist Erziehung zu Toleranz und Sensibilität.

- Guliwer, ul. Różana 16, Tel. 451676
- Lalka, Pałac Kultury i Nauki, pl. Defilad, Tel. 6204950
- Baj, ul. Jagiellońska 26, Tel. 6198077

Plakat des Mozart-Festivals (Ausschnitt)

Kino

Filme werden in Warschau fast ausnahmslos in der Originalversion mit polnischen Untertiteln gezeigt. Im Zentrum der Stadt gibt es etwa 25 Kinos mit den aktuellen Kassenschlagern aus der westlichen Welt. Premieren werden vor allem im Kino *Kultura* gezeigt, das Filmfestival im Oktober hat hier seinen Stammsitz. Im gleichen Haus befindet sich das Kino *Rejs*, wo zuweilen auch Retrospektiven polnischer Filmemacher zu sehen sind; als Publikumsmagneten erweisen sich noch immer die Filme von Wajda, Zanussi und Kieślowski. Künstlerisch wertvolle Filme sieht man auch in den nachfolgend aufgeführten Filmtheatern und in den Studentenclubs.

- Kultura & Rejs, Krakowskie Przedmieście 21/23
- Iluzjon, ul. Narbutta 50a
- Kino Foksal, ul. Foksal 3/5
- Paradiso, al. Solidarności 62
- Kino Muranów, ul. Generala Andersa 1
- Studentenclub Remont, ul. Waryńskiego 12
- Studentenclub Stodoła, ul. Batorego 10

Oper und Klassik

Kein Tag ohne klassische Konzerte, kein Jahr ohne große Festivals: Warschau ist das musikalische Zentrum Polens. Die Liste der Komponisten und Virtuosen, die einen Teil ihres Lebens in dieser Stadt verbrachten, ist lang, reicht von Chopin über Rubinstein bis Lutosławski. Im Jahr 1833 wurde in Warschau das **Teatr Wielki**, das Große Theater der Oper und des Balletts, eröffnet. Es bot schon damals 1200 Zuschauern Platz und war berühmt für seine hervorragende Akustik. Patriotische Gefühle entfalteten sich, als im Herbst 1858 Stanisław Moniuszkos Oper *Halka* zur Aufführung kam. Der Komponist verstand es, Volkslieder geschickt in seine Stücke einzuweben, und ließ sich feiern als »Begründer der polnischen Nationaloper«. Er wurde Direktor am Großen Theater und förderte polnische Musiktradition zu einer Zeit, als Polen real nicht existierte.

Im 19. Jahrhundert hat man Warschau in vielen europäischen Hauptstädten um seine Bühne beneidet. Berühmte Sänger wie Fjodor Schaljapin und Enrico Caruso feierten im Großen Theater Triumphe, später reihte sich der Pole Jan Kiepura in die Phalanx der großen Tenöre ein. Nach der Zerstörung im Zweiten Weltkrieg wurde das Theater minutiös rekonstruiert und im Jahr 1965 wiedereröffnet. Im imposanten Hauptsaal (*Sala Moniuszko*) sammeln sich allabendlich mehr als 1900 Besucher, begeistern sich an traditionellen und modernen Inszenierungen der großen Klassiker aus der Welt der Oper und des Balletts. Die Eintrittspreise sind günstig, schwanken zwischen 5 und 50 DM pro Aufführung.

· Teatr Wielki/Opera Narodowa (Oper im Großen Theater),
  plac Teatralny 10, Tel. 8263288

Die auf Intimität bedachte Warschauer **Kammeroper** versteckt sich in einem Garten hinter dem kalvinistischen Gemeindehaus, bildet eine romantische Oase fernab des geschäftigen Bankplatzes. Der Aufführungsort erinnert an ein höfisches Theater des 18. Jahrhunderts; so klein ist der Raum, daß man mit Sängern und Musikern unmittelbaren Blickkontakt hat – leicht fühlt man sich in das Bühnengeschehen miteinbezogen. Das Repertoire der Kammeroper umfaßt alle Singspiele und Opern von Mozart, ferner Rossini, Monteverdi und einige selten anzutreffende polnische Opern. Dem Engagement des langjährigen Direktors Stefan Sutkowski ist es zu danken, daß das *Mozartfestival* (Mitte Juni bis Ende Juli) wie auch das *Barock- und Monteverdifestival* (im Herbst) feste Bestandteile des Warschauer Kulturprogramms sind.

· Warszawska Opera Kameralna (Kammeroper), al. Solidarności 76b, Tel. 8312240

In der **Nationalen Philharmonie** finden außer in den Sommerferien jeden Freitag und Samstag die Konzerte des Warschauer Sinfonieorchesters statt. In regelmäßigen Abständen steht das *Warschauer Konzert* (Warsaw Concerto) auf dem Programm: der englische Komponist Richard Addinsell (1904–1977) hat

es für den Film *Dangerous Moonlight* (1941) komponiert und der damals von Deutschen eingenommenen Stadt gewidmet.
Die Akustik in der Philharmonie ist hervorragend, die Eintrittspreise sind mit 4-12 DM ausgesprochen niedrig. In der zweiten Septemberhälfte kommen im Rahmen des Festivals *Warschauer Herbst* Werke avantgardistischer Tondichter zur Aufführung. Penderecki, Lutoslawski u.a. haben von hier aus den Ruf polnischer Kompositionskunst international begründet.
Wer sich für Chopin interessiert, besucht den renommierte *Chopin-Wettbewerb*, der alle fünf Jahre (2000, 2005 etc.) stattfindet. Mehr als 100 Nachwuchsinterpreten aus aller Welt kommen dann nach Warschau, um sich dem Urteil einer strengen Jury zu unterwerfen. Zu den Siegern der vergangenen Jahre zählten Wladimir Ashkenazy, Maurizio Pollini, Martha Argerich und Krystian Zimerman. – Wer keine fünf Jahre warten will, begibt sich in den Łazienki-Park, wo zur Sommerzeit jeden Sonntag vor dem Denkmal Musikstücke des Komponisten gespielt werden – desgleichen in Żelazowa Wola, seinem Geburtsort.

- Nationale Philharmonie (Filharmonia Narodowa), Sala Kameralna, ul. Jasna 5, Tel. 8265712

Im Konzertsaal des **Studio Art Centre** werden zeitgenössische Kompositionen vorgestellt, gespielt von der *Sinfonia Varsovia*, einem der besten Orchester Europas. Es hat schon mit Claudio Abbado, Mstislav Rostropovich und Krzysztof Penderecki zusammengearbeitet, unter der Leitung Yehudi Menuhins wurden die Beethoven- und Schubert-Sinfonien eingespielt. Wo immer die Musiker bei ihrer Deutschland-Tournee 1997 auftraten, gab es frenetischen Beifall.

- Studio Art Centre, Pałac Kultury i Nauki, plac Defilad 1, Tel. 6204369

Empfehlenswert ist es, die Besichtigung des **Königsschlosses** mit einem Konzertbesuch zu krönen. Musikalische Darbietungen finden meist am Wochenende statt, interessant sind vor allem die Aufführungen von Renaissancemusik im eleganten Audienzsaal. **Johanniskathedrale** und **Evangelisch-Augsburgische Kirche** sind vor allem für ihre Orgelkonzerte im Juli bekannt.

- Königsschloß (Zamek Królewski), pl. Zamkowy 4
- Johanniskathedrale, ul. Kanonia 6
- Evangelisch-Augsburgische Kirche, ul. Kredytowa 6

Weitere Veranstalter klassischer Musik sind die Musikakademie, die Chopin-Gesellschaft, das Konzertstudio des Polnischen Rundfunks und die Warschauer Musikgesellschaft.

- Musikakademie (Akademia Muzyczna), ul. Okólnik 2, Tel. 8278308
- Chopin-Gesellschaft (Towarzystwo im. Frydeeryka Chopina), Pałac Ostrogski, ul. Okólnik 1, Tel. 8275471
- Lutosławski-Konzertstudio (Studio Koncertowe S-1 Polskiego Radio), ul. Woronicza 17, Tel. 6455252
- Warschauer Musikgesellschaft (Warszawskie Towarzystwo Muzyczne), Pałac Szustra, ul. Morskie Oko 2, Tel. 495651

Jazz, Rock, Folklore

Als Tomasz Stańko, Polens berühmtester Jazzmusiker, nach dem Grund der Beliebtheit des Jazz in Polen befragt wurde, antwortete er: »*Jazz ist aus Schmerz erwachsen... Das Leben hat zwei Seiten – eine helle und eine dunkle. Wir sind mehr auf der dunklen, der schmerzvollen.*« Melancholie mit plötzlichem Aufbegehren, so der Jazzmusiker, komme dem polnischen Nationalcharakter am nächsten. Zu den neben Stańko wichtigsten Namen in der polnischen Jazz-Szene zählen Krzysztof Komeda, der die Musik zu allen frühen Polański-Filmen schrieb, sowie Ursula Dudziak, Marek Bałata, Zbigniew Namysłowski, Jarek Śmietana und das Robert Majewski Quintett. Einigen von ihnen begegnet man gewiß bei einem der beiden jährlich stattfinden Jazz-Festivals. Das *Jazz Jamboree* im Herbst, eines der berühmtesten in Europa, wurde 1958 begründet. Jahrzehntelang galt es als wichtige Drehscheibe west- und osteuropäischer Entwicklungen im Jazz. Jüngeren Datums sind die 1992 von Mariusz Adamiak initiierten *Summer Jazz Days.* Dank zahlungswilliger Sponsoren werden sie wohl auch in den kommenden Jahren im großen Kongreßsaal des Kulturpalastes stattfinden können. In den vergangenen Jahren gelang es, auch bedeutende internationale Musiker nach Warschau zu locken, z.B. Pat Metheny, Eberhard Weber und Chick Corea.

Im traditionsreichen Jazzclub **Akwarium** gibt es das ganze Jahr über Konzerte, zumindest am Wochenende. Sie beginnen um 20.30 Uhr, mittwochs steht eine Jam Session auf dem Programm. Auch schon während des Tages herrscht in den gemütlichen Clubräumen viel Betrieb – Besucher trinken ein Gläschen und lauschen den Jazzrhythmen von CDs (ab 11 Uhr geöffnet). Nachfolgend die Adressen weiterer Bars und Clubs, wo mindestens einmal wöchentlich Jazz erklingt.

· Akwarium, Emilii Plater 49
· Harenda, Krakowskie Przedmieście 4 (Eingang ul. Oboźona)
· Teatr Mały, ul. Marszałkowska 122
· Klub Remont, ul. Waryńskiego 12
· John Bull Pub, ul. Jezuicka 4
· Opus One, plac Emila Młynarskiego

Um westliche **Rock & Pop**-Stars einzuladen, fehlt es am nötigen Kapital. Wenn sich doch einmal bekannte Größen nach Warschau verirren, treten sie meist im Kongreßsaal des Kulturpalasts und im Stadion Gwardia (Richtung Flughafen) auf. Abende mit Rockmusik gibt es im Irish Pub, Musik aus den 70er Jahren im Yesterday; wer auf Techno und neuere Trends steht, schaut bei Blue Velvet oder den Studentenclubs Giovanni und EMPIK vorbei.

· Kongreßsaal, Pałac Kultury i Nauki, plac Defilad 1
· Irish Pub, ul. Miodowa 3
· Yesterday, ul. Szkolna 2
· Blue Velvet, ul. Krakowskie Przedmieście 5
· Giovanni, ul. Krakowskie Przedmieście 24
· EMPIK, Nowy Świat 15/ Ecke Jerozolimskie

Bars, Discos und Nightclubs

Ein altes Sprichwort behauptet: In Polen gibt es so viele Wodkas wie Weinsorten in Frankreich. Es gibt klaren und ›bunten‹, trockenen und süßen Wodka sowie ein koscheres ›Wässerchen‹, das unter Befolgung bestimmter ritueller Gesetze hergestellt wird. Wodka trinkt man zu jeder sich bietenden Gelegenheit, als Aperitif und Verdauungstrunk oder zur kleinen Mahlzeit zwischendurch. Am besten schmecken die Marken *Wyborowa*, *Luksusowa* und *Premium*; eine besondere Spezialität ist *Żubrówka*, ein Wodka, der mit dem herben Büffelgras der Białowieżer Heide abgeschmeckt wird. Der Alkoholgehalt der Wodkas schwankt zwischen meist 40 und 45%, der jüdische Passahsliwowitz erreicht stolze 80%!

Da in den letzten Jahren die Preise für hochprozentige Alkoholika stark angestiegen sind, entwickelt sich das klare Wässerchen zunehmend zu einem Nobelgetränk, das sich nur besser situierte Polen leisten können. Dies gilt auch für importierte Brandies, Whiskies und Liköre, die oft teurer als im Herkunftsland sind. Wein muß gleichfalls eingeführt werden – kein einziger edler Tropfen wird in Polen angebaut. Nur Honigwein (*miód pitny*) wird reichlich hergestellt. Aus fermentiertem Bienenhonig, Hopfen und Gewürz entsteht ein herzhafter Trunk, der besonders gut an kalten Herbst- und Wintertagen bekommt. Gehen Polen aus, so bestellen sie meist Bier, das nicht nur preiswert ist, sondern auch erstaunlich gut schmeckt. Zu den beliebtesten Marken zählen *Żywiec* und *Okocim, EB* und das Warschauer *Królewska* (Königliches Bier).

In den letzten Jahren sind in der Hauptstadt Dutzende neuer Bars entstanden, die bis tief in die Nacht geöffnet haben. Vor allem am Wochenende sind sie gut besucht, denn trotz chronischer Geldknappheit lassen sich die Warschauer ihr abendliches Vergnügen nicht nehmen. An einige Restaurants sind Bars angeschlossen, wo man sein Bierchen trinken kann, ohne etwas verzehren zu müssen; zu ihnen gehören *U Szwejka* und *Der Elefant* – beide sehr zu empfehlen!

Im Biergarten vom **Harenda** sitzt man bis spät in die Nacht, die Atmosphäre ist locker und entspannt. Oft gibt es Kabarett- und Jazzabende, am Wochenende werden Discos organisiert.
· Harenda, Krakowskie Przedmieście 4 (Eingang ul. Obożona)

Café Brama füllt sich abends bis auf den letzten Platz. Im schlauchförmigen, hellgetünchten Raum stehen die Tische eng aneinander; die Stimmung ist lebhaft bis ausgelassen, neugierig werden alle Neuankömmlinge gemustert. Hier trifft man Schauspieler und Künstler, Studenten und ausländische Angestellte: eine bunte Mischung, die keine Langeweile aufkommen läßt. Das Bier ist sehr preiswert, auch die guten Fleisch- und Pastagerichte sowie Salate reißen kein Loch in die Urlaubskasse. Im Sommer mit Terrasse.
· Café Brama, ul. Marszałkowska 8

Im **Irish Pub**, einem echt irischen Pub mit nachgedunkelten Holztischen, lassen sich am leichtesten Kontakte schließen. Einer der beliebtesten Treffs im Altstadtbereich, bereits ab 9 Uhr morgens geöffnet.
· Irish Pub, ul. Miodowa 3

Im **John Bull Pub** gibt es englisches Bier, dazu kleine polnische Gerichte. Gemütlich und nicht zu teuer, im Sommer mit großer exponierter Terrasse hoch über der Weichsel.
· John Bull Pub, ul. Jezuicka 4

Staromiejski, die altstädtische Bar, bietet gemütliche Pub-Atmosphäre in zentraler Lage am Schloßplatz. Dem Besitzer gehört auch die Bar **Piwna**, ein winziger, nostalgisch eingerichteter Pub gleich um die Ecke.
· Staromiejski, plac Zamkowy 15/19
· Piwna Bar, ul. Piwna

Między Nami (Unter Uns) ist ein beliebter Treffpunkt von polnischen und ausländischen Studenten. Man sitzt dicht gedrängt, im Sommer verlagert sich das Treiben auf die Straße. Wer Hunger hat, ordert zum Bier pikante Salate und Sandwiches.
· Między Nami, ul. Bracka 20

Die **Modulor Café Bar** möchte den Glanz von Paris oder New York nach Warschau holen, ist im Stil Le Corbusiers durchgestylt: streng geometrisch mit nur wenigen Farbtupfern. Durch ein großes Panoramafenster blickt man hinaus auf die hell erleuchtete Alexanderkirche, genießt Cocktails und kleine Speisen.
· Modulor Café Bar,
  pl. Trzech Krzyży 3

Um junge Warschauer beim Tanzen kennenzulernen, begibt man sich in den Keller des **EMPIK-Megastore** oder ins **Ground Zero** nahe dem Marriott-Hotel. Die größte aller Discos ist **Planeta**, ein monumentaler Laserpalast; er liegt etwas außerhalb und ist von Mittwoch bis Samstag geöffnet, das wilde Treiben beginnt gegen 23 Uhr. Schon zu früherer Stunde trifft man sich in den Studentenclubs, die aktuellen Öffnungszeiten werden in der Zeitschrift *insider* abgedruckt. Im **Stodoła** und **Park** sind die Preise niedrig und die Musik ›up to date‹, keine Gesichts- und Kleiderkontrolle stört das Vergnügen. Im Sommer geht man gern ins **Dziekanka**, eine Open-Air-Disco in einem attraktiven Innenhof am Königstrakt. Nicht weit davon entfernt der Musikclub **Stereo**, beliebt bei den in Warschau lebenden ausländischen Studenten (doch Vorsicht vor den Türstehern!).
· EMPIK, Nowy Świat 15 / Ecke Jerozolimskie
· Ground Zero, ul. Wspólna 62
· Planeta, ul. Fort Wola 22
· Stodoła, ul. Batorego 10
· Park, al. Niepodległości 196
· Dziekanka, Krakowskie Przedmieście 56
· Stereo, Nowy Świat 23/25

Geschäftsleute und Diplomaten treffen sich gern in den Nightclubs zu Cocktails und erotischem Vergnügen. **Cul de Sac** im Keller des Zamoyski-Palais gilt als erste, aber auch teuerste Adresse.
· Nightclub Cul de Sac, ul. Foksal 2

Tango möchte für Warschau sein, was das Moulin Rouge für Paris ist. In dem Club in der Nähe des Nationalmuseums wird einmal wöchent-

Souvenirs gibt's an jeder Ecke

lich eine Dinner-Revue geboten, zweimal wöchentlich eine Vorstellung mit dem Titel »Tango & Sex«.
· Nightclub Tango, ul. Smolna 15 (Eingang von der al. Jerozolimskie)

Loch (Höhle) heißt der einzige Nightclub der Altstadt, zu finden in einem mittelalterlichen Kellergewölbe. Postmodernes Neondekor kontrastiert mit altem Backstein, auf einer kleinen Fläche kann getanzt werden. Einmal in der Woche gibt es eine Ladies' Night mit Männerstriptease, am Studentenabend kommen jene, die bald schon zur neuen Elite zählen möchten. Live-Musik bis 22 Uhr, danach Disco.
· Loch, Rynek Starego Miasta 29/31

Im **Arena** gibt es deftiges Abendessen mit Disco und erotischer Einlage: 17 Frauen ringen um die Gunst der meist männlichen Gäste. Nahe der Kreuzung Marszałkowska/Jerozolimskie, bis 3 Uhr morgens geöffnet.
· Arena, ul. Marszałkowska 104

Ein bunt gemischtes Publikum findet man in den **Casinos**, wo Polens neue Oberschicht ihrer Lieblingsbeschäftigung, der Jagd nach dem Geld, frönt. Ohne Paß, Anzug und Krawatte darf man kein Casino betreten!
· Casino Hotel Marriott, al. Jerozolimskie 65/79
· Casino Victoria Hotel, ul. Królewska 11
· Queen's Casino, Pałac Kultury i Nauki, plac Defilad 1 (Eingang ul. Plater)

Läden und Märkte

Das Warenangebot in Europas Großstädten gleicht sich immer mehr an – und auch die polnische Hauptstadt will bei dieser Entwicklung keine Ausnahme machen. Dennoch gibt es sie noch, die landestypischen Mitbringsel, auf die der Polen-Urlauber so erpicht ist. **Souvenirs** entdeckt man vor allem in der Altstadt: Kleine Geschäfte und Galerien bieten Bernstein- und Silberschmuck, Glas aus Krosno, Keramik und volkstümliche Schnitzerei. Die originellsten Waren kommen aus dem bergigen Süden, z.B. aus der Tataregion, wo sie bis heute eine wichtige Einkommensquelle darstellen.

Gerade in der Altstadt, wo viele Touristen zusammenkommen, wittern Händler ihre Chance und offerieren ein Sammelsurium von Kitsch und Kunst: Bilder von Warschau, Schmuck und pseudoalte Ikonen, Ledertaschen und -koffer, Gobelins und Porzellanpuppen. Guten und ausgefallenen **Designerschmuck** bietet dagegen die Galerie Metal am Altstadtmarkt (Rynek Starego Miasta 8). Der Besitzer Marcin Zaremski, der einer alten Goldschmiedefamilie entstammt, versteht sich in erster Linie als Künstler: »*Jede Brosche ist ein Vorwand, um ein Werk der Miniaturkunst zu schaffen.*« Konkurrenz macht ihm Adam Leja in der benachbarten Kellergalerie (Rynek Starego Miasta 32). Jede Glasvitrine enthält originellen Silberschmuck, hergestellt von Mitgliedern der polnischen Goldschmiedegilde.

Als zentrale Einkaufsstraße hat sich die breite Marszałkowska etabliert. In den hiesigen Großkaufhäusern (Sesam, Junior, Sawa und Wars) herrscht ab dem frühen Morgen viel Betrieb: Vor allem Gegenstände des täglichen Bedarfs werden verkauft, die Präsentation ist fast überall gleich und nur selten attraktiv. Eine positive Ausnahme bildet die **Mode**abteilung der polnischen Designerin Barbara Hoff, die im ersten Stock des Junior unkonventionelle, bequeme und zudem preiswerte Kleidung anbietet.

Wo sich die Marszałkowska mit der Jerozolimskie-Allee kreuzt, befindet sich das Hauptgeschäft von *Cepelia,* noch immer die beste Adresse für Kunsthandwerk, Teppiche und Lederwaren. DESA ist auf der gleichen Straße im Haus 34–50 unterge-

Werbung à la Polonia

Bücher haben Tradition in Warschau – die Warschauer Buchmesse im Mai ist ihnen gewidmet.

bracht, dort finden Interessierte Antiquitäten, Uhren und Schmuck.
Als vornehmste Einkaufsstraße hat sich die Nowy Świat herausgebildet. Erfolgreich knüpft sie an den Glanz der Jahrhundertwende an, wirbt mit zahlreichen Boutiquen, Galerien und Antiquitätenläden. Die verkehrsberuhigte Chmielna, die Nowy Świat mit der Marszałkowska verbindet, gilt als die exklusivste Einkaufsmeile Warschaus. In sozialistischer Zeit war sie die Straße der *Komis*: dies waren Läden, in denen heißbegehrte Westware zu kaufen war. Daran hat sich bis heute kaum etwas geändert. Man findet in der Chmielna teure italienische Schuhe, Design und Mode von Armani und Cartier bis Stefanel. Die **Seidenartikel** im Milanówek (Nr. 23) stammen dagegen aus einer nahegelegenen Manufaktur, wo die Ware von einheimischen Künstlern handbemalt wird: jedes Stück ein Unikat! Und auch das Kaufhaus Arka mit seinen Boutiquen in der Bracka 25 lohnt einen Besuch – und sei es nur, um die Eingangshalle zu bewundern: Sie ist mit einem riesigen Glasfenster geschmückt, das im Stil der Sezession bemalt ist.

Buchgeschäfte

Die berühmteste Verlags- und Buchhandlung Polens wurde 1857 in Warschau gegründet. Benannt wurde sie nach ihren Besitzern Gustav Gebethner und Robert Wolff. Das Unternehmen publizierte die Werke von Sienkiewicz, Prus und Reymont, gab die Kompositionen Chopins und Moniuszkos heraus. Seit 1990 ist das Verlagshaus in freilich bescheidenem Umfang wiedererstanden, nun unter dem Namen Gebethner & Ska (ul. Generala Andersa 12). Auf der Suche nach deutschsprachigen Titeln könnte man auch fündig werden in der Księgarnia Bolesława Prusa (Krakowskie Przedmieście 7), der Księgarnia Akademia (ul. Traugutta s/n), der Księgarnia Co-Liber (pl. Bankowy 4) und dem Leksykon (Nowy Świat 41). Das größte Geschäft mit englischsprachiger Literatur ist der American Bookstore auf dem Königstrakt (ul. Krakowskie Przedmieście 45).
Alte Bücher und Stiche findet man am Königstrakt bei Kosmos i Logos (al. Ujazdowskie 16) und bei Ultima Thule (Krakowskie Przedmieście 20/22), aber auch in vielen Läden der Altstadt, dort vor allem entlang den Straßen Nowomiejska und Freta. Schöne Drucke von

Warschau, Krakau, Danzig und Thorn verkauft der Sklep Zamkowy nahe dem Königsschloß (Świętojańska 2), dazu eine Reihe interessanter Kunstbücher. Schallplattenaufnahmen polnischer Jazzmusiker sowie berühmter Komponisten wie Chopin, Lutosławski und Penderecki findet man im Musikbuchladen neben dem Teatr Wielki (Księgarnia Muzyczna, ul. Moliera 8).

Märkte

Vor allem der Stadionmarkt im Ortsteil Praga (➤Tour 10) lohnt den Besuch – freilich sollte nicht versäumt werden, die Geldbörse sicher zu verstauen. Der Markt ist erreichbar über die Poniatowski-Brücke mit Straßenbahn 7, 22, 24 und 25 (ab al. Jerozolimskie). Allmorgendlich trifft sich dort ein buntes Völkchen von Polen, Russen und Rumänen, um alles zu verkaufen, was von Freunden und Bekannten hergestellt, anderswo billig erstanden oder schlichtweg gestohlen wurde. Das Treiben ist nicht mehr ganz so anarchisch wie früher, stellt aber noch immer alles in den Schatten, was auf den übrigen Märkten Warschaus zu beobachten ist. Schon auf dem Bazar Różyckiego an der ul. Ząbkowska (1 km nordwestlich vom Russenmarkt) geht es bedeutend ruhiger zu. Und die Marktstände am Platz Mirowski (Sa/So) und vor dem Kulturpalast (Mo-Sa), wo Kleinhändler Kleider und Trödel, Haushaltswaren und Eßbares anpreisen, wirken vergleichsweise langweilig.

Keine schlechte Adresse für Antiquitäten ist der Sonntagsmarkt Koło an der ulica Obozowa im Stadtteil Wola; hier ersteht man alte Grammophone und Lampen, Silber- und Goldteller, Ölgemälde und Uhren (Straßenbahn 1, 13, 20 und 24 ab Zentrum). Ein Lebensmittelmarkt findet sich an der ul. Polna: beste Adresse für frisches Obst und Gemüse (Metro-Station Politechnika).

Öffnungszeiten

Streng festgelegte Ladenschlußzeiten gibt es in Polen nicht. Lebensmittelgeschäfte sind meist Mo-Fr 8-19 und Sa 8-13 Uhr, Supermärkte Mo-Fr 9-20, Sa 9-13 Uhr geöffnet. Läden, die auch nachts geöffnet sind (*sklepi nocne*) findet man z.B. in der al. Solidarności 72, in der ul. Grójecka 47 und 79 sowie an der Ecke ul. Puławska/Dolna. An Feiertagen bleiben die Geschäfte durchweg geschlossen.

Feiertage auf einen Blick

1.Jan.	Neujahr
Mar/Apr.	Ostern (So/Mo)
1.Mai	Tag der Arbeit
3.Mai	Tag der Verfassung
Mai	Fronleichnam
15.Aug.	Mariae Himmelfahrt
1.Nov.	Allerheiligen
11.Nov.	Tag der Unabhängigkeit
25./26.Dez.	Weihnachten

Feste und Veranstaltungen

Januar
- In der Silvesternacht werden am Schloßplatz Tausende Sektflaschen entkorkt, um den Beginn des Neuen Jahres zu feiern.
- Am 6. Januar, dem Tag der Heiligen Drei Könige, ziehen singende Kinder mit einer kleinen Weihnachtskrippe oder mit Bildern von Tür zu Tür.
- Beim Warschauer Theatertreffen am Monatsende stellen die besten Theatergruppen Polens ihre neuen Einstudierungen vor. Aufführungsorte sind das Kleine und das Dramatische Theater.

Februar
- Am letzten Samstag der Karnevalszeit finden Konzerte und Bälle statt, u.a. der Bill-Haley-Rock & Roll-Wettbewerb.
- Die Nationale Philharmonie organisiert den Witold-Lutosławski-Komponistenwettbewerb.

März
- Am 21. März, dem ersten Frühlingstag, ziehen junge Leute in Kostümen durch die Altstadt und feiern den Abschied vom Winter.

April
- Am Palmsonntag, eine Woche vor Ostern, werden in den Kirchen Weidenzweige geweiht: Sie symbolisieren die Palmenzweige, die zur Begrüßung Christi bei seinem Einzug in Jerusalem geschwenkt wurden. Im masowischen Ort Łyse findet der Wettbewerb der Palmen statt, eine folkloristische Darbietung kurpischer Volkskultur.
- Am Gründonnerstag werfen junge Menschen das Bild des Judas in die Weichsel und bestücken eine Strohpuppe mit 30 Glasscherben; diese symbolisieren jene 30 Silbermünzen, mit denen Judas für seinen Verrat an Jesus belohnt wurde. Die Strohpuppe wird von einem Kirchturm hinabgeworfen und anschließend durch die Straßen der Stadt geschleift; dabei wird sie wiederholt mit Stöcken geschlagen.
- Am Ostersamstag trifft man sich zur Kirchvisite mit einem reich gefüllten, zur Weihe bestimmten Essenskorb. Wichtigster Inhalt sind die kunstvoll verzierten Ostereier, die am Morgen des folgenden Tages verspeist werden.
- Am Ostersonntag feiert man Auferstehungsmesse und Prozession.
- Ostermontag ist in Polen auch als Śmingus-Dingus-Tag bekannt. In den Familien werden die Häupter mit Wasser benetzt – ein symbolisches Abstreifen der Sünden. Auf den Straßen geht es heftiger zu: Jugendliche bespritzen Passanten aus Wasserkübeln.

Mai

- Die Warschauer Buchmesse findet seit den 50er Jahren im Kulturpalast statt. Sie dauert 4-6 Tage und wird von Ausstellungen, Lesungen und Theateraufführungen begleitet.
- Ende des Monats beginnt das zehntägige Festival sakraler Musik. Das Eröffnungskonzert findet in der Johanniskathedrale statt.

Juni

- Zu Monatsbeginn kommen Straßentheater aus mehreren europäischen Ländern nach Warschau und erfüllen die Plätze der Altstadt mit Leben.
- Am arbeitsfreien Fronleichnamstag werden in allen Kirchen Messen abgehalten, danach starten farbenprächtige Prozessionen.
- Um den 21. Juni werden Blumenkränze auf die Weichsel gelegt, Feuerwerke signalisieren den Sommeranfang.
- Ende Juni treffen sich Musiker aus aller Welt zu den Warsaw Summer Jazz Days im Club Akwarium.
- Beim Mozart-Festival, das in der zweiten Junihälfte beginnt und Ende Juli seinen Abschluß findet, wird das gesamte Oeuvre des Komponisten vorgestellt: vom unvollendeten Erstlings- bis zum reifen Meisterwerk. Wichtigste Veranstaltungsorte sind Kammeroper, Karmeliterkirche, Königsschloß und Historisches Museum. Die Stücke kommen originalgetreu zur Aufführung, so wie Mozart sie es ursprünglich festgelegt hat: als Sing- und Pantomimenspiel, üppige Festa Teatrale oder bibelnahe Azione Sacra. Das Kammerensemble Musicae Antiquae Collegium Varsoviense unter der Leitung von Ryszard Peryt spielt fast ausschließlich auf Instrumenten aus dem 18. Jahrhundert. Auch Bühnenbild und Kostüme lassen sich von den Vorstellungen der damaligen Zeit inspirieren. Wer glaubt, die Warschauer wüßten sich erst in jüngster Zeit für Mozart zu begeistern, irrt - die Mozarttradition der polnischen Hauptstadt reicht bis ins Jahr 1783 zurück. Nur zehn Monate nach der Weltpremiere wurde hier *Die Entführung aus dem Serail* aufgeführt, kurz darauf folgten *Don Giovanni* und *Die Zauberflöte*!

Juli

- Am ersten Sonntag des Monats lockt das Warschauer Derby Zehntausende zur 1938/39 erbauten Pferderennbahn. Ort der Handlung ist Służewiec im Süden der Stadt (ul. Puławska 266).
- Alle zwei Jahre (2000, 2002 etc.) findet im Museum von Wilanów von Juli bis Mitte September die Plakatbiennale statt.

August
- Am 1. August 1944 begann der Warschauer Aufstand. Die Bürger der Hauptstadt gedenken dieses Tages, indem sie an Friedhofsgräbern und Mahnmalen Blumen und Kränze niederlegen.
- Am 5. und 6. August starten Gläubige von der Paulinerkirche in der Neustadt zur Pilgerprozession nach Tschenstochau, wo sie am 15. August, dem Tag Mariae Himmelfahrt, eintreffen und Gottesdienst unter freiem Himmel feiern.

September
- Anfang September hebt sich der Vorhang für die neue Konzert- und Schauspielsaison.
- In der dritten Woche beginnt der Warschauer Herbst, ein zehntägiges Festival klassischer zeitgenössischer Musik. Dann treffen sich hier – nun schon seit 1956 – die weltbesten Komponisten und Musiker und präsentieren Kammer-, Chor- und Orchesterwerke, elektronische Musik und instrumentelles Theater. Welche Namen soll man herausgreifen, um Appetit zu machen? Da gibt es Henze, Xenakis, Messiaen, Nono, Britten, Cage und Steve Reich – und natürlich viele nationale Größen wie Penderecki, Lutosławski und Górecki. Die Leitung des Festivals hat Krzysztof Knittel.

Oktober
- Internationales Autorenkino prägt das Warschauer Filmfestival, gleichfalls vorgestellt werden die bei den Festivals von Berlin, Cannes, Locarno und London ausgezeichneten Streifen.
- Das Festival der Barockoper zielt darauf ab, Musikliebhabern jene fremde, durch die Tradition des 19. Jahrhunderts verschüttete Ästhetik nahezubringen. Ende des 16. Jahrhunderts suchten Komponisten nach einer neuen musikalischen Sprache, die komplizierte Gefühle und Ideen auszudrücken vermochte – und erfanden die Oper. Ihr genialster Wegbereiter war Monteverdi, dem seit 1997 ein separates Festival gewidmet ist.
- Alle fünf Jahre, also in den Jahren 2000, 2005 etc., wird in der Philharmonie der bedeutende Internationale Chopin-Wettbewerbabgehalten. Um die Teilnahme bewerben sich die besten Nachwuchspianisten der Welt.
- Das Jazz Jamboree, eines der berühmtesten Festivals in Europa, wurde erstmals 1958 organisiert. Die Konzerte finden in der Kongreßhalle des Kulturpalasts statt.
- Das Festival Alter Musik beginnt im Oktober und dauert bis Mitte November: Zur Musik aus der Zeit der Renaissance und des Barock paßt am besten das Ambiente des Königsschlosses, der Alten Orangerie und des Schlosses Wilanów.

November
- Am Abend des 1. November (Allerheiligen) pilgern zahllose Warschauer Bürger zu den Friedhöfen, die sich für mehrere Stunden in ein leuchtendes Kerzenmeer verwandeln.

Dezember
- Weihnachtsmärkte finden auf dem Schloßplatz und vor dem Kulturpalast statt.
- Wichtigster Festtag ist auch in Polen Heiligabend. Viele polnische Familien halten die Tradition aufrecht, ein Gedeck zuviel aufzulegen: Der unverhofft anklopfende Gast soll am Weihnachtsschmaus teilhaben können. Das Menü besteht aus zwölf Gängen, beinhaltet Pilz- oder Rotebeetesuppe, gebratenen Karpfen, gefüllte Kohlrouladen, hausgemachte Nudeln mit süßer Sauce, Kompott und eine Vielzahl kleiner Kuchenstücke. Kurz vor Mitternacht pilgert die gesamte Familie in die Kirche. Auch am 25. und 26. Dezember werden in allen Kirchen der Stadt Messen gelesen.

Monteverdi-Festival im Oktober

Frédéric Chopin

Warschauer Portraits

Frédéric Chopin

Als Sohn eines französischen Erziehers und einer polnischen Mutter kam der berühmte Komponist am 22. Februar 1810 in Żelazowa Wola zur Welt, in der nahegelegenen Pfarrkirche von Brochów wurde er getauft. Im Herbst 1810 zog er mit seinen Eltern nach Warschau, wo sein Vater eine Stelle als Gymnasiallehrer annahm. Kindheit und Jugend verbrachte Frédéric in einem Palais am Königsweg (Krakowskie Przedmieście 26/28) und bekam schon früh die Chance, das Klavierspiel zu erlernen. Acht Jahre war der ›kleine Mozart‹ alt, als er die Polonaise g-Moll komponierte und einem staunenden Publikum im Palais Radziwiłł vortrug. Als 17jähriger zog er mit seinen Eltern in das Palais Czapski um, wo man nach dem Krieg einen kleinen ➤Chopin-Salon eingerichtet hat. 1829 erlebte der junge Künstler seinen ersten Auftritt in Wien, feierte einen großen Erfolg mit den beiden Konzerten für Klavier und Orchester op. 11 und 18. Als er vom Novemberaufstand erfuhr, hielt er sich gerade in Stuttgart auf. Er war damals 20 Jahre alt, seine Erschütterung schlug sich nieder in der Etüde c-Moll, der ›Revolutionsetüde‹, und in den beiden Präludien in a-Moll und d-Moll.

Nie kehrte Chopin in das Land seiner Kindheit zurück. In Wien komponierte er Mazurken und Polonaisen, danach fuhr er über Salzburg und München nach Paris. Dort befreundete er sich mit Berlioz, Liszt und Schumann, spielte in privaten Salons und gab Wohltätigkeitskonzerte für die polnischen Emigranten. 1836 lernte er die von Männern umschwärmte Schriftstellerin George Sand kennen – zwei Jahre später, im Herbst 1838, unternahm er mit ihr eine Reise nach Valldemosa auf Mallorca, da er sich vom südlichen Kolme eine Linderung einer schweren Lungenkrankheit erhoffte. In den anschließenden Wintermonaten entstanden einige seiner schönsten Kompositionen, z.B. die 2. Sonate in b-Moll (›Sonate mit dem Trauermarsch‹), die Polonaise A-Dur und mehrere Präludien.

Fast zehn Jahre lebten Frédéric Chopin und George Sand zusammen, doch die Liebe verflog und das Lungenleiden wollte nicht weichen. 1846 trennten sich die Lebenswege, und Chopin flüchtete wenig später für einige Monate nach London. Dort beglückte er Königin Victoria und Prinz Albert mit seinem Spiel, ohne sich freilich mit seinem Schicksal aussöhnen zu können. Ein letztes Mal kehrte er nach Paris zurück, versenkte sich in die Noten, schrieb an gegen die Einsamkeit und die sich verschlimmernde Krankheit. Am 17. Oktober 1849 starb er 39jährig in seiner Wohnung an der Place Vendôme, zu den Klängen von Mozarts Requiem wurde er auf dem Friedhof Père Lachaise beigesetzt. Sein Herz wurde 1880 nach Polen gebracht und in der Warschauer Heiligkreuzkirche bestattet. Einen umfassenden Überblick über das Notenschaffen des Musikers bietet das ➤Chopin-Museum im Palais Ostrogski. Erinnerungen an den Komponisten werden in seinem Geburtshaus in ➤Żelazowa Wola, aber auch im ➤Chopin-Salon geweckt. Konzerte mit seiner Musik erklingen im Łazienki-Park, im Palais Ostrogski und in Żelazowa Wola. In der Warschauer Nationalphilharmonie wird alle fünf Jahre ein nach dem Künstler benannter Klavierwettbewerb organisiert, alljährlich im August findet eine Chopin-Konzertreihe in Duszniki Zdrój statt.

Wo immer der Künstler seine Ferien verbrachte, sprießen Chopin-Souvenirstätten aus dem Boden – oder milder ausgedrückt: an diesen Orten ›ist die Chopin-Tradition lebendig‹. So auf den Landgütern in Szafarnia und Antonin sowie im **Palais Pruszak** in Sanniki (südlich von Płock). Der letztgenannte Ort lohnt am ehesten den Besuch. Dort, heißt es, habe sich der Komponist im Sommer 1828 von Volksliedern zu besonders schönen Stücken inspirieren lassen. In dem Palais wurde 1981 ein Konzertsaal eingerichtet – jeweils am ersten Sonntag des Monats erklingt um 14 Uhr ein Klavierkonzert. Ambroży Mieroszewski schuf die Portraitreiher, Ludwika Nitschowa errichtete ein Denkmal im Park, und Mateusz Gliński, ein Chopinologe aus Kanada, übergab dem Zentrum seine wertvolle Musikbibliothek.

· George Sand. Ein Winter auf Mallorca. Frankfurt 1997.

E.T.A. Hoffmann

»Ich bin in Warschau angekommen, bin heraufgestiegen in den dritten Stock eines Palazzos in der Freta-Gasse Nr. 278, habe den freundlichen Gouverneur, den Präsidenten, der die Nase ¼ Zoll über den Horizont hebt und drei Orden trägt, und ein ganzes Rudel Kollegen gesehen...«

Dies war im Jahr 1804. Hoffmann war 28 Jahre alt und wieder einmal in einer neuen Stadt. Aufgewachsen war er in Königsberg; dort hatte er Jura studiert, bevor er nach Berlin weiterzog, um als Referendar am Kammergericht tätig zu weden. 1800 kam der frischernannte Assessor nach Posen, wurde aber aufgrund bissiger Karikaturen schon zwei Jahre später nach Płock strafversetzt, wo er die Polin Maria Michalina Rorer heiratete. 1804 wurde seinem Antrag, in Warschau zu leben, stattgegeben. Er wurde zum Regierungsrat befördert und bezog eine Wohnung im Samson-Palais, einem der schönsten Häuser der ulica Freta (Nr. 5). Kultur bedeutete ihm schon damals mehr als Bürokratie und Verwaltung. Er rief die Warschauer Musikgesellschaft ins Leben, organisierte kulturelle Veranstaltungen und kreierte ein Sinfonieorchester. Weil er in die Musik Mozarts verliebt war, wählte er den zusätzlichen Vornamen Amadeus. Seine ersten literarischen Versuche bewegten sich in

jenen Jahren zwischen Phantastik und Realität, umspielten die Welt der Gespenster, Automaten und Maschinen, der Fabelwesen und Tiere.
Nach dem Einmarsch der Franzosen im Jahr 1806 mußte Hofmann Warschau verlassen und nach Berlin übersiedeln. In den folgenden Jahren war er u.a. als Musiklehrer und Kapellmeister an Theatern in Bamberg und Dresden beschäftigt, bevor er 1814 wieder in den preußischen Staatsdiesnt eintrat. Parallel zur Karriere am Berliner Kammergericht entstanden seine wichtigsten literarischen Werke, so auch die interessante Erzählung *Der Sandmann* aus den ›Nachtstücken‹ von 1817, in denen er die verdrängten Ängste und Träume des Bürgers gestaltet hat. Hoffmann zeigte auf, daß der Anspruch der Gesellschaft auf Unterwerfung psychische Deformationen bewirkt – ihm selber war die Integration nie wirklich gelungen. Ab 1820 wurde er immer häufiger Opfer der preußischen Zensur; krank und vereinsamt starb er am 25. Juni 1822 im Alter von nur 46 Jahren.

Janusz Korczak

Am 22. Juli 1878 wurde der berühmte Kinderarzt in Warschau unter dem Namen Henryk Goldszmit geboren. Eine Büste in der Krochmalna 8 erinnert daran, daß er in diesem Haus ab 1912 ein Heim für verwaiste und verwahrloste Arbeiterkinder leitete. Korczak vertrat die Auffassung, daß Kinder nur dann, wenn sie in Gleichheit erzogen würden, einen ehrlichen und liebenswerten Charakter ausbildeten. Darum schuf er ein kleines Parlament, in dem die Kinder über alle wichtigen Angelegenheiten des Heims mitentscheiden durften. Außerdem verfaßte er eine Reihe von Kinderbüchern, die auch heute noch gern gelesen werden: In einem von ihnen, den Geschichten von *König Hänschen I.* (1923), beschreibt er, wie eine Utopie an mangelndem Vertrauen und Machtgier zugrunde geht.
1940 gaben die Nazis den Befehl, die Kinder au sdem jüdischen Waisenhaus ins Ghetto zu überführen. Korczak kam der Anordnung nach, doch gelang es ihm in der Folgezeit, zahlreiche Kinder auf die ›arische‹ Seite hinauszuschmuggeln. Dort wurden sie von Wanda Sokolowska in Empfang genommen, einer Kinderpsychologin, die selber einmal Schülerin Korczaks gewesen war. Die Situation im Ghetto spitzte sich im Sommer 1942 dramatisch zu. Vom 4. August stammen die folgenden Aufzeichnungen Korczaks: *»Ich gieße die Blumen. Meine Glatze am Fenster – ein gutes Ziel. Er hat einen Karabiner. Warum steht er da und betrachtet mich so friedlich? Er hat keinen Befehl. Vielleicht war er im bürgerlichen Leben Volksschullehrer, vielleicht Notar, Straßenkehrer in Leipzig oder Kellner in Köln? Was würde er tun, wenn ich ihm zunicke? Freundlich winken? Vielleicht weiß er gar nicht, daß es so ist, wie es ist? Vielleicht ist er erst gestern von weither gekommen?«*
Einen Tag später holte die SS die Kinder des Heims – zu diesem Zeitpunkt noch etwa 200 – zum Transport nach Treblinka ab. Korczak bestand darauf, mit ihnen zu gehen.

Im Jahr 1972 erhielt er posthum den Friedenspreis des Deutschen Buchhandels. In Warschau wird seiner außer in der Krochmalna auch mit einem Gedenkstein in der Zamenhofa und einem Denkmal auf dem Jüdischen Friedhof gedacht. Andrzej Wajda ehrte den Pädagogen 1992 mit einem Film.

· Janusz Korczak. König Hänschen I. München 1995.
· Janusz Korczak. Kaitus oder Antons Geheimnis, Frankfurt 1994.

Jan Kott

»*Noch das schönste Fest*«, schrieb der Theaterkritiker Jan Kott, »*wird zur Hölle, wenn es aus ihm kein Entkommen gibt.*« In Warschau, wo während des gesamten Krieges der Ausnahmezustand herrschte, standen solche Feste auf der Tagesordnung. Sie begannen um 22 Uhr abends und endeten um 6 Uhr morgens. Im Winter 1942/43 – Frankreich war zu diesem Zeitpunkt bereits besiegt – wurde Kott von einer jungen Schauspielerin zu einem dieser nächtlichen Treffen eingeladen. Es dämmerte bereits, als merkwürdige Laute aus dem Nachbarzimmer an sein Ohr drangen. Er öffnete die Tür einen Spalt und sah zwei junge Männer, die sich kniend gegenübertraten und den Kopf zu Boden senkten. Sie zählten bis drei, dann erhoben sie sich und begannen ein wildes Spiel der Mimik und der Gestikulation. Patriot und Vaterlandsverräter, Hitler und der Papst, der Teufel und der liebe Gott: die Gesichter führten Krieg. Je länger das Spiel währte, desto ungehemmter wurde es, ein Inferno wechselseitiger Verwünschungen und Erniedrigungen. Sieger war, wem es gelang, eine Maske aufzusetzen, die der andere nicht zu imitieren verstand.

Die sich im Spiel aggressiv verzehrten, waren Jerzy Andrzejewski und Czesław Miłosz, berühmte Schriftsteller der Nachkriegszeit. Und was sie in Sezen setzten, war ein ›Grimassenduell‹ aus dem Roman *Ferdydurke*, dessen Autor, Witold Gombrowicz, das Land kurz vor Ausbruch des Krieges verlassen hatte...

All diesen Dichtergrößen widmet Jan Kott ausführliche Darstellungen in seinen beim Alexander-Verlag erschienenen Bänden. In Deutschland machte er sich vor allem als Shakespeare-Interpret einen Namen. Es gelang ihm, die von Grausamkeit geprägte Welt des elisabethanischen Dramatikers aus der Perspektive unserer Zeit zu lesen – gespeist aus den Erfahrungen von Auschwitz und Hiroshima.

· Jan Kott. Shakespeare heute. Berlin 1989.
· Jan Kott. Das Gedächtnis des Körpers: Essays zu Theater und Literatur. Berlin 1989.
· Jan Kott. Leben auf Raten: Versuch einer Autobiographie. Berlin 1993.

Hanna Krall

»*Die betäubenden Zahlen von den Greueltaten und der Vernichtung tragen mehr zur Gleichgültigkeit als zur Erinnerung bei. Niemand kann sich bei dem Wort eine Million etwas anderes als Zahlen vorstellen. Damit wird eine Art statistischer Seelenzustand erzielt, die Empfindsamkeit abgestumpft.*« (H. Krall)

Auf die 1937 in Warschau geborene Journalistin, deren Arbeiten mittlerweile in 14 Sprachen übersetzt sind, wurde man in Deutschland 1977 aufmerksam. *Dem Herrgott zuvorkommen*: Unter diesem Titel publizierte sie Gespräche mit Marek Edelman, einem der wenigen überlebenden Aufständischen des Warschauer Ghettos. Hanna Krall arbeitete zu jener Zeit noch als Redakteurin bei der Wochenzeitung *Polityka*. 1981, als der Kriegszustand über das Land verhängt wurde, stellte sie ihre Mitarbeit ein: Chefredakteur Rakowski war in Jaruzelskis Militärregierung eingetreten. Hanna Krall widmete sich fortan dem Schreiben von Büchern: Dokumente präziser Collagetechnik, konkret und ohne Pathos. Mit ihrem Roman *Die Untermieterin*, der in einem polnischen Untergrundverlag mit Sitz in Paris erschien, wandte sie sich dem eigenen Leben zu. Denn »die Untermieterin« war sie selbst: das jüdische Kind, das in den Jahren der Naziherrschaft bei einer polnischen Familie versteckt gehalten wurde und so den Holocaust überlebte. Interessanterweise schrieb sie nicht aus der Perspektive der Jüdin Marta, sondern aus der Marias, der Tochter der ihr Schutz bietenden ›arischen‹ Familie. Der Rezensent Werner Paul fand dafür in der *Süddeutschen Zeitung* die folgende Erklärung: »*Maria*«, so befand er, »*ist die erwachsene Marta, die in Polen ihr Zuhause gefunden hat und der Marta ständig einflüstert, sie sei nur eine Untermieterin in der polnischen Gesellschaft.*« (31.10.1986) Am Ende des Romans, als russische Panzer in Warschau einrollen (es ist der 13. Dezember 1981), sagt Maria zu Marta: »*Ihr dürft zu uns gehören. Jedoch erst in unserer Angst und Erniedrigung, wenn auf alle geschossen wird. Das ist doch nicht wenig.*« – Das Verhältnis von Polen und Juden bleibt bis zum heutigen Tag eigentümlich ambivalent. Ein polnisches Judentum gibt es nicht mehr – die letzte Generation polnischer Juden hat Polen im März 1968 verlassen.

· Hanna Krall. Dem Herrgott zuvorgekommen. Frankfurt 1992.
· Hanna Krall. Tanz auf fremder Hochzeit. Frankfurt 1993.
· Hanna Krall. Existenzbeweise. Frankfurt 1995.
· Hanna Krall. Hypnose. Frankfurt 1997.

Stanisław Jerzy Lec

»*Von den meisten Büchern bleiben bloß Zitate übrig. Warum nicht gleich nur Zitate schreiben?*« Der dies notierte, war so erfolgreich im Schreiben von Aphorismen, jenen vieldeutigen Halbwahrheiten und lyrischen Splittern, wie kein anderer. Und außerdem war er ungewöhnlich produktiv. Noch 1996, 30 Jahre nach seinem Tod, wurden Zettelkästen mit neuen, diesmal allerletzten »*unfrisierten Gedanken*« aufgestöbert und von seinem Übersetzer Dedecius publiziert.
Stanisław Jerzy Lec (1909-66) gehörte in den 30er Jahren zu einer Gruppe oppositioneller Künstler, arbeitete für alle wichtigen Kulturzeitschriften, traf sich zu regelmäßigem Stammtisch mit Gombrowicz und gründete gemeinsam mit Leon Pasternak das literarische Kabarett »Theater der Bengel«, das von der Zensur nach wenigen Aufführun-

gen geschlossen wurde (1936). Er wohnte in der Grzybowska, der westwärtigen Verlängerung der Królewska, erst sehr viel später, in den 50er Jahren, bezog er mit Frau und zwei Söhnen eine Dreizimmerwohnung am Neustadtmarkt. Am liebsten saß er im Café Nowy Świat und belauschte die Gespräche der Nachbarn. Stets hatte er seinen Stift dabei – bereit, das gesprochene Wort zu schärfen und in einen Nadelstich zu verwandeln. *»Die Gedanken«*, so notierte er, *»springen von Mensch zu Mensch wie Flöhe, aber sie beißen nicht jeden.«*

· Stanisław Jerzy Lec. Letzte unfrisierte Gedanken. München 1968.
· Stanisław Jerzy Lec. Allerletzte unfrisierte Gedanken. München 1996.

Ignacy Paderewski

Paderewski wurde 1860 in Kuryłówka geboren und studierte Musik in Warschau, Berlin und Wien. Bereits mit 27 Jahren gehörte er zu den weltbesten Pianisten. Daneben komponierte er, schuf Klavierwerke und Sinfonien, Kantaten und sogar eine Oper (*Manon*, 1901). Zu seinen Vorbildern rechnete er Chopin und Tschaikowsky. Mit einem Solo-Konzert am 5. November 1905 weihte er die neue Philharmonie ein. Zu diesem Zeitpunkt besaß er schon die meisten Aktien am Hotel Bristol, dem schönsten Hotel Warschaus. Während des Ersten Weltkriegs reiste er in die USA, um für die polnische Nationalidee zu werben. Es heißt, vor allem seinem Einfluß sei es zu danken, daß Präsident Wilson die Forderung nach einem unabhängigen polnischen Staat in sein 14-Punkte-Programm aufnahm. 1918 kehrte der Musiker nach Polen zurück, am 27. Dezember löste sein Aufenthalt in Posen den Aufstand gegen Deutschland aus. 1919 wurde er Ministerpräsident und Außenminister des neuen polnischen Staates, in den beiden folgenden Jahren vertrat er Polen beim Völkerbund. Ende 1921 beschloß er, sich wieder verstärkt dem Klavierspiel zu widmen, ohne freilich der Politik gänzlich abzuschwören. Ab 1936 organisierte er von der Schweiz aus die Opposition gegen das in seiner Heimat herrschende autoritäre Regime, ab 1940 war er bis zu seinem Tod in New York 1941 Präsident des polnischen Exilparlaments. Sein letzter Wunsch war es, auf polnischem Boden begraben zu werden, wenn sein Land wieder frei sein werde – nach mehr als einem halben Jahrhundert wurde 1992 dieser Wunsch erfüllt.

Tadeusz Rolke

Wer Glück hat, erlebt Ausstellungen Tadeusz Rolkes (geb. 1929 in Warschau) gleich an mehreren Orten der Stadt. Im vergangenen Jahr waren seine Werke sowohl im Zentrum zeitgenössischer Kunst im Schloß Ujazdów als auch im Goethe-Institut zu sehen. Rolke ist ein herausragender

Vertreter des polnischen Fotojournalismus. Seine Bilder aus den frühen 50er Jahren fügten sich nicht in das offizielle Aufbaupathos ein und bescherten ihm kurzzeitig Gefängnis. Erst nach dem politischen Tauwetter von 1956 durfte er sich als Zeitchronist frei betätigen und seine Bilder veröffentlichen. Er zog in die Vororte Warschaus und hielt auf Fotos fest, was die Menschen in jenen Jahren beschäftigte. Die Bilder stellen nicht bloß ein Abbild der Wirklichkeit dar, sondern bestechen als poetische Metaphern. Wo er z.B. die Modeschöpfungen der 60er Jahre ablichtet, geht es ihm nicht um die vorgeführte Ware, sondern um den Traum, der sich an sie knüpft. Nach dem Einmarsch sowjetischer Truppen in Prag 1968 setzte er sich nach Deutschland ab, blieb freilich auch hier ein kritischer Zeitgenosse. Er erregte Aufsehen mit einer Fotoreportage über den zum Untergang verurteilten Hamburger Fischmarkt, publizierte seine Bilder vor allem im Kunstmagazin *Art*. 1981 kehrte er nach Warschau zurück, seit 1997 arbeitet er als Foto-Editor bei der Wochenzeitschrift *Wprost*.

Adam Schaff

Die *Süddeutsche Zeitung* nannte ihn den neben Karol Wojtyła prominentesten Philosophen seines Landes. Der am 10. März 1913 in Lemberg geborene, aus einer jüdischen Anwaltsfamilie stammende Schaff war 22 Jahre alt, als er sich der Kommunistischen Partei anschloß. In Paris hat er studiert, in Moskau promoviert. Nach dem Krieg unterstützte er den Wiederaufbau des Bildungswesens in Polen, mußte aber schon 1947 die erste Parteirüge einstecken: Er hatte es gewagt, in einem Schulungspapier die stalinsche Phraseologie von der zu schaffenden Volksdemokratie als Unding zu kritisieren. In der Folge konzentrierte er sich ganz auf marxistische Sprachkritik und wurde ein Jahr nach dem Tauwetter von 1956 Direktor des Instituts für Philosophie und Soziologie an der Warschauer Akademie der Wissenschaften. In der DDR wäre ihm die Berufung gewiß verwehrt worden. Denn Walter Ulbricht hatte ihn auf die Schwarze Liste gesetzt – gehörte Schaff doch zu jenen vermeintlichen Konterrevolutionären, mit denen der inhaftierte Wolfgang Harich engen Kontakt pflegte. In Polen setzten die Schwierigkeiten einige Jahre später ein; vorsichtshalber setzte sich Schaff schon 1963 mit einem Bein nach Wien ab, wo er sich mit der Leitung eines Ost-West-Forums, des von der UNESCO finanzierten Europäischen Zentrums für Sozialwissenschaften, betrauen ließ. Verschärfte sich die politische Lage – wie etwa 1968, als in Polen der Antisemitismus neu aufflammte –, blieb er für kurze Zeit in Österreich und schaute sich den Horror von außen an. Georg Lukács riet ihm, sich vorerst ›esoterischen‹ Fragestellungen zuzuwenden, doch Schaff lehnte ab. Er wollte weitermachen, z.B. mit dem Buch über *Marxismus und das menschliche Individuum* den verknöcherten Hardlinern in seiner Partei noch stärker entgegentreten. 1981 gehörte er zu den wenigen Philosophen, die die Verhängung des Kriegsrechts durch Jaruzelski begrüßten, *»um so eine Eskalation der Gewalt zu vermeiden, auf die die außer Kontrolle geratene Gewerkschaft Solidarität blind zusteuerte.«* (SZ,19.7.97)

Im Jahr 1984 wurde Schaff aus der Partei ausgeschlossen, doch hinderte dies den Renegaten nicht, auch weiterhin an seinem Traum von einem befreiten und zugleich menschlichen Sozialismus festzuhalten.
· Adam Schaff. Mein Jahrhundert. Berlin 1997.
· Stefan Dornuf. »Ein Linker zwischen allen Stühlen.« Süddeutsche Zeitung, 19. Juli 1997.

Henryk Sienkiewicz

»Von der grandiosen Popularität des Schriftstellers Sienkiewicz zeugt allein schon die Tatsache, daß die leichten Mädchen von den Boulevards neuerdings die verspäteten Passanten mit seinen klassischen Worten ansprechen: Quo vadis domine? Vademecum...« (Adolf Nowaczyński, *Der schwarze Kauz*, S. 71)

Am 5. Mai 1846 wurde Sienkiewicz in Wola Okrzejska, einem Dorf südöstlich von Warschau, geboren. Er schrieb realistische Erzählungen über das Leben einfacher Leute, später große Geschichtsepen, die bis heute zu den meistgelesenen Romanen nicht nur in Polen gehören. Das 17. Jahrhundert wird lebendig in der Trilogie *Mit Feuer und Schwert*, *Sturmflut* und *Pan Wolodyjowski*; der Kampf gegen den Deutschen Orden steht im Zentrum des Romans *Die Kreuzritter*. Obgleich Sienkiewicz oft leichtfertig mit geschichtlichen Fakten umsprang, wurde er 1905 für *Quo Vadis*, einen Roman über die Christenverfolgungen unter Kaiser Nero, mit dem Literaturnobelpreis ausgezeichnet. Der populäre Schriftsteller starb am 15. November 1916 in Vevey am Genfer See und wurde in der Krypta des Warschauer Johannisdoms beigesetzt.

Dem Dichter gehörte ein kleines Palais in Oblęgorek 10 km nördlich von Kielce, das heute in ein Museum umgewandelt ist. Im Erdgeschoß befinden sich die Wohnräume, das Arbeitszimmer und der Rauchsalon, im Obergeschoß eine biographisch-literarische Sammlung (*Muzeum H. Sienkiewicza*, 26067 Strawczyn, Mo geschl.). Näher bei Warschau, nämlich in Lipków am Südostrand des Kampinos-Parks, liegt ein Herrenhaus, in dem der Autor gleichfalls viel Zeit verbracht hat. Es gehörte seinem Schwiegervater Szetkiewicz – und weil seine Frau Maryna dies so wünschte, hat Sienkiewicz den klassizistischen Palast in einem seiner Romane (*Mit Feuer und Schwert*) literarisch verewigt. Ein Raum erinnert an den berühmten Gast.
· Henryk Sienkiewicz. Quo Vadis. 4. Aufl., Zürich 1995.
· Henryk Sienkiewicz, Mit Feuer und Schwert, Bergisch-Gladbach 1999.

Isaac Bashevis Singer

Im Kapitel »Streifzug durch das jüdische Warschau« findet sich eine minutiöse Beschreibung der Krochmalna, jener Straße, in der der Schriftsteller Isaac Bashevis Singer vor und während des Ersten Weltkriegs lebte.

Als Vierjähriger war Icek, so sein wirklicher Vorname, mit seinen Eltern von Radzymin in die Hauptstadt gekommen, sein Vater ein Chassid und dem Mystizismus zugetan, seine Mutter eher praktisch orientiert. *»Das Mietshaus, in dem ich aufwuchs, würde heute in Amerika zu den Slums gehören. Aber damals, in den ersten beiden Jahrzehnten unseres Jahrhunderts, empfanden wir das als nicht weiter schlimm. Abends wurde unsere Wohnung von einer Petroleumlampe erleuchtet, Badezimmer oder fließendes heißes Wasser kannten wir nicht. Das Klosetthäuschen war hinten im Hof.«*

Schon früh erwachte Iceks Wunsch, etwas zu Papier zu bringen. *»Ich begann zu schreiben, noch ehe ich das Alphabet kannte. Ich tauchte einfach eine Feder in Tinte und kritzelte etwas vor mich hin. Der Sabbat, der Ruhetag, war eine Qual für mich, weil es an diesem Tag verboten war zu schreiben.«*
Ab 1920 studierte er am Warschauer Rabbinerseminar, 1926 verfaßte er erste Geschichten für jiddische und hebräische Zeitschriften. Damit trat er in die Fußstapfen seines elf Jahre älteren Bruders Israel Joshua, verdiente seinen Unterhalt zunächst als Korrektor, dann als Lektor bei einer jiddischen Literaturzeitschrift. Er übersetzte Thomas Manns *Zauberberg*, daneben auch Werke von Knut Hamsun und Leo Tolstoj.

1935 emigrierte er nach New York und arbeitete als Journalist für den *Jewish Daily Forward*. Fünf Jahre später heiratete er Alma, eine aus Deutschland emigrierte Jüdin. Alle seine Bücher schrieb er in Jiddisch, die Übersetzungen ins Englische erfolgten unter seiner gestrengen Aufsicht. *Die Familie Moschkat*, sein erster Roman, erschien ab 1945 in Fortsetzungen bei einer Tageszeitung. 1950 kam die in Warschau spielende Familiensaga als Buch heraus, viele weitere Werke folgten, darunter auch autobiographische Erinnerungsbücher und Kindergeschichten. 1978, im Jahr, da *Schoscha* auf den Markt kam, erhielt Singer den Nobelpreis für Literatur. Er starb im Alter von 87 Jahren in Miami.

- Isaac Bashevis Singer. Eine Kindheit in Warschau. München 1983 (Hörspielfassung von Marei Obladen bei Polygram, Hamburg 1992).
- Isaac Bashevis Singer. Das Landgut. München 1996.
- Isaac Bashevis Singer. Schoscha. 9. Aufl., München 1998.
- Isaac Bashevis Singer. Meschugge. München 1998.

Maria Skłodowska-Curie

Albert Einstein nannte sie *»die berühmteste und bescheidenste Frau der Welt«*: Maria Skłodowska-Curie (1867–1934) war beherrscht von grenzenloser naturwissenschaftlicher Entdeckerfreude. Im Labor des ehemaligen Industrie- und Landwirtschaftsministeriums (Krakowskie Przedmieście 66) hat sie ihre ersten Experimente durchgeführt. Sie war 24, als sie Warschau verließ und an die Pariser Sorbonne ging, um Naturwissenschaften zu studieren. Bei ihren Untersuchungen zur Radioaktivität der Uranerze entdeckte sie 1898 zwei neue Elemente, die sie Radium und – in Erinnerung an ihr Geburtsland – Polonium nannte. Sie erforschte die physikalischen und biologischen Wirkungen radioaktiver Strahlen und arbeitete auch auf dem Gebiet der medizinischen Röntgenologie. Gemeinsam mit ihrem

Marie und Pierre Curie

Mann, dem Physiker Pierre Curie, und ihrem Doktorvater A.H. Becquerel erhielt sie 1903 den Nobelpreis für Physik, acht Jahre später trugen ihr die Arbeiten auf dem Gebiet der von ihr begründeten Radiochemie auch den Nobelpreis für Chemie ein. 1906 wurde sie Professorin für Physik an der Sorbonne. Acht Jahre darauf übernahm sie die Leitung des dortigen Radium-Instituts.

Irène, eine ihrer beiden Töchter, war gleichfalls eine begabte Naturwissenschaftlerin. Sie entdeckte die künstliche Radioaktivität und wurde dafür 1935 mit dem Nobelpreis für Chemie ausgezeichnet. Ein Jahr später wurde sie Forschungsministerin in der Volksfrontregierung von Léon Blum. Ihre Mutter, »Madame Curie«, war 1934 an Blutkrebs gestorben: eine Folge ihrer Arbeit mit radioaktivem Material. 1995 wurden ihre sterblichen Überreste in den Pariser Panthéon überführt. In ihrem Geburtshaus in der Freta 16 wurde ein biographisches und naturwissenschaftliches Museum eingerichtet.

Stasys

In der Warschauer Galerie Zapiecek inszenierte der Künstler eine Maskerade: *»Als ich vor einigen Jahren übers Feld spazierenging, sah ich entwurzelte, herausgerissene Bäumchen. Ich hob sie auf und betrachtete sie. Ihr Schicksal war klar – Brennholz für den Ofen. Ich beschloß, sie zu retten, mehr noch, ihnen ihr Leben zurückzugeben, aber verkehrt herum: ihre Wurzeln sollten den Himmel berühren. Ich wählte die Stämme paarweise aus, bestimmte sie für eine Liaison. Die haarartigen Wurzeln gaben jedem Paar einen eigenen Charakter, ein jedes erhielt von mir ein eigenes Gesicht. So entstand eine ganze Familie ›trauriger Gestalten‹ (Smutki). Sie putzen sich heraus und posieren vor dem Fotografen, dann gehen sie in einer Prozession über den Schloßplatz zur Zapiecek-Galerie. Dort verstecken sie sich in den Nischen und unter gotischen Gewölben. Sie tanzen über den blanken Boden und suchen den Schatten des Windes... Dann erstarren sie plötzlich – für die Dauer von zwei Wochen ruhen sie sich für die nächste lange Reise aus.«*

Schöpfer der ›traurigen Gestalten‹ ist Stasys Eidrigevicius, den man in Polen meist nur unter seinem Vornamen kennt. Am 24. Juli 1949 wurde er im litauisch-sowjetischen Mediniskiai geboren und verbrachte dort seine gesamte Kindheit. 1968 ging er nach Wilna und studierte Kunst, entwickelte sich zu einem Meister der kleinen Form. 1975 hatte er seine erste Ausstellung in Polen, fünf Jahre später fand er in Warschau eine Wohnung und machte diese Stadt zu seiner neuen Heimat. Er illustrierte Kinderbücher und begann, sich auch für

großflächige Malerei zu interessieren. Inzwischen ist er zu Polens kulturellem Exportschlager avanciert. Seine Bilder schmücken Expo-Pavillons und werden in aller Welt von Kritikern gerühmt. Daß Stasys auch ein Meister der Plakatkunst ist, kann man vor allem bei Buchmessen und Filmfestspielen erleben, wo es fast immer seine Entwürfe sind, die prämiert werden.
- Stasys. Smutki. Modern Art Gallery Zapiecek, Warsaw o.J.
- Stasys Eidrigevicius. Pastels. Introduction by Ryszard Kapuściński. Bielsko-Biała 1997.

Andrzej Szczypiorski

Am 3. Februar 1924 wurde der Schriftsteller und Publizist als Sohn eines Wissenschaftlers in Warschau geboren. Im Zweiten Weltkrieg kämpfte er in der kommunistischen Untergrundbewegung, seine Teilnahme am Warschauer Aufstand trug ihm ein Jahr Haft im KZ Sachsenhausen ein. In den 60er Jahre hat er seine Erfahrungen als Partisan literarisch verarbeitet. Weil er das Kriegsgeschehen in seinen Romanen auch aus der Perspektive deutscher Figuren schilderte, glitt er nicht ab in das seinerzeit in Polen vorherrschende Schwarz-Weiß-Schema ›Gute Polen contra Böse Deutsche‹.

Nicht nur Freunde machte er sich mit seinen Darstellungen der polnisch-jüdischen Problematik. Dem 1971 im staatlichen Verlag Czytelnik veröffentlichten Roman *Eine Messe für die Stadt Arras* liegt eine spätmittelalterliche Chronik aus dem französischen Arras zugrunde. In dem Buch, das mit dem polnischen PEN-Preis ausgezeichnet wurde, geht es um die Mechanismen von Verführung und kollektivem Wahn. Juden wird die Schuld am Ausbruch einer Pestepidemie angelastet, sie werden verfolgt und ermordet. Als es keine Juden mehr gibt, wird nach neuen Sündenböcken Ausschau gehalten: Nun sind Hexen und Häretiker an der Reihe. Viele Leser haben die Romanhandlung auf das Polen des Jahres 1968 bezogen, als sich aufgrund starker antisemitischer Stimmungsmache zahlreiche Juden gezwungen sahen, das Land zu verlassen.

In den Folgejahren hatte Szczypiorski wiederholt Schwierigkeiten mit der Zensur. Bis 1988 konnte er nur in Untergrundverlagen oder im Ausland publizieren. In Deutschland wurde er mit dem Roman *Die schöne Frau Seidenman* bekannt. Er wurde in den vergangenen Jahren wiederholt mit Preisen ausgezeichnet und als Träger des Gedankens deutsch-polnischer Aussöhnung gewürdigt.
- Andrzej Szczypiorski. Die schöne Frau Seidenman. Zürich 1991.

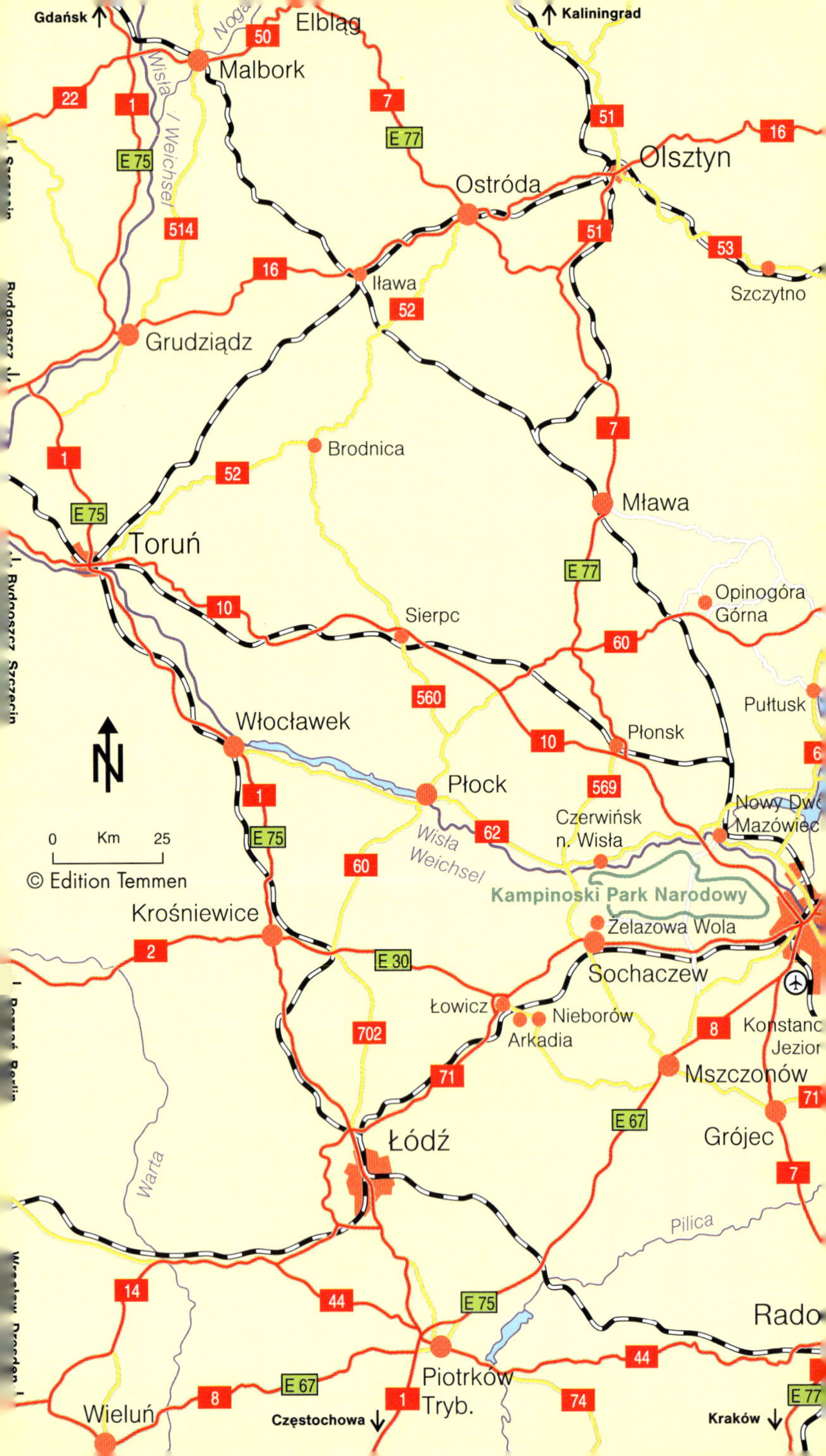

Gdańsk
Kaliningrad
Elbląg
Nogat
Malbork
Wisła / Weichsel
Olsztyn
Ostróda
Iława
Szczytno
Grudziądz
Brodnica
Mława
Toruń
Opinogóra Górna
Sierpc
Pułtusk
Włocławek
Płonsk
Płock
Nowy Dwór Mazowiecki
Czerwińsk n. Wisła
Wisła Weichsel
Kampinoski Park Narodowy
0 Km 25
© Edition Temmen
Krośniewice
Żelazowa Wola
Sochaczew
Łowicz
Nieborów
Arkadia
Mszczonów
Grójec
Łódź
Warta
Pilica
Piotrków Tryb.
Wieluń
Częstochowa
Kraków
22
1
E 75
514
16
50
7
E 77
51
53
52
10
60
560
569
62
E 30
2
702
71
8
E 67
14
44
74

Černachovsk
Suwałki
Jez. Wigry
Wigierski Park Narodowy
LITAUEN
Kaunas
A231
Jez. Niegocin
Ełk
16
Augustów
Grodno
Jez. Śniardwy
Pisz
19
WEISS-RUSSLAND
18
61
644
Nowogród
Narew
Białystok
53
Łomża
61
Ostrołęka
18
63
Narew
Białowieski Park Narodowy
680
Bielsk Podlaski
60
Ostrów Mazowiecki
Hajnówka
Treblinka
Bug
18
63
19
WEISS-RUSSLAND
Węgrów
Bug
629
Liw
ARSZAWA / ARSCHAU
Siedlce
Brest
E 30
Biała Podlaska
2
E 30
Mińsk Mazowiecki
2
804
Międzyrzec Podlaski
Góra Kalwaria
Łuków
17
Bug
19
Włodawa
Poleski Park Narodowy
UKRAINE
Wieprz
44
Lublin
Wisła Weichsel
Chełm
9
17
82
Rzeszów
19
Zamość

Ausflüge in die Umgebung

Wer wilde Natur liebt, macht einen Abstecher in den Kampinos-Nationalpark unmittelbar westlich der Hauptstadt. Von dort ist es nicht weit zum Geburtsort Chopins in Żelazowa Wola, wo jeden Sonntag zu Ehren des Komponisten ein Konzert stattfindet. Der Welt des Adels begegnet man in den Parks und Palästen von Arkadia und Nieborów, an mittelalterliche Vergangenheit erinnern die Städte Czerwińsk, Płock und Pułtusk. Auf dem Weg zum Mahnmal Treblinka lohnt ein Abstecher zur Burg Liw bei Węgrów.

Kampinos-Nationalpark

Nur 20 km braucht man sich von Warschau zu entfernen, schon ist man umfangen von der Stille der Natur. In dem 400 km² großen Nationalpark im Westen der Hauptstadt bekommt man ein Gespür dafür, wie die gesamte masowische Tiefebene früher ausgesehen hat. In dieser Landschaft aus Sümpfen, dichtem Wald und bis zu 30 m hohen, kiefernbewachsenen Sanddünen kann man seltene Fauna entdecken, z.B. Elch und Wildschwein, Biber und Luchs. Im Herbst ist die Region ein begehrtes Gebiet für Pilzsammler: Ganze Heerscharen sind am Wochenende unterwegs, um sich die Taschen mit Maronen und Steinpilzen zu füllen. Wanderwege von mehr als 300 km Länge durchziehen den Park und kreuzen sich wechselseitig. Sie sind gut markiert, die Zahl der möglichen Varianten scheint unbegrenzt. Alle größeren Buchläden Warschaus verfügen über die Karte *Kampinoski Park Narodowy* – ein wichtiger Wegbegleiter im Maßstab 1:60.000.

Als Ausgangspunkt empfiehlt sich **Dziekanów Leśny** im Osten des Parks, mit Bus bequem ab *plac Wilsona* (Żoliborz) erreichbar. Der hier startende grün markierte Weg ist 51 km lang und führt nach ➤Żelazowa Wola. Unterwegs passiert man die Ortschaft **Kampinos**. Wo im 19. Jahrhundert das Stabsquartier der Januaraufständischen untergebracht war, befindet sich heute die PTTK-Herberge, daneben gibt es ein ganzjährig geöffnetes Gästehaus. Sehenswert sind die historische Holzkirche, erbaut in den Jahren 1773–82, und ein schönes Herrenhaus aus dem frühen 19. Jahrhundert. Museum und Didaktisches Zentrum im Nachbarort **Granica** informieren über die Schlachten beider Weltkriege, aber auch über die Kultur der Region, über Flora und Fauna (Ośrodek Dydaktyczno-Muzealny, Mo geschl.).

Der rote Weg beginnt gleichfalls in Dziekanów Leśny. Er ist 54 km lang und endet in **Brochów**. Auf ihm pilgern Besucher fünf Kilometer zum Friedhof **Palmiry**; die dort begrabenen 2500 Polen waren Insassen des brüchtigten Pawiak-Gefängnisses und wurden in den ersten zwei Kriegsjahren von den deutschen Besatzern erschossen.

Mit Bus 708 erreicht man Izabelin, von dort sind es zwei Kilometer zu Fuß zur Ortschaft **Lipków**. Einen

Besuch lohnt das im 18. Jahrhundert erbaute klassizistische Pfarrhaus an der Südostgrenze des Parks. Schon der Schriftsteller Henryk Sienkiewicz, Schwiegersohn des Hausbesitzers, war von ihm fasziniert: In seinem Roman *Mit Feuer und Schwert* hat er es literarisch verewigt, Bohun und Wołodyjowski trugen hier ihr folgenreiches Duell aus. Mehr zu dem Werk und seinen Figuren erfährt man in der Foto- und Dokumentenausstellung vor Ort.

Auf den Spuren Chopins in Żelazowa Wola

Ob jung oder alt – wohl jeder Pole kennt den Namen dieses masowischen Dorfes 52 km westlich von Warschau (erreichbar mit Bus ab Dworzec Zachodni). Hier wurde Frédéric Chopin geboren, einer der größten Komponisten der Musikgeschichte (➢Portraits). Sein Vater war eigentlich Franzose, doch weil er 1794 am Kościuszko-Aufstand teilnahm, verzeihen ihm die Polen dies gern. Als Französischlehrer des Grafen Skarbek, des Besitzers von Żelazowa Wola, verdiente er sein Brot und verliebte sich in die auf dem Gutshof lebende Justyna Krzyżanowska. Am 22. Februar 1810 kam der berühmte Sohn zur Welt – nur einige Monate wohnte er hier, bevor er mit den Eltern nach Warschau zog. Als Jugendlicher kehrte er mehrmals in seinen Geburtsort zurück, kurz vor dem Novemberaufstand 1830 besuchte er ihn ein letztes Mal. 100 Jahre später wurde das Geburtshaus in ein biographisches Museum umgestaltet, doch bald darauf von den Nazis, die Chopins Musik als ›dekadent‹ verurteilten, zerstört. Nach 1945 wurde das Anwesen stilgerecht rekonstruiert: ein von Efeu überwucherter Gutshof inmitten eines malerisch-verträumten Parks. Das eher bescheiden wirkende Museum enthält Erinnerungsstücke, Bilder, Stilmöbel und Porzellan, nicht fehlen darf ein altes Klavier (*Muzeum Chopina*, Mo geschl.).

Haus und Park sind der ideale Rahmen für Konzerte mit romantischer Klaviermusik. Von Anfang Mai bis zum 17. Oktober, seinem Todestag, treffen sich Liebhaber Chopins jeden Sonntag um 11 bzw. 15 Uhr, um berühmten Pianisten bei der Interpretation seiner Mazurkas und Polonaisen zu lauschen. Welcher Künstler wann spielt, kann im Warschauer Touristenbüro erfragt werden. Nach dem Konzert empfiehlt sich ein Besuch bei *Pod Wierzbami*, einem Restaurant mit polnischer Küche nahe dem bewachtem Parkplatz (Tel. 046/8633243, mittlere Preisklasse).

Am Chopin-Boom partizipieren möchte auch die 10 km nordwestlich gelegene Ortschaft **Brochów** an der Bzura. In der Renaissancekirche wurde Frédéric getauft, vier Jahre zuvor hatten sich seine Eltern dort trauen lassen.

Daß noch ein weiterer bedeutender Musiker in Żelazowa Wola geboren wurde, scheint in Polen unbekannt: Henryk Szeryng (1918-89) debütierte 1934 in Warschau mit Beethovens Violinkonzert, floh vor den Nazis nach Mexiko und nahm 1946 die mexikanische Staatsbürgerschaft an. Im Geburtsort findet man nichts, das an ihn erinnert.

Landschaftspark Arkadia

»Mein gelobtes Land Arkadien, meines Herzens Wunschgefild. Ich betrete deinen Boden, und die Sehnsucht ist gestillt.«

Ein von Hirten bewohntes Land auf dem griechischen Peloponnes – so etwas gibt es auch vor den Toren Warschaus. Auf Wunsch von Helena, der Gemahlin des Fürsten Michał Radziwiłł, wurde in der Nähe des Barockpalais ➢Nieborów der pittoreske Landschaftspark Arkadia angelegt. In Zeiten gesellschaftlichen Umbruchs sollte er dem Hochadel als bukolisches Refugium dienen. So, wie er sich heute präsentiert, ist er weitgehend das Werk Bogumił Zugs, des Hofarchitekten Poniatowskis, der die Gestaltung in den Jahren 1780– 1800 überwachte. Der Park wirkt romantisch-wild, verdankt sich aber präziser Planung. Auf einem See schwimmt eine Insel, ringsum breiten sich Wälder und Wiesen aus. An gewundenen Flußläufen entlang führt der Weg zum klassizistischen Tempel der Diana, eine künstliche Ruine erinnert an einen römischen Aquädukt. Auch von einem Amphitheater sieht man nur Reste, über der sibyllinischen Grotte wölbt sich eine Brücke im gotischen Stil. Dazwischen Aufschriften, die von Resignation gezeichnet sind: *»Ich fliehe die anderen, um mich zu finden«* oder auch *»Die Hoffnung nährt Chimären, doch das Leben geht weiter«*.

Ein Hinweis zur Anfahrt: Mit Bus oder Zug fährt man nach Łowicz, dort gilt es umzusteigen in den Bus nach Skierniewice via Arkadia. Wer ab Warschau mit dem Bummelzug anreist, könnte bereits kurz vor Łowicz an der kleinen Station Mysła-ków aussteigen, von dort geht man knapp 10 Minuten zum Park.

Barockschloß Nieborów

Wer sehen möchte, wie der polnische Adel bis 1945 gelebt hat, fährt nach Nieborów, zehn Kilometer östlich von Łowicz (dort umsteigen in den Bus nach Skierniewice). Das schloßähnliche Palais ist die prächtigste Anlage im Umland von Warschau und wurde 1690–96 von Tylman van Gameren errichtet. Sie gehörte Kardinal Radziejowski, dem Primas von Polen, ging aber schon 1771 in die Hand einer der mächtigsten polnisch-litauischen Magnatenfamilien über; die Radziwiłłs waren Liebhaber polnischer und westeuropäischer, insbesondere niederländischer Malerei. Bis 1945 blieb das Palais in ihrem Besitz, anschließend wurde es in ein staatliches Museum umgewandelt (Mo geschl.).

Im Erdgeschoß des Palais sind römische Skulpturen und Reliefs ausgestellt, die aus vorchristlicher zet stammen. Bestes Stück der Sammlung ist das weiße Marmorhaupt der Niobe, das nach dem Vorbild einer griechischen Skulptur gemeißelt wurde (4. Jh.). Über ein mit Delfter Kacheln ausgestaltetes Treppenhaus gelangt man in das erste Stockwerk, das reich mit Stilmöbeln und Objets d'Art bestückt ist. Durch den hellen Konzertsaal kommt man in ein Studierzimmer mit Bibliothek und Globen.

Nicht nur das Interieur, auch der Park ist sehenswert. Südlich des Schlosses erstreckt sich ein symmetrisch angelegter französischer Garten, der von einer Lindenallee durchschnitten wird. Die rechtwinklig sich kreuzenden Wege sind von hohen Heckenwänden und schnurgeraden Kanälen gesäumt. Für eine Unterbrechung der strengen Geometrie sorgen kleine Nischen, in denen sich barocke Skulpturen verstecken. Westlich schließt sich ein kleinerer, diesmal englischer Landschaftspark mit mehreren Teichen an. Und nur vier Kilometer entfernt befindet sich ein weiterer, noch schönerer Park, das romantische ➤Arkadia!

Folklore in Łowicz

Wenn Volkskunst noch irgendwo eine tiefere Bedeutung hat, dann in der Region um Łowicz, eine Stadt 81 km westlich von Warschau (erreichbar mit Bus ab Dworzec Zachodni, mit Zug ab Dworzec Śródmieści). Am Fronleichnamstag wird man Zeuge einer farbenprächtigen Prozession, wie sie schöner nirgendwo in Polen studiert werden kann. Einer jahrhundertealten Tradition folgend, sind die Frauen in Trachten aus handgewebtem Leinen gekleidet, das bunt bestickt und mit herrlichen Blumenmotiven verziert ist. Wer die Prozession nicht miterleben kann, sollte die Trachten im zweiten Stock des Regionalmuseums bewundern. Dort sind auch die kunstvollen Scherenschnitte ausgestellt, die einst die Bauernkaten schmückten. Das Museum befindet sich in einem kleinen Palais aus dem späten 17. Jahrhundert, das lange Zeit als Priesterseminar genutzt wurde; die ehemalige Kapelle birgt eine Sammlung sarmatischer Kunst (*Muzeum Okręgowe*, Rynek Kościuszki, Mo geschl.).

Von der Burg, in der vom 12. bis zum 18. Jahrhundert Bischöfe residierten, sind heute nur noch Reste erhalten. Bedeutendstes Bauwerk der Stadt ist die in gotischen Formen errichtete, später barock umgestaltete Stiftskirche auf dem Kościuszko-Platz. Zwölf Kirchenfürsten liegen in ihr begraben; sehenswert ist vor allem die Kapelle des Erzbischofs Uchański, dessen Grabmal 1583 von Jan Michałowicz errichtet und 200 Jahre später von Ephraim Schroeger im klassizistischen Stil erneuert wurde. Łowicz darf sich aber noch einer Reihe weiterer sakraler Bauwerke rühmen. Einen Besuch lohnen die Barockkirchen der Bernhardinerinnen und der Piaristen, die gotische Heiliggeistkirche und der neugotische, allerdings evangelische Mariavitentempel.

Czerwińsk a.d. Weichsel

Der Ort liegt an einer steilen Uferböschung der Weichsel, 67 km westlich von Warschau. 1410 setzten hier polnische Streitkräfte über den Fluß und verfolgten die Truppen des mächtigen Kreuzritterordens. Zur entscheidenden Schlacht kam es freilich, wie der geschichtskundige Leser weiß, erst einige Wochen später bei Grunwald (Tannenberg). Dominiert wird Czerwińsk von einem imposanten Kirchen- und Klosterkomplex, der im 12. Jahrhundert erbaut, später im Stil der Gotik und des Barock erneuert wurde. Über eine steile Steintreppe gelangt man zum Eingangstor, neben dem ein riesiges Kreuz zur Erinnerung an den Sieg über die Kreuzritter aufgestellt ist. Bei Restaurierungsarbeiten im Jahr 1951 wurden in der Kirche faszinierende Fresken freigelegt, u.a. ein 10 m² großes Fragment aus dem frühen 12. Jahrhundert mit Szenen von der Arche Noah. Von der Terrasse der Kirche hat man einen herrlichen Blick auf das Weichseltal und das gegenüberliegende Flußufer mit den dichten Wäldern der ➤Puszcza Kampinoska.

Bischofsstadt Płock

In der alten Bischofsstadt Płock, 115 km nordwestlich von Warschau, stößt man auf Spuren einer glanzvollen, bis ins 11. Jahrhundert zurückreichenden Vergangenheit. Im Jahr 1079 erwählte Władysław I. Herman den Ort zu seiner Residenz; er lag damals im Herzen Polens, war über die Weichsel mit Krakau im Süden und Danzig im Norden verbunden. Von Płock aus eroberte Bolesław III. Pommern und verteidigte Schlesien gegen böhmische Besitzansprüche. Sein Königreich, das etwa dem heutigen Staatsgebiet Polens entsprach, war groß, doch mitnichten stabil. Nach dem Tod Bolesławs III. zerfiel Polen in konkurrierende Teilfürstentümer und büßte für knapp 200 Jahre seine staatliche Einheit ein. Płock wurde Sitz der Herzöge von Masowien.

Geht man vom mittelalterlichen Marktplatz (*Stary Rynek*) südostwärts, so erreicht man nach zehn Minuten den Festungshügel, eine steil zur Weichsel abfallende Anhöhe mit einer imposanten Anlage von Burg, Kathedrale und Benediktinerkloster. In der Königskapelle des Doms ruhen die polnischen Herrscher Władysław I. Herman (1079–1102) und Bolesław III. (1102–1138). Das Benediktinerkloster beherbergt das Masowische Museum mit einer einzigartigen Jugendstilsammlung. Neben Kunsthandwerk und Designermöbeln sind Gemälde ausgestellt, unter denen vor allem die Bilder von Józef Mehoffer hervorstechen (*Muzeum Mazowieckie*, Mo geschl.). Auch ein Diözesan-Museum lohnt den Besuch, es zeigt Meßgewänder, Kelche und Kultobjekte (*Muzeum Diecezjalne*, Mo geschl.).

Weniger attraktiv ist die Neustadt: Sie ist geprägt von Fabrikanlagen der petrochemischen Industrie aus der Zeit nach 1945. Die Straßen sind von monotonen Wohn- und Büroblocks gesäumt, die Luft ist verschmutzt.

»Flußinsel« Pułtusk

Auf dem Pariser Arc de Triomphe ist der Name Pułtusk verzeichnet: An diesem Ort hat Napoleons Armee im Jahr 1806 ein russisches Aufgebot geschlagen. Die traditionsreiche Stadt liegt gut 60 km nördlich von Warschau und gehörte über 700 Jahre den Bischöfen von Płock. Ihre Blütezeit erlebte sie zu Beginn des 16. Jahrhunderts, als der Handel florierte. Ihr Zentrum befand sich auf einer Insel zwischen zwei Flußarmen der Narew. Der kopfsteingepflasterte, 400 m lange Marktplatz lohnt einen Besuch: in seiner Mitte das Rathaus mit wehrhaft-gotischem Turm, darin ein Regionalmuseum mit geschichtlichen und archäologischen Exponaten (Mo geschl.). Nördlich des Rynek erblickt man die Stiftskirche, einen wunderschönen Renaissancebau, der aus einer um 1440 entstandenen Basilika hervorgegangen ist; schöne Fresken entdeckt man in der Familiengruft des Bischofs Noskowski. Südlich des Rynek erhebt sich der prunkvolle Bischofspalast, entstanden zu Beginn des 16. Jahrhunderts, dann aber mehrfach umgebaut. Nach Brandschatzung im Zweiten Weltkrieg wurde er im klassizistischen Stil wiedererrichtet. Er beherbergt heute das Haus der Auslandspolen mit einem Hotel. Dazu gehören Tennisplätze, man kann reiten und rudern.

· Hotel Zamek/Dom Polonii, ul. Szkolna 11, 06100 Pułtusk-Zamek, Tel. 0238/4081, Fax 4524, 52 Zimmer, obere Preisklasse.

Palais Opinogóra

Das anmutige Schloß Opinogóra liegt nahe bei Ciechanów, 40 km nordwestlich von Pułtusk. Wincenty Krasiński, ein General der napoleonischen Armee, ließ es 1825 errichten und schenkte es seinem Sohn Zygmunt zur Hochzeit. Das neugotische Palais ist ungewöhnlich gebaut. Es verfügt lediglich über ein einziges Stockwerk, das überragt wird von einem hoch aufschießenden, mit Zinnen gekrönten Turm. Die spitzgiebligen Fenster sind reich mit Maßwerk geschmückt und gewähren einen Ausblick auf die Kastanien- und Eichenbäume des weitläufigen Parks. – Zygmunt Krasiński zählt zu den bedeutendsten polnischen Dichtern der Romantik, das Schloßmuseum erinnert an ihn (Mo geschl.).

Handelsstadt Węgrów

Wo Masowien an Podlachien grenzt, liegt das alte Handelsstädtchen Węgrów. Im 16. und zu Beginn des 17. Jahrhunderts war der 77 km von Warschau entfernte Ort ein Zentrum der Reformation. Unter dem Schutz der Magnatenfamilie Radziwiłł durften Protestanten ihre ›ketzerischen‹ Ideen verbreiten. Dies änderte sich 1664, als die Adelsfamilie Krasiński die Stadt übernahm und eine vehemente Rekatholisierungskampagne einleitete. Frucht ihres Wirkens ist

Exodus der Juden aus Węgrów

»*Ich bin aus Węgrów, das ist ganz in der Nähe von Treblinka. Die Juden aus Węgrów gingen zu Fuß nach Treblinka, und meine Mutter ließ mich in einem Kissen mitten auf dem Gehsteig zurück. Dort lag ich drei Tage, niemand nahm mich auf, keiner wagte sich heran, die ganze Stadt wußte, daß da ein Judenkind lag. Nahrung bekam ich von einem deutschen Gendarmen. Er kam mehrmals am Tag mit einer Flasche Milch und erklärte, er könne mich nicht umkommen lassen, denn er habe zu Hause selber ein Kind von zwei Monaten. Am vierten Tag holte mich eine Frau dort weg, die keine Kinder hatte. Jemand benachrichtigte die Deutschen. ›Frau Ruszkowska‹, sagten die Nachbarn, ›denken Sie sich schon einmal eine Ausrede aus, denn Sie werden gleich abgeholt!‹ Frau Ruszkowska floh mit mir aufs Dorf, und dort hielten wir uns bis zum Kriegsende versteckt.*«

· Aus: Hanna Krall. Tanz auf fremder Hochzeit. Berlin 1997.

die prächtige, von Tylman van Gameren entworfene Barockkirche auf dem großen Marktplatz. Etwas weiter östlich, in der ulica Kościuszki, schuf der holländische Architekt einen kostbaren Sakralbau für die Franziskanermönche. An die Juden, die einst die Hälfte der Bevölkerung stellten, erinnert nichts mehr im Ort: sie wurden 1942/43 im Lager von Piski ermordet.

Fünf Kilometer südwestlich lohnt ein Besuch der Burg **Liw** aus dem Jahr 1429. Aus damaliger Zeit hat sich ein wuchtiger Backsteinturm erhalten, der den Eingang zur Festung schützte. Nach 1945 wurde die Burg minutiös rekonstruiert und darin ein Militärmuseum eröffnet. Ausgestellt werden Waffen und Munitionssysteme aus verschiedenen Epochen, dazu Schlachtengemälde und Portraits berühmter Generäle (Mo geschl.).

Mahnmal Treblinka

»In Treblinka sprechen die Erde, der Fluß Bug, der Wald, die Männer und Frauen alle vom Holocaust... Die Erinnerung der Männer und Frauen ist nicht nur wahrheitsgetreu, sondern etwas viel Weitergehendes: sie erinnern jedes einzelne Detail mit einer alarmierenden Exaktheit, und wenn sie sprechen, sprechen sie nicht von ihren Erinnerungen, sondern sie vermitteln den Eindruck, als durchlebten sie diese Erfahrungen jetzt. Die Dampflokomotive, die durch die Nacht fährt und die Brücke über den Bug zwischen Małkinia und Treblinka überquert, ist eine TT2, genau derselbe Zug, der 1942 Güterwagen, gefüllt mit Juden, von Białystok nach Warschau brachte. Da gibt es immer noch dieses schrille Pfeifen, dieselbe Bahnstation, dieselben Gebäude, dieselben Nebenwege entlang der Gleise, dieselben Zugführer und Augenzeugen...« (Claude Lanzmann)

Nahe dem kleinen Dorf 95 km nordöstlich von Warschau errichteten die Nationalsozialisten 1941 zunächst ein Zwangsarbeiterlager für Polen und Juden, dann ab Mai 1942 das nach Auschwitz zweitgrößte Vernichtungslager: eine hierarchisierte Mordmaschine, die mit minimalem Einsatz deutscher Arbeitskraft ein Maximum an ›Leistung‹ erzielte. Einer Handvoll deutscher SS-Chargen gelang es, im Laufe eines knappen Jahres 870.000 Menschen zu ermorden und zu beseitigen. Dies gelang durch die ausgeklügelte Anwendung des Prinzips *Teile und herrsche.* Deutschem Oberbefehl unterstand eine Wachmannschaft antisemitischer Ukrainer sowie ein Sonderkommando, das sich aus bis zu 1000 jüdischen Häftlingen zusammensetzte. Die Ukrainer hielten die Mitglieder des jüdischen Sonderkommandos in Schach, für die der Arbeitseinsatz lediglich einen kurzfristigen Aufschub der eigenen Selektion und Vernichtung bedeutete. Morgens um sieben Uhr traf der erste Zug ein, bis zum Mittag hatten Tausende von Menschen ihr Leben verloren. Die Juden, die in Treblinka aus den Güterwaggons stiegen, erblickten ein Bahnhofsgebäude, in dem selbst die Fahrkartenschalter nicht fehlten: eine potemkinsche Inszenierung, die sie über das, was ihnen unmittelbar bevorstand, hinwegtäuschen sollte. Unter dem Vorwand einer »Desinfektion« wurden die Juden in die ans ›Bahnhofsgelände‹ angrenzenden Gaskammern geführt. Hinter ihnen schlossen sich die Türen, über Rohrleitungen wurde Kohlenmonoxid in die Räume geleitet. Rudolf Höß, Kommandant des Konzentrationslagers Auschwitz, der Treblinka einen Besuch abstattete, erinnert sich: »*Es dauerte über eine halbe Stunde, bis es in der Kammer still wurde. Nach einer Stunde öffnete man die Kammern und zog die Leichen heraus, entkleidete sie und verbrannte sie auf einem Schienengestell. Das Feuer wurde durch Holz unterhalten, die Leichen ab und zu mit Benzinrückständen übergeschüttet.*«

Im Herbst 1943 ließ die nationalsozialistische Führung das Lager endgültig schließen und alle Spuren des Verbrechens beseitigen. Dies ist auch einer der Gründe, warum das Vernichtungslager Treblinka nicht so bekannt wie Auschwitz geworden ist. Es gibt keine authentischen Barakken und Gasöfen zu sehen, keine Magazine voller Brillen oder Haare. 1964 wurde in Treblinka ein Mahnmal errichtet: Auf einer Hügelkuppe steht ein riesiger Gedenkstein. Auf der Grasfläche dahinter ragen Tausende von Grabsteinen aus dem Boden. Namen sind auf ihnen eingeritzt: Sie bezeichnen die Orte, aus denen die Ermordeten stammten. Das bereits für 1988 geplante Museum wurde leider bis heute nicht eröffnet. Eine Broschüre in deutscher Sprache, die über die Geschichte Treblinkas Auskunft gibt, erhält man an der Kasse am Eingang (tägl. 9-19 Uhr).

Ein Hinweis zur Anfahrt: Die Gedenkstätte liegt 8 km südlich von Małkinia an der Straße nach Siedlce. Nur 4-5 Busse täglich sind in Betrieb. Wer mit dem Zug reist, fährt Richtung Białystok bis Małkinia, steigt dort um in einen Bummelzug Richtung Siedlce und verläßt ihn an der Station Wólka-Okrąglik. Auf der Straße geht man dann ein Stück zurück und folgt dem Hinweisschild 500 m bis zum Eingang des Lagers.

- Jean-François Steiner. Treblinka: Die Revolte eines Vernichtungslagers. Mit einem Vorwort von Simone de Beauvoir. Berlin 1994.
- Stephan Hermlin. »Ein Buch über Treblinka«, Lektüre: Über Autoren, Bücher, Leser. Berlin 1997, S. 148-152.

Informationen von A bis Z

Anreise

Bürger der Bundesrepublik Deutschland, Österreichs und der Schweiz benötigen bei einem Aufenthalt bis zu 90 Tagen kein Visum. Es genügt ein Reisepaß, der noch mindestens sechs Monate über die geplante Aufenthaltsdauer hinaus gültig ist. Wer Katzen oder Hunde mitführen will, muß bei der Einreise den internationalen Impfpaß und eine tierärztliche Gesundheitsbescheinigung des Herkunftslandes vorlegen.

Mit dem Auto

Der Polnische Motorverband PZM unterhält Dienststellen an sämtlichen Grenzübergängen. Er informiert über Verkehrsregeln und Reisebedingungen in Polen, auch kann hier Geld gewechselt werden. Für die Einreise aus Deutschland stehen folgende **Übergänge** bereit:
* Świnoujście-Ahlbeck (Straße E65), nur für Fußgänger, Rad- und Motorradfahrer sowie reguläre Buslinien
* Lubieszyn-Linken (Straße Nr. 10/A6)
* Kołbaskowo-Pomellen (A6)
* Rosówek-Rossow
* Krajnik Doln-Schwedt
* Osinów Dolny-Hohenwutzen, keine Reisebusse
* Kostrzyn-Kietz (Straße Nr. 22)
* Słubice-Frankfurt/Oder (E30), nur für Pkw, rasche Abfertigung!
* Świecko-Frankfurt/Oder (E30), oft lange Wartezeiten!
* Gubin-Guben
* Zasieki-Forst, nur für Fußgänger und Radfahrer
* Olszyna-Forst (Straße 12/A4)
* Łęknica-Bad Muskau
* Przewóz-Podrosche, keine Busse
* Jędrzychowice-Ludwigsdorf
* Zgorzelec-Görlitz (E40)
* Krzewina Zgorzelecka-Ostritz, nur für Fußgänger und Fahrräder
* Sieniawka-Zittau
* Porajów-Zittau, nur für Pkw

Aus Österreich reist man am besten über Brno/Brünn-E462-Olomouc-Grenzübergang Č. Těšin/Cieszyn-E75-Bielsko-Biała-Katowice-Częstochowa-Piotrków-E67; alternativ kann man aus Westösterreich auch über Linz-E55-Budweis-Třeboň-E551-Humpolec-Pardubice-Hradec Králové/Königgrätz-Náchod-Kudowa (E67) und Wrocław/Breslau fahren, von wo die E67 weiter nach Piotrków führt. Diese Route ist etwa gleich lang wie die Fahrt über Wien-Brünn, allerdings nicht in allen Teilen so gut ausgebaut.

Für die Einreise benötigen Autofahrer den nationalen Führerschein und die Grüne Versicherungskarte; für Wohnwagenanhänger wird eine zusätzliche Versicherungskarte verlangt. Autofahrer, die nicht im Besitz einer gültigen Karte sind, müssen am Grenzübergang in den PZM-Büros für die Dauer des Aufenthaltes eine Zusatzversicherung abschließen. Diese wird auch fällig, wenn die Versicherungsgültigkeit während des Aufenthaltes erlischt. Verleiht ein Fahrzeughalter seinen Pkw zum Zwecke der Einreise an Dritte, so ist eine amtlich beglaubigte Benutzungsvollmacht für den Wagen erforderlich. Vordrucke hierfür sind in den ADAC-Geschäftsstellen erhältlich und werden für Mitglieder dort auch beglaubigt.

Zwingend vorgeschrieben ist das Mitführen eines Warndreiecks sowie eines Verbandskastens. Überdies muß an der Rückseite des Wagens das Nationalitätenkennzeichen angebracht sein. Benzin darf in begrenzter Menge zollfrei eingeführt werden: pro Pkw ein Reservekanister mit maximal 20 l. Informationen über die Benzinversorgung in Polen und die dort gültigen Verkehrsregeln finden sich im Kapitel ➢Autovermietung.

Mit dem Zug

Direkte Bahnverbindung hat Warschau u.a. mit folgenden Städten: Aachen, Köln, Frankfurt/M., Berlin, Dresden, Leipzig, Wien und Prag. Ab und nach Berlin, Wien, Budapest und Prag starten EuroCity-Züge, die Reisedauer beträgt 6 bzw. 8 Stunden. Auskünfte über Veränderungen im internationalen Zugverkehr zwischen Polen und Deutschland erteilt die Vertretung der Polnischen Staatsbahnen PKP (Schillerstr. 3, 60313 Frankfurt/M., Tel. 069/294366) sowie die Generalvertretung der Polnischen Staatsbahnen (Karl-Liebknecht-Str. 7, 10178 Berlin, Tel. 030/2423453). Dort oder über die neu eingerichtete Fahrrad-Hotline (Tel. 0180/3194194) erfährt man auch, welche Züge auf den Transport von Fahrrädern eingestellt sind. In Polen selbst ist die Mitnahme von Rädern nur selten ein Problem: Alle Züge, die auf dem Fahrplan mit einem *B* gekennzeichnet sind, verfügen über Gepäckwagen!

Fast alle internationalen Züge treffen am **Zentralbahnhof** Warszawa Centralna ein. Dies ist nicht die Endstation, deshalb gilt es rasch auszusteigen. Alle Gleise liegen unterirdisch, über eine Zwischenetage mit kleinen Läden erreicht man das Obergeschoß. Dort befinden sich Fahrkartenschalter, in einem separaten Raum Touristeninformation, Zug- und Busauskunft sowie Wechselstube. Das Gepäck kann im Zwischengeschoß aufbewahrt werden (*Przechowalnia Bagażu*), dort findet sich auch eine Erklärung der etwas komplizierten Prozedur in deutscher Sprache.

Vom Bahnhof ist es nur ein Katzensprung zum Kulturpalast und zu den bekannten Hotels Marriott und Holiday Inn. Am Zentralbahnhof kreuzen sich auch die wichtigsten Bus- und Straßenbahnlinien. Mit dem bei Taschendieben beliebten Bus 175 gelangt man direkt in die Altstadt.

Mit dem Bus

Nicht am bequemsten, doch am billigsten kommt man mit dem Bus nach Polen. Regelmäßige Verbindungen werden von der Deutschen Touring GmbH und ihrem polnischen Partner (Pekaes) unterhalten.

* Deutsche Touring GmbH, Am Römerhof 17, 60486 Frankfurt/M., Tel. 069/790350, Fax 7903219
* Pekaes Bus GmbH, ul. Żurawia 26, 00950 Warszawa, Tel. 022/6213469

Die wichtigsten bisher genehmigten Linien sind:

* Aachen-Köln-Hannover-Warszawa
* Hamburg-Warszawa
* Frankfurt/M.-Wrocław-Warszawa
* Mannheim-Wrocław-Warszawa

Aufgrund längerer Wartezeiten an der deutsch-polnischen Grenze kann sich die Ankunft in Warschau um mehrere Stunden verzögern. Die meisten internationalen Busse kommen am zentralen Zugbahnhof an; einige jeoch enden am Busbahnhof Dworzec Centralny PKS westlich des Stadtzentrums; mit Bummelzug gelangt man vom benachbarten Zugbahnhof Warszawa Zachodnia zum Regionalbahnhof Warszawa Śródmieście direkt am Kulturpalast.

Mit dem Flugzeug

Die Polnische Fluggesellschaft LOT bietet zahlreiche Direktflüge von Deutschland und Österreich nach Polen an, darunter auch Flüge nach Warschau von Frankfurt, Berlin, Hamburg, Köln/Bonn und Düsseldorf und Wien. Nähere Auskünfte erteilen die LOT-Stadtbüros:
* 60329 Frankfurt/M., Wiesenhüttenplatz 26, Tel. 069/231981, Fax 232948
* 10787 Berlin, Budapester Str. 18, Tel. 030/2611505, Fax 2650806
* 40474 Düsseldorf, Flughafen Lohausen, Abflugebene B, Tel. 0211/4216753
* 20099 Hamburg, Ernst-Merck-Str. 12-14, Tel. 040/244747, Fax 244494
* 50667 Köln, Trankgasse 7-9 (Deichmannhaus), Tel. 0221/133079, Fax 138507
* A-1010 Wien, Schwedenplatz 5, Tel. 01/5331212, Fax 5355273
* CH-8001 Zürich, Schweizer Gasse 10, Tel. 01/2115390, Fax 2120911

Den internationalen Flughafen in Warschau nutzen inzwischen über 25 Fluggesellschaften, u.a. Austrian, British Airways, Delta Airlines, Lufthansa, KLM, Air France und Eurowings. Auskünfte über Zielorte und Abflugzeiten erteilen die Reisebüros. Wer in Warschau mit den Fluglinien Kontakt aufnehmen will, wendet sich an eines der folgenden Stadtbüros:
* LOT, al. Jerozolimskie 65/79, Tel. 952953
* Austrian Airlines, ul. Złota 44/46, Tel. 6252050, 6252083, Fax 6257233
* British Airways, ul. Krucza 49, Tel. 6289431
* Delta Airlines, ul. Królewska 11, Hotel Victoria, Tel. 8278461
* Lufthansa, al. Jerozolimskie 56c, Tel. 6302555
* Swissair, ul. Królewska 11, Hotel Victoria, Tel. 8275016

Der Flughafen für nationale und internationale Flüge befindet sich in Okęcie, einem Vorort 10 km südlich von Warschau (ul. Żwirki i Wigury 1, Tel. 6503000). Es gibt mehrere Wechselstuben, doch der dortige Kurs ist 10-15% schlechter als im Zentrum der Stadt. Daher empfiehlt es sich, am Flughafen nur einen Minimalbetrag zu tauschen.

Fahrkarten für den Bus 175 und für Koffer oder Rucksack erhält man am Zeitungsstand in der Ankunftshalle; beim Einsteigen sind die Karten zu entwerten. Die aufgrund häufiger Diebstähle berüchtigte Linie 175 fährt direkt ins Zentrum und weiter in die Altstadt. Etwas teurer ist der Flughafenbus Airport City Express, der ab morgens 5.30 Uhr im Einsatz ist und alle großen Hotels im Zentrum der Stadt ansteuert; hier bezahlt man direkt beim Fahrer. Vor der Benutzung von Taxis sei gewarnt – nicht wenige der am Flughafen lauernden Fahrer gehören zur sogenannten Taxi-Mafia und verlangen für den Transport abenteuerliche Preise. Verläßlich sind jedoch die Taxis der polnischen Fluggesellschaft LOT mit der Aufschrift Fly & Drive sowie Taxis des Unternehmens Radio Taxi MPT (Tel. 919).

Auskunft

Vor der Reise lohnt es sich, ans Polnische Fremdenverkehrsamt zu schreiben und um die kostenlose Zusendung von aktuellen Broschüren zu bitten.
* Polnisches Fremdenverkehrsamt, Marburger Str. 1, 10789 Berlin, Tel. 030/2100920

* Polnisches Fremdenverkehrsamt, Mariahilferstr. 32-34/102, 1070 Wien, Tel. 01/5247191, Fax 524719120

Gleichfalls schon vor der Reise können aktuelle Daten der zentralen Warschauer Touristeninformation über **Internet** und **e-mail** abgerufen werden:
* Internet: http://www.bptnet.pl./warsawtour
* e-mail: biuro.warsawtour@bptnet.pl

Institute und Zentren der Polnischen Kultur gibt es in Berlin, Düsseldorf, Leipzig und Wien. Dort kann man sich anhand von Literatur, Filmen und Kassetten ausführlich über Polen informieren. Außerdem finden Vorträge und Konzerte statt.
* Karl-Liebknecht-Str. 7, 10178 Berlin, Tel. 030/2423060, Fax 2425287
* Citadellstr. 7, 40213 Düsseldorf, Tel. 0211/320431
* Brühlstr. 9, 04109 Leipzig, Tel. 0341/2115792, Fax 2115727
* Am Gestade 7, 1010 Wien, Tel. 01/5338961, Fax 5329758

In Warschau gibt es sowohl am **Flughafen** als auch am **Zentralbahnhof** staatliche touristische Informationsstellen (*it*). Sie erteilen Auskunft über bestehende Unterkünfte, interessante Veranstaltungen und Ausflugsmöglichkeiten. Auch geben sie touristische Publikationen zur Einsicht, verteilen Informationsschriften, Landkarten und Stadtpläne. Am Bahnhof gibt es neben der Informationsstelle einen Schalter der Städtischen Verkehrsbetriebe, wo man eine preiswerte Tages- oder Wochenkarte erwerben kann. Geldwechsel ist sowohl am Bahnhof als auch am Flughafen nur im Notfall zu empfehlen – der Kurs ist einige Prozentpunkte

schlechter als in den sonstigen Kantor-Wechselstuben.
* Punkt Informacji Turystycznej, al. Jerozolimskie 54 (Zentralbahnhof/Dworzec Centralny), Tel. 6542447, täglich 9-19 Uhr
* Punkt Informacji Turystycznej, ul. Żwirki i Wigury 1 (Flughafen), täglich 8-20 Uhr

Das private Touristenbüro WCIT befindet sich direkt am **Schloßplatz**. Das Personal spricht Englisch und ist bei der Suche nach Unterkunft behilflich. Das informative, monatlich erscheinende Heft *Warszawa: What, Where, When* wird vorläufig noch kostenlos ausgegeben; zu kaufen gibt es Touristenbroschüren, Poster und Videokassetten sowie die kulturpolitische Wochenzeitung *Warsaw Voice*.

Die Stadt (zentrale Auskunft: Tel. 9431) hat mehrere Informationsstellen (*it*) eingerichtet, u.a. im Historischen Museum am **Altstadtmarkt** und im Ufo-ähnlichen Rundbau (Rotunda) der Bank PKO in der Nähe des Hauptbahnhofs.
* Touristeninformationszentrum WCIT (Warszawskie Centrum Informacji Turystycznej), plac Zamkowy 1/13, Tel. 6351881, Fax 8310464, Mo-Fr 9-18, Sa 10-18, So 11-18 Uhr
* Punkt Informacji Turystycznej, Muzeum Historyczne, Rynek Starego Miasta 28, Tel. 6351625-108
* Punkt Informacji Turystycznej, Rotunda, Bank PKO, ul. Marszałkowska 100/102, Mo-Fr 10-18, Sa 9-13 Uhr

Mazurka Travel bietet täglich **Stadtrundfahrten** mit englisch-, auf Wunsch auch deutschsprachigem Reiseführer an. Abfahrtszeiten und -orte sind den in Informationsbüros und Hotels ausliegenden Prospekten zu entnehmen. Besichtigt werden die Altstadt, der Königstrakt und das Schloß von Wilanów, dazu wichtige historische Sehenswürdigkeiten wie das Große Theater, das Grabmal des unbekannten Soldaten und die Denkmäler der Ghettohelden und des Warschauer Aufstands. Im Sommer wird allabendlich außer sonntags der Besuch eines Chopinkonzerts im Łazienki-Park organisiert. Eine sonntägliche Fahrt führt zum Geburtsort Chopins nach Żelazowa Wola, ferner nach Niepokalanów und zu den Schlössern von Nieborów und Zaborów.
* Reisebüro Mazurka, Hotel Forum, ul. Nowogrodzka 24, Tel. 6291878

Autovermietung

Autos werden in den Büros städtischer Agenturen, aber auch an Grenzübergängen, auf dem Flughafen und an der Rezeption größerer Hotels vermietet. Die Mietbedingungen hängen von der jeweiligen Firma ab, meist werden autorisierte Kreditkarte, Reisepaß und internationaler Führerschein verlangt. Hier die Adressen wichtiger **Vermieter** in Warschau:
* Avis Poland, Flughafen, Tel. 6504870, Fax 6504871; Hotel Marriot, al. Jerozolimskie 65/79, Tel./Fax 6307316
* Budget Rent a Car, Flughafen, Tel. 6504062, Fax 6504063; Hotel Marriot, al. Jerozolimskie 65/79, Tel. 6307280, Fax 6306946
· Europcar, Flughafen, Tel. 6502564, Fax 6502563

* Hertz Poland,
Flughafen, Tel. 6502896,
ul. Nowogrodzka 27, Tel. 6211360,
Fax 293875

Die Zahl der zugelassenen Fahrzeuge hat sich in Warschau seit 1990 verzwölffacht. An Werktagen ist es oft schon in den Morgenstunden schwer, einen **Parkplatz** zu finden. Bewachte Plätze gibt es auf den Straßen Senatorska, Boleść, Ossolińskich, Górskiego, Ludna und Żelazna. Sicheres Parken erlaubt auch eine Tiefgarage im Zentrum der Stadt (ul. Parkingowa, hinter dem Hotel Forum). Preis pro Tag je nach Lage 12-30 DM!

Bei der Fahrt auf Polens Straßen sind folgende Verkehrsregeln zu beachten: Für Pkw und Motorräder beträgt die **Höchstgeschwindigkeit** 60 km/h in geschlossenen Ortschaften, 90 km/h auf Landstraßen und 110 km/h auf Autobahnen und Schnellstraßen; Autos mit Anhänger dürfen auch auf Landstraßen und Autobahnen nicht schneller als 70 km/h fahren.

Es besteht **Gurtpflicht** auf allen Sitzen – auch in der Stadt. Kinder bis zu zwölf Jahren dürfen nur auf dem Rücksitz transportiert werden. Auto- und Motorradfahrer müssen vom 1. November bis 1. März auch tagsüber mit Abblendlicht fahren. Die **Promillegrenze** beträgt 0,2 (!), Strafgelder sind an Ort und Stelle zu bezahlen.

Tankstellen sind fast ebenso zahlreich wie in Deutschland, die Versorgung mit bleifreiem Benzin und Dieselkraftstoff ist flächendeckend sichergestellt. Im Sommer sind die Tankstellen in der Regel von 6-22, an Sonn- und Feiertagen von 7-17 Uhr geöffnet. Nur an Kreuzungen von Fernstraßen sowie an internationalen Routen bleiben einige Tankstellen durchgehend in Betrieb. Den **Pannenhilfsdienst** erreicht man unter Tel. 981, den **Unfallrettungsdienst** unter Tel. 999. Die Notrufstation des ADAC in Polen hat die Nummer 022/6222060.

Bus, Bahn und Metro

Stadtbusse und Straßenbahnen sind von 5-23 Uhr in Betrieb. Fahrkarten im öffentlichen Nahverkehr sind in Warschau noch immer sehr billig. Man kauft sie am Automaten oder in einem Kiosk mit der Aufschrift MZK und entwertet sie in Bus bzw. Straßenbahn an der Seite ohne Metallstreifen, bei der Fahrt mit der Metro vor Betreten des Gleises an der Seite mit Metallstreifen. Das Ticket ist gültig für eine beliebige Strecke innerhalb Warschaus, für wuchtige Gepäckstücke (größer als 60x40x20 cm) ist eine gesonderte Fahrkarte zu lösen.

Die normalen **Stadtbusse** haben schwarze Nummern im Hunderterbereich, Busse mit roten Nummern im Bereich 500-599 oder mit vorangestellten Buchstaben (E1, E2 etc.) sind Schnellbusse und stoppen nur an jeder zweiten Haltestelle. Busse mit schwarzen oder grünen Nummern (700-899) fahren aus der Stadt hinaus. Ab 23.15 Uhr verkehren die dunkelblauen Nachtbusse (Nummern 601-699), die jede halbe Stunde starten und für die drei Fahrkarten benötigt werden; der Kreuzungspunkt aller Nachtlinien befindet sich an der Straße Emilii Plater nahe dem Kulturpalast, Tikkets erhält man beim Fahrer.

Der freigegebene erste Streckenabschnitt der **Metro** verbindet den südlichen Vorort Ursynów (Station Karpaty) mit der Technischen Universität (Station Politechnika); die Metro fährt im 4-8-Minuten-Takt und braucht für die elf Stationen umfassende Strecke 18 Minuten. Mit der Fertigstellung der Zentral- und Nordlinie ist erst zu Beginn des 21. Jahrhunderts zu rechnen.

Die preiswerten Tages-, Wochen- und Monatstickets für Bus und Straßenbahn erwirbt man an der **Kasse der Städtischen Verkehrsbetriebe** in der ulica Senatorska 37 (Mo-Fr 7-15.30 Uhr). Studenten bis zu 26 Jahren zahlen bei Vorlage des ISIC-Studentenausweises nur die Hälfte, Kinder bis zu vier Jahren fahren gratis.

Samstags und sonntags sowie an Feiertagen kann man an einer 40minütigen **Warschau-Rundfahrt** mit der historischen Straßenbahn *Berlinka* teilnehmen (Kennzeichen T). Die Straßenbahn startet halbstündlich am plac Starykienwicz und fährt über die al. Jerozolimskie und die Poniatowski-Brücke nach Praga; von dort geht es über die Śląsko-Dąbrowski-Brücke zum plac Bankowy und schließlich die ul. Marszałkowska entlang zurück zum Ausgangspunkt. Die Tickets löst man beim Fahrer (11.25-17.25 Uhr).

Warschau verfügt über zwei staatliche **PKS-Busbahnhöfe**. *Dworzec Centralny* PKS, die zentrale Busstation, liegt westlich des Stadtkerns in Ochota, nahe dem Zugbahnhof Dw. Zachodni; von hier starten alle Busse in Richtung Süden und Westen. Urlauber, die gen Norden und Osten reisen möchten, begeben sich zur Busstation *Dworzec PKS Stadion* in Praga. Fahrkarten erhält man an der Kasse des jeweiligen Busbahnhofs, wenn noch Platz vorhanden ist, auch beim Fahrer. Kinder bis zu vier Jahren reisen gratis, bis zum Alter von zehn Jahren erhalten sie 50% Ermäßigung.

Die private Busgesellschaft **Polski Express** ist preislich ebenso günstig wie die staatlich geführte Gesellschaft PKS, bietet jedoch besseren Service und Komfort. Die Busse starten zwischen Zentralbahnhof und Holiday Inn, an der Kreuzung von ul. Złota und al. Jana Pawła II. Karten kauft man am dortigen Kiosk oder am Flughafen.

* Dworzec PKS, al. Jerozolimskie s/n, Tel. 8236394
* Polski Express, al. Jana Pawła II, Tel. 6200330

Eine große Zahl privater Gesellschaften hat sich auf **internationale Busverbindungen** spezialisiert (Abfahrt vor dem zentralen Bus- oder Zugbahnhof). Die Anschriften der wichtigsten Büros:

* Pekaes Bus, ul. Żurawia 26, Tel. 6213469
* Orbis Transport, ul. Nowogrodzka 27, Tel. 6214970
* Eurotrans, al. Jerozolimskie 63, Tel. 6286253

Zugtickets kauft man im *Zentralbahnhof (Warszawa Centralna)*, gegenüber dem Hotel Marriott. Die War-

---

bilet jednodniowy – Tageskarte
bilet tygodniowy miejski – Wochenkarte (nur innerhalb der Stadtgrenzen)
bilet tygodniowy sieciowy – Wochenkarte (Warschau und Umgebung)

teschlangen können vor allem tagsüber sehr lang werden, darum mag es ratsamsein, die Tickets im Orbis-Reisebüro (ul. Bracka 16) zu erwerben. Über Tel. 6204512 erreicht man die internationale Zugauskunft; allerdings hat man nicht immer das Glück, sich mit dem Gesprächspartner auf englisch oder deutsch verständigen zu können.

Unmittelbar östlich des Zentralbahnhofs, direkt vor dem Kulturpalast, liegt der *Lokalbahnhof Warszawa Śródmieście*; von hier starten Bummelzüge in die Vorstädte Warschaus, stellen auch die wichtige Verbindung zwischen dem Stadtzentrum und den Busbahnhöfen her. Im Osten liegt *Warszawa Wschodnia* (Stadtteil Praga), im Norden *Warszawa Gdańska* (Danziger Bahnhof) und im Westen *Warszawa Zachodnia* (nahe dem Busbahnhof Dworzec Centralny PKS).

Diebstahl

An den Polizeistationen bilden sich Schlangen: Noch immer - wenn auch mit abnehmender Tendenz - werden Besucher in Warschau Opfer von Diebstählen, zumeist in der Bahnhofsgegend sowie im Bus 175, der vom Flughafen zum Hauptbahnhof und weiter in die Altstadt fährt. Während der späten Abendstunden sollte man vor allem den Bahnhof Warszawa Wschodnia (Ost-Warschau) meiden.

Beim Verlust des Reisepasses stellt die Konsularabteilung der Botschaft der Bundesrepublik Deutschland einen Reisepaß zur Rückkehr in die BRD aus. Vorgelegt werden müssen die Verlustanzeige, bestätigt durch die örtliche Polizeibehörde, sowie zwei Paßbilder. Was Fahrzeugpapiere anbelangt, genügt die von der Polizei attestierte Verlustanzeige. Fahrzeugpapiere und Personalausweise können nur in der BRD neu ausgestellt werden. Grundsätzlich sollte jeder Reisende die Registriernummern der Personalpapiere auf einem gesonderten Blatt notieren bzw. entsprechende Fotokopien mitführen. Beim Verlust der persönlichen Dokumente wird die Identifizierung durch das Konsulat vereinfacht.

Ähnlich verfahren auch die österreichische und die schweizerische Vertretung.

Diplomatische Vertretungen

In Deutschland

* Polnische Botschaft,
  Leyboldstr. 74, 50968 Köln,
  Tel. 0221/937300, Fax 382535
* Polnische Botschaft (Außenstelle),
  Unter den Linden 72, 10117 Berlin,
  Tel. 030/2202451, Fax 2291577
* Polnisches Generalkonsulat,
  Poetenweg 51, 04155 Leipzig,
  Tel. 0341/5852763, Fax 5852130
* Polnisches Generalkonsulat,
  Ismaninger Str. 62a,
  81675 München,
  Tel. 089/418608-0, Fax 471318
* Polnisches Generalkonsulat,
  Gründgens-Str. 20, 22309 Hamburg,
  Tel. 040/6311181, Fax 6325030

In Österreich

* Polnische Botschaft,
  Hietzinger Hauptstr. 42c,
  1130 Wien, Tel. 01/8777444

In der Schweiz

* Polnische Botschaft, Elfenstr. 20a,
  3006 Bern, Tel. 031/3520452

In Polen

* Deutsche Botschaft,
  ul. Dąbrowiecka 30,
  Tel. 6173011, Fax 6173582
* Deutsche Konsularabteilung,
  ul. Jazdow 12b,
  Tel. 6219231, Fax 6294803
* Österreichische Botschaft,
  ul. Gagarina 34,
  Tel. 410081, Fax 410085
* Schweizer Botschaft,
  al. Ujazdowskie 27,
  Tel. 6280481, Fax 6210548

Geld

Die Ein- und Ausfuhr polnischer Währung ohne Devisenerlaubnis ist verboten. Fremde Währung kann unbegrenzt eingeführt werden, bedarf aber der schriftlichen Deklaration, sofern sie dern Gegenwert von 2000 EUR übersteigt. Das Zollamt bestätigt in der Devisenerklärung die Einfuhr fremder Währung; das Vorlegen dieser Devisenerklärung bei der Ausreise ermöglicht die erneute Ausfuhr der darin angegebenen und vorher bestätigten ausländischen Währung.

Zahlungsmittel in Polen ist der Złoty (1 Złoty = 100 Grosz). Im Umlauf sind Münzen im Nennwert von 1, 2, 5, 10, 20, 50 Grosz und 1, 2, 5 Złoty sowie Banknoten von 10, 20, 50, 100 und 200 Złoty. Geld tauscht man z.B. im *Kantor*, der polnischen Entsprechung für *Wechselstube*. Es gibt ihrer viele in Warschau, sie sind ausschließlich auf das Tauschen von Bargeld eingestellt. Die Kurse weichen oft erheblich voneinander ab, darum lohnt sich ein Vergleich. Banken haben meist einen schlechteren Kurs als Wechselstuben und verlangen überdies eine hohe Kommission. Dies gilt in der Regel auch für die Einlösung von Reiseschecks; eine erfreuliche Ausnahme bildeten zuletzt die Büros von American Express im Hotel Marriott und in der Krakowskie Przedmieście 11. Visa-Schecks ließen sich kostenlos in der Bank PKO in der Rotunda einlösen, dem Ufo-ähnlichen grauen Gebäude an der Kreuzung Marszałkowska/Jerozolimskie.

Kreditkarten werden in allen größeren Hotels und Restaurants, aber auch von Reisebüros, Fluggesellschaften und Tankstellen akzeptiert. Verlust oder Diebstahl meldet man bei PolCard Ltd. in Warschau (rund um die Uhr: Tel. 8274513 oder 8273040). Besitzer von American-Express-Karten haben einen eigenen Service gleichfalls rund um die Uhr (Tel. 264460 oder 6254030).

Medizinische Versorgung

Da die Kostenerstattung für ärztliche Behandlung seitens der Krankenkassen nicht einheitlich geregelt ist, empfiehlt sich der Abschluß einer Zusatzkrankenversicherung für das Ausland. Fachärztliche Hilfe findet man in Krankenhäusern und Ambulatorien, z.B. im privaten Medizinischen Zentrum CM im dritten Stock des Hotels Marriott (al. Jerozolimskie 65/79, Tel. 6305115) oder im privaten Krankenhaus des Gesundheitsministeriums (Lecznica Ministerstwa Zdrowia i Opieki Społecznej, ul. Emilii Plater 18, Tel. 6213176). Im Notfall muß der Rettungsdienst gerufen werden (Tel. 999), schneller ist in der Regel freilich das Taxi (Tel. 919). Wer im Urlaub Zahnschmerzen bekommt, wendet sich an die Zahnarztpraxis Eurodental in der Nowowiejska 37

Wichtige Telefonnummern
900 Ferngespräche innerhalb Polens (Vermittlung)
901 Auslandsgespräche (Vermittlung)
919 Radio Taxi
981 Pannenhilfe PZM
997 Polizei (ul. Puławska 148/150)
998 Feuerwehr
999 Ambulanz

(Tel. 2582999) oder an das etwas teurere, von einem Österreicher geführte Austria-Dent in der Żelazna 54 (Tel. 6542116).
Arzneimittel können immer noch sehr preiswert – und vielfach ohne Rezept – in Apotheken (*apteka*) gekauft werden. Original im Stil englischer Gotik eingerichtet ist die Apotheke in der Krakowskie Przedmieście 19, sehr schön auch die Pharmazie am Altstadtmarkt gleich neben der Post. Keine Sprachprobleme hat man in der Schweizer Apotheke am südlichen Königstrakt (al. Róż 2/Ecke al. Ujazdowskie). Geöffnet: in der Regel Mo-Fr 9-19 und Sa 9-14 Uhr, rund um die Uhr die Apotheke am Zentralbahnhof.

Post und Telefon

Die Hauptpost befindet sich in der ul. Świętokrzyska 31/33 und ist von 8-20 Uhr, der Telefon- und Faxservice rund um die Uhr geöffnet. Briefe, die man in Warschau hat lagern lassen, sind am Schalter 13 abzuholen. Sie müssen folgendermaßen adressiert sein: Name, Poczta Główna, ul. Świętokrzyska 31/33, PL-00-001 Warszawa 1, Poste Restante.
Beim Telefonieren erspart man sich viel Mühe, wenn man Magnetkarten zu 25, 50 bzw. 100 Zeiteinheiten erwirbt. Damit entfällt auch die Mindestgebühr für internationale Verbindungen, die bei Gesprächen von der Post aus etwa 12 DM beträgt. Am billigsten ist das Telefonieren von 22 bis 8 Uhr sowie am Wochenende.
Bei internationalen Gesprächen gilt: Erst die Landesvorwahl, dann die Ortsnetzkennzahl ohne Anfangsnull wählen!
* Deutschland 0049
* Österreich 0043
* Schweiz 0041
* Polen 0048

Radio und Fernsehen

Zur Sommerzeit strahlen einige Sender des Polnischen Rundfunks die wichtigsten Nachrichten vormittags auch in deutscher, englischer und französischer Sprache aus. Das polnische Fernsehen mag für den westlichen, der Sprache unkundigen Besucher vor allem interessant sein, um sich über das Wetter der folgenden Tage zu informieren: im ersten Programm täglich ca. 19.55 Uhr! Filme in der Originalsprache gibt es im Fernsehen nicht, aus Gründen der Kostenersparnis werden sie weder mit Untertiteln versehen noch synchronisiert – über den Originalton legt sich die Stimme eines immergleichen Sprechers, der alle Rollen, egal ob Mann oder Frau, übernimmt. Mit Hilfe von Satellitenantennen können allerdings wenigstens in besseren Hotels die Programme westlicher Fernsehstationen empfangen werden.

Reiseveranstalter

Spezialist für Reisen nach Polen ist das Büro Gromada Travel in Berlin (gleich neben dem Polnischen Kulturinstitut). Zum Service gehören außer Hotelvermittlung auch Pauschalangebote und Wochenendaufenthalte, daneben gute Angebote für Jugendgruppen und Klassenfahrten.

* Gromada Travel, Karl-Liebknecht-Str. 7, 10178 Berlin,
  Tel. 030/2423165, Fax 2424998

Reisezeit und Klima

Das Klima in Polen unterscheidet sich nicht wesentlich von dem in Mitteleuropa. In Warschau beträgt die durchschnittliche Tagestemperatur im Juli 24,5°C, im Januar -1,0°C. Besonders fürs Reisen zu empfehlen sind die Monate Mai, Juni und September, wenn das Wetter warm und vorwiegend trocken ist und zugleich ein reiches kulturelles Angebot besteht. Vorteil der Sommermonate Juli und August: Die großen Hotels in Warschau stehen halb leer und gewähren Rabatt – die Geschäftsleute, die sonst so zahlreich in der Hauptstadt vertreten sind, machen Urlaub!

Sport und Erholung

In der englischsprachigen Monatszeitschrift *Insider* findet man in der Rubrik *Recreation* alles Wissenswerte zu Sportangeboten in und um Warschau. Und sollte der *Insider* sich nicht auf dem Markt halten können, bleibt immer noch die Touristeninformation, die mit Rat und Tat zur Seite steht! Man kann in Warschau Tennis spielen, Fahrräder ausleihen, in Frei- und Hallenbädern schwimmen oder sich in Fitneß-Studios für die Anstrengungen des kommenden Tages präparieren. Nicht einmal auf Golf braucht man zu verzichten. Bei Jabłonna wurde 1996 der *Erste Warschauer Golf- und Countryclub* eröffnet. Täglich zweimal verkehrt ein Golf-Shuttle-Bus zwischen den Hotels Bristol und Mercure im Stadtkern und dem Golfclub, an Wochenenden sogar viermal.

* First Warsaw Golf & Country Club, ul. Rajszew 70,
  Tel. 7824555, Fax 7824852

Ausflüge auf der Weichsel kann man von Anfang Mai bis Ende September mit Schiffen der Weißen Flotte unternehmen. Die einstündigen Touren finden fünfmal täglich statt, meist im Zeitraum 9-16 Uhr. Die Anlegestelle befindet sich am Kościuszko-Kai (Wybrzeże Kościuszkowskie) an der Poniatowski-Brücke.

Wo die Flüsse Bug und Narew nördlich der Hauptstadt zusammenfließen, dehnten sich noch vor gar nicht langer Zeit stets überschwemmte Wiesen aus; dazwischen gab es kleine Weiler auf sandigem Boden, auf dem absolut nichts gedeihen wollte. In den Jahren 1959-63 wurde dann ein lang geplantes Projekt endlich in die Tat umgesetzt: Bug und Narew wurden gestaut und auf einer Länge von 40 Kilometern der **Zegrzyński-Stausee** (Zalew Zegrzyński) angelegt. Er liegt 38 km nördlich von Warschau an der Straße nach Pułtusk und ist außer mit Bus und Zug auch mit den Schiffen der Weißen Flotte erreichbar (s.o.). Aussteigen kann man in den Erholungsorten Zegrze, Białobrzegi und Nieporet, in Rynia, Zegrzynek und Serock. An dem See kann man ba-

den, angeln, surfen und paddeln, in den Wäldern ringsum spazierengehen und Pilze sammeln.
Die weitläufigen Warschauer **Parks** sind ein angenehmes Überbleibsel aus feudaler Zeit. Im 17. Jahrhundert begann der Adel seine Schlösser mit Grünflächen zu umgeben, heute stehen diese allen Warschauern offen. Eine dieser grünen Oasen bildet der **Sächsische Garten** mit breiten Alleen, Trauerweiden und Teichen, nur fünf Minuten nördlich liegt der **Krasiński-Park** im Schatten des gleichnamigen Palais. Die in diesem Buch vorgestellte ➤Tour 12 ist besonders reizvoll: ein »grüner Spazierweg entlang der Weichselböschung«. Er führt zum **Łazienki-Park**, der schönsten Gartenanlage Polens. Hier kann man Chopin hören und Theaterstücke anschauen, sich von einem Gondoliere über den See rudern lassen, Pfauen und Eichhörnchen füttern. Ein weiterer großartiger Park befindet sich am Schloß Wilanów: eine Miniaturausgabe von Versailles mit symmetrisch durchgestalteten Blumenbeeten und Baumreihen (Di geschl.).
Einen interessanten **Botanischen Garten** findet man nahe dem Łazienki-Park an der ulica Agrykola. Hier wachsen viele vom Aussterben bedrohte Pflanzen, Heil- und Gewürzkräuter. Die angepflanzten Rosensorten tragen so originelle Namen wie Casanova und Flirt, Schneewittchen und Neues Europa.
Ein zweiter Botanischer Garten liegt weiter südlich im Stadtteil Powsin, wo zugleich ein bei Warschauer Familien sehr beliebter **Freizeitpark** eingerichtet wurde. Es gibt die Möglichkeit zu schwimmen, Schach, Tischtennis und Volleyball zu spielen, neuerdings können auch Fahrräder ausgeliehen werden. Im Sommer treten auf der Freilichtbühne sonntags um 14 Uhr Musikgruppen auf. Nahe dem Park breitet sich der Wald *Las Kabacki* aus: mit Bäumen, die bis zu 250 Jahre alt sind. Das älteste dieser Naturdenkmäler, die Eiche Mieszko, steht in der Nowoursynowska-Straße, ist 25 Meter hoch und hat einen Stammumfang von über acht Metern.

* Ogród Botaniczny, al. Ujazdowskie 4, Mo-Fr 9-20, Sa-So 10-19 Uhr (Mai-Oktober), erreichbar mit Bus 116, 122, 195, 503
* Ogród Botaniczny & Park Powsin, ul. Prawdziwka 2, Di-So 10-18 Uhr (Mitte April-Ende Oktober), erreichbar mit Bus 519 ab Wilanów

Der Warschauer **Zoo** ist nicht nur bei Kindern beliebt. Er liegt im Stadtteil Praga, breitet sich malerisch entlang des rechten Weichselufers aus. Auf einer 40 Hektar großen, parkähnlichen Fläche leben 3000 Tiere, darunter Pandabären, Wölfe, Tiger und Löwen. Eine besondere Attraktion bilden vier Braunbären, die sich am Eingang zum Zoo in einer naturnah gestalteten Felslandschaft tummeln. Weder Zaun noch Gitter umschließt sie, nur ein schmaler Wassergraben hält sie von den Besuchern fern.

* Ogród Zoologiczny,
  ul. Ratuszowa 1/3,
  tägl. von 9 Uhr bis zur Dämmerung

Lalka (im Nordflügel des Kulturpalasts) bietet keinerlei Sprachprobleme: ein phantastisches Puppen- und Marionettenensemble mit ausdrucksstarker Gestik und Mimik. Besonders begehrt sind die Tickets zur Weihnachtszeit, wenn das Stück

Szopki Krakowskie aufgeführt wird, das die Kinder in die Welt der Weihnachtskrippen entführt.
* Lalka, Pałac Kultury i Nauki, Tel. 6204950

Weitere Tips für Kinder
* Elektrische Bimmelbahn ab Schloßplatz (außer Mo)
* Kutschfahrten durch die Altstadt und den Łazienki-Park
* Auffahrt mit dem Lift zur Spitze des Kulturpalasts
* Wanderung oder Radtour durch den Nationalpark Puszcza Kampinoska.

Sprachkurse

Wer während seines Warschau-Aufenthalts zugleich einen Polnisch-Sprachkurs belegen möchte, hat eine ganze Reihe von Möglichkeiten. Sehr beliebt ist der Intensivkurs, der im August von der Universität organisiert wird. Bis zu 15 Studenten bilden jeweils einen Kurs. Nur Gutes hört man auch von der privaten Sprachschule in der al. Jana Pawła II. Dort wird in Gruppen von maximal fünf Schülern unterrichtet, gezahlt werden etwa 10 DM pro Stunde; für preiswerte Unterkunft bei polnischen Familien kann gesorgt werden.
* Instytut Języka i Kultury Polskiej dla Cudzoziemców ›Polonicum‹, Uniwersytet Warszawski, ul. Krakowskie Przedmieście 26/28, Tel. 265416
* Fundacja Nauki Języków Obcych *Linguae Mundi*, al. Jana Pawła II 13, 7. Stock, Tel. 202551, Fax 243565

Taxis

Über 20 private Taxiunternehmen gibt es in Warschau, doch ihr Ruf ist angeschlagen. Vor allem am Flughafen und vor den Hotels der Spitzenklasse beherrscht die Taxi-Mafia das Geschehen. Atemberaubende Preise werden für die Fahrten verlangt, und nicht immer führen diese zum gewünschten Ziel. Preiswert, zuverlässig und sicher ist das Unternehmen Radio Taxi (Tel. 919). Man zahlt eine Grundgebühr von 3 DM für den ersten Kilometer, für jeden weiteren Kilometer etwa 80 Pfennig (6-22 Uhr) oder 1,20 DM (22-06 Uhr).

Logisches Verwirrspiel

»Ein Warschauer Journalist erklärte einmal bescheiden, alle Warschauer seien Angeber. Wenn das stimmt, dann ist auch er als Warschauer ein Angeber. Ist er aber ein Angeber, dann ist es unwahr, daß alle Warschauer Angeber seien, dagegen wahr, daß sie keine Angeber sind. Sind sie aber keine Angeber, dann ist das, was sie sagen, wahr. Also ist wahr, was der Warschauer Journalist sagte, daß alle Warschauer Angeber seien. – Diese Schlußfolgerung nennt man circulus vitiosus. Und sie bedeutet, daß jeder Warschauer Journalist lügt – sogar, wenn er die Wahrheit sagt.«
* Adolf Nowaczyński. Der schwarze Kauz. Frankfurt 1972, S. 65.

Zeitungen und Zeitschriften

Deutschsprachige Zeitungen und Zeitschriften erreichen Warschau mit höchstens eintägiger Verspätung, im Zentrum der Stadt gibt es eine große Auswahl im EMPiK Megastore an der Ecke Jerozolimskie/Nowy Świat. In den Touristeninformationsbüros liegen kostenlose Broschüren mit dem Kulturprogramm des laufenden Monats aus, kostenpflichtig ist die Monatszeitschrift *Insider* (in englischer Sprache). Als wichtiges kultur- und wirtschaftspolitisches Blatt hat sich die gleichfalls englische *Warsaw Voice* etabliert. Man erfährt darin viel über neue Entwicklungen in Polen, auch einige Veranstaltungstips sind hilfreich. Zu kaufen sind sie im Touristenbüro am Schloßplatz, im LOT-Terminal (Hotel Marriott) sowie in den meisten Vier- und Fünfsternehotels.

Größte polnische Tageszeitung ist die in Warschau erscheinende, von ausländischen Geldgebern bisher unabhängige *Gazeta Wyborcza* mit einer Auflage von 550.000 Exemplaren. Interessant für Touristen, die ein wenig Polnisch sprechen, ist vor allem die Freitagsbeilage: alle Filme und Kulturveranstaltungen der kommenden Woche sind darin angekündigt.

Zoll

Erwachsene ab 18 Jahren dürfen 0,5 l Schnaps oder 2 l Wein oder 5 l Bier zollfrei mitnehmen. Außerdem 250 Zigaretten oder 50 Zigarren oder 250 g Tabak, dazu so *elementare* Dinge wie Fahrrad, Tennisschläger und Boot, Fotoapparat und Computer. Zollpflichtig sind Gegenstände, die als Geschenk betrachtet werden können und den Gegenwert von 100 US-Dollar übersteigen. Sie werden pauschal mit 10% des Warenwertes verzollt. Kunstwerke und Antiquitäten, die vor dem 9. Mai 1945 hergestellt wurden, dürfen nur exportiert werden, wenn eine spezielle Genehmigung des polnischen Kultusministeriums vorliegt. Zusätzliche Informationen über Zoll- und Devisenbestimmungen erhält man im Hauptzollamt Warschau (plac Powstańców Warszawy 1) sowie am Zollamt des Flughafens.

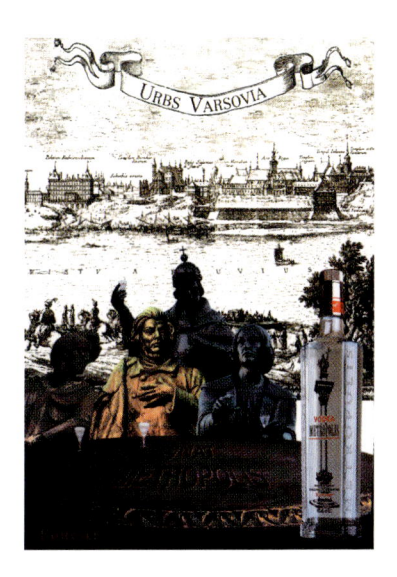

Selbst wenn hier noch so viele prominente ›Warschauer‹ für den Wodka werben – auch auf der Heimreise gibt es Zollkontrollen…

Anhang

Kleiner Sprachführer

Westliche Besucher empfinden die polnische Sprache als Zungenbrecher: unaussprechlich scheinen ihnen so einfache Worte wie *szczęscia* (Glück) oder *miłość* (Liebe), so mancher ist froh, wenn er nach einem mehrtägigen Aufenthalt *cześć* (hallo) sagen kann.

Polnisch gehört zur slawischen Sprachfamilie, das Alphabet ist – anders als das Russische – latinisiert. Die Betonung der Wörter liegt in der Regel auf der vorletzten Silbe. Folgende Buchstaben sind nur in der polnischen Sprache anzutreffen und bedürfen einer Erläuterung:

- ę ähnlich dem französischen f*in*
- ą ähnlich dem französischen m*on*
- ł ähnlich dem englischen *where*
- ś ein weiches s (*sch*)
- ć ein weiches c (*tsch*)
- ń ähnlich dem französischen Champa*gn*er
- ó entspricht dem kurzen *u* in H*u*nd
- ź, ż, rz ähnlich dem französischen *j*our
- sz entspricht *sch*
- cz entspricht *tsch*

Alle Vokale werden einzeln ausgesprochen: Buchstabenfolgen wie ie und eu werden nicht zu einem Laut zusammengezogen. Gleiches gilt für Konsonantenkombinationen: so wird z.B. ck nicht zu k verkürzt (Aussprache: *tzk*).

Grundvokabular

Guten Tag	dzień dobry
Guten Abend	dobry wieczór
Gute Nacht	dobranoc
Wie geht es Ihnen?	Jak się Pan (m) / Pani (w) ma?
Wie geht's?	Jak się masz?
Auf Wiedersehen	do widzenia
hallo / tschüß	cześć
danke	dziękuję
bitte	proszę
bitte sehr	proszę bardzo
Entschuldigung	przepraszam
ja	tak
nein	nie
warum?	dlaczego?
Ich spreche kein Polnisch!	Nie mówię po polsku!
Ich verstehe nicht!	Nie rozumiem!
Ich weiß nicht!	Nie wiem!
Bitte langsam!	Proszę powoli!
Wieviel kostet das?	Ile to kosztuje?
Die Rechnung bitte!	Poproszę o rachunek!
Das ist zu teuer!	To za drogo!
billig	tanio
klein	mały
groß	duży
wenig	mało
viel	dużo
gut	dobry
schlecht	niedobry / zły
besetzt	zajęty
frei	wolny
geöffnet	czynne / otwarty
geschlossen	nieczynny / zamknięty

Zahlen

0	zero	8	osiem	16	szesnaście	60	sześćdziesiąt
1	jeden	9	dziewięć	17	siedemnaście	70	siedemdziesiąt
2	dwa	10	dziesięć	18	osiemnaście	80	osiemdziesiąt
3	trzy	11	jedenaście	19	dziewiętnaście	90	dziewięćdziesiąt
4	cztery	12	dwanaście	20	dwadzieścia	100	sto
5	pięć	13	trzynaście	30	trzydzieści	101	sto jeden
6	sześć	14	czternaście	40	czterdzieści	1000	tysiąc
7	siedem	15	piętnaście	50	pięćdziesiąt		

Allgemeine Begriffe

aleja (Abk. al.)	Allee
brama	Tor
cmentarz	Friedhof
droga	Weg
góra	Berg
kantor	Wechselstube
kawiarnia	Café
klasztor	Kloster
kościół	Kirche
most	Brücke
pałac	Palast
piwnica	Keller
plac	Platz
poczta	Post
przedmieście	Vorort
ratusz	Rathaus
restauracja	Restaurant
ruch	Kiosk
rynek główny	Hauptplatz
stare miasto	Altstadt
święty	Heiliger
ulica (Abk. ul.)	Straße
zamek	Schloß

Ortsangaben

Wo ist...?	Gdzie jest...?
Haus	dom
hier	tu / tutaj
dort	tam
links	na lewo
rechts	na prawo
geradeaus	po prostu
gegenüber	na przeciw
nahe	blisko
weit	daleko

Zeitangaben

Wann?	Kiedy?
Um wieviel Uhr?	O której godzinie?
Wie lange?	Jak długo?
Wie spät ist es?	Która jest godzina?
morgens	rano
nachmittags	po połodniu
abends	wieczorem
jetzt	teraz
später	później
heute	dzisiaj/dziś
gestern	wczoraj
morgen	jutro
Tag / Nacht	dzień /noc
Woche	tydzień
Montag	poniedziałek
Dienstag	wtorek
Mittwoch	środa
Donnerstag	czwartek
Freitag	piątek
Samstag	sobota
Sonntag	niedziela
Feiertag	święto
Monat	miesiąc
Januar	styczeń
Februar	luty
März	marzec
April	kwiecień
Mai	maj
Juni	czerwiec
Juli	lipiec
August	sierpień
September	wrzesień
Oktober	październik
November	listopad
Dezember	grudzień

Verkehrsmittel

Abfahrt	odjazd
Ankunft	przyjazd
Flughafen	lotnisko
Bahnhof	dworzec
Zug	pociąg
Gleis	peron
Bushaltestelle	przystanek autobusowy
Bus	bus
Straßenbahn	tramwaj
Taxi	taksówka
Fahrkarte	bilet
Fahrkartenschalter	kasa biletowa
Hinfahrt	bilet w jedną stronę
Rückfahrt	bilet powrotny
Umsteigen	przesiadać się
Sitzplatzreservierung	miejscówka
für (Nicht)raucher	dla (nie)palących
Wie lange dauert die Fahrt?	Ile czasu trwa podróż?
Tankstelle	stacja benzynowa
Benzin	benzyna
Bleifreies Benzin	benzyna bezołowiowa
Öl	olej
Wasser	woda
Umleitung	objazd
Durchfahrt verboten	przejazd wzbroniony
bewachter Parkplatz	parking strzeżony
Panne	awaria
Unfall	wypade

Unterkunft

Hotel	hotel
preiswertes Hotel	dom wycieczkowy
Herberge	schronisko
Jugendherberge	schronisko młodzieżowe
Privatunterkunft	kwatera prywatna
Unterkunft	noclegi
Zimmer	pokój
Einzelzimmer	pokój jednoosobowy
Doppelzimmer	pokój dwuosobowy
Haben Sie ein Zimmer frei?	Czy Pan (m) / Pani (w) ma pokój?
Ich möchte ein Zimmer…	Chciałbym (m) / chciałabym (w) pokój
- mit Bad	z łazienką
- mit Dusche	z prysznicem
- mit Balkon	z balkonem
- für einen Tag	na jeden dzień / doba (24 Stunden)
- für eine Woche	na jeden tydzień
Wieviel kostet das Zimmer pro Nacht …?	Ile kosztuje ten pokój za dobę…?
- mit Frühstück	ze śniadaniem
- mit Halbpension	ze śniadaniem i kolacja
- mit Vollpension	z całym wyżywieniem
- für zwei Personen	na dwie osoby
Ist das Zimmer ruhig?	Czy to cichy pokój?
Kann ich das Zimmer sehen?	Czy mogę zobaczyć pokój?

Essen und Trinken

Abendbrot	kolacja
Äpfel	jabłka
Bier	piwo
Brot	chleb
Brötchen	bułka
Butter	masło
Eis	lody
Fisch	ryba
Flasche	butelka
Fleisch	mięso
Frühstück	śniadanie
Gabel	widelec
Geflügel	drób
Gemüse	warzywa
Glas	szklanka
Käse	ser
Kaffee	kawa
Kartoffeln	ziemniaki
Löffel	łyżka
Marmelade	dżem
Messer	nóż
Milch	mleko
Mineralwasser	woda mineralna
Mittagessen	obiad
Obst	owoce

Pfeffer	pieprz
Pilze	grzyby
Pommes frites	frytki
Reis	ryż
Saft	sok
Salz	sol
Schokolade	czekolada
Suppe	zupa
Tee	herbata
Teller	talerz
Wein	wino
Wild	dziczyzna
Wurst	kiełbasa
Zucker	cukier

Die wichtigsten Begriffe der Speisekarte (polnisch-deutsch) finden sich im ➤Eßdolmetscher!

Post & Telefon

Post	poczta
Brief	list
Postkarte	pocztówka
Briefmarken	znaczki
Telefon	telefon
Ich möchte nach Deutschland telefonieren!	Chciałbym (m) / chciałabym (w) zadzwonić do Niemec!
Wo kann ich telefonieren?	Skąd mogę zatelefonować?
Telefonnummer	numer telefonu
Vorwahlnummer	numer kierunkowy
Falsch verbunden!	Złe połączone!

Arztbesuch

Arzt	lekarz
Zahnarzt	dentysta
Krankenhaus	szpital
Apotheke	apteka
ich habe...	mam...
- Bauchschmerzen	ból brzucha
- Kopfschmerzen	ból głowy
- Fieber	temperatura
- Erkältung	przeziebienie
- Zahnschmerzen	ból zęba

Notfälle

Botschaft	ambasada
Polizei	policja
Pannenhilfe	pogotowie techniczne
Krankenhaus	szpital
Rettungswagen	pogotowie ratunkowe
Feuerwehr	straż pożarna
Hilfe!	Pomocy! Ratunku!
Ich bin bestohlen worden!	Zostałem okradziony (m) / okradziona (w)!

Literaturverzeichnis

- Kazimierz Brandys. Warschauer Tagebuch: Die Monate davor (1978-1981). Frankfurt/M. 1984.
- György Dalos. Proletarier aller Länder, entschuldigt mich! Das Ende des Ostblockwitzes. Bremen 1993.
- Karl Dedecius. Panorama der polnischen Literatur. 5 Abt., Zürich 1997.
- Karl Dedecius. Zur Literatur und Kultur Polens. 2. Aufl., Frankfurt 1990.
- Alfred Döblin. Reise in Polen. Freiburg i.Br. 1968 / Neuaufl. München 1987.
- Helga Hirsch. »Eine Vergangenheit, die schmerzt.« Die Zeit, 17. 6.1994.
- Bruno Hans Hirsche. Erlebtes Generalgouvernement. Krakau 1941.
- Jörg K. Hoensch. Geschichte Polens. 3. Auflage, Stuttgart 1998.
- Hoffnung der Besiegten: Erzählungen des polnischen Realismus. Hrsg. von Witold Dośny. Frankfurt/M. 1984.
- Irmela Körner. »Reiseerfahrungen in Polen.« Radio Bremen, 24.4.1997.
- Enno Meyer. Grundzüge der Geschichte Polens. 3. Auflage, Darmstadt 1990.
- Adolf Nowaczyński. Der schwarze Kauz. Frankfurt 1972.
- Stanisław Przybyszewski. Von Polens Seele. Jena 1917.
- Ulrich M. Schmid. »Atemberaubende Vielfalt: Ein Plädoyer für die polnische Poesie.« Neue Zürcher Zeitung, 20.7.1996.
- Rolf Schneider. Warschau. Mit Fotos von Christine Jörss. Rostock 1993.
- Dietrich Scholze. Zwischen Vergnügen und Schock. Berlin 1989.
- Helga Schultz. Handwerker, Kaufleute, Bankiers: Wirtschaftsgeschichte Europas 1500-1800. Frankfurt/M. 1997.
- Philipp Ther. »Warschau lebt von seinen Menschen: Zu den Sehenswürdigkeiten der polnischen Hauptstadt gehören auch die Damenbeine.« Süddeutsche Zeitung, 13.2.1996.
- Heinrich Wefing. »Die Zwischenzeit dauert nicht ewig. Warschau: offene Stadt, auf Fließsand gebaut.« Frankfurter Allgemeine Zeitung, 31. 7.1997.
- Ludger Weß. »Menschenversuche und Seuchenpolitik: Zwei unbekannte Kapitel aus der Geschichte der deutschen Tropenmedizin«, 1999, 2/93, S. 10-50.
- Erhard R. Wiehn. Kaddisch. Darmstadt 1984.
- Julian Wyszyński-Trzywdar. »Eine Allianz aus Kunst und Stahl. Auf der Suche nach Sponsoren: Wohin treibt die polnische Musik?« Frankfurter Allgemeine Zeitung, 28.2.1997.
- Zwei Ufer hat der Strom: Deutsch-polnische Beziehungen im Spiegel deutschsprachiger Dichtung aus 150 Jahren. Ulrich Grasnick (Hg.). Berlin 1988.

Zum Weiterlesen empfohlen: Kommentierte Literaturtips in der ➢Kulturgeschichtlichen Einführung und den ➢Warschauer Portraits!

Danksagung

Wir danken Herrn Leszek Butowski vom Warschauer Informations- und Promotionsbüro für die freundliche Unterstützung bei der Realisierung unseres Buches. Mit Rat und Tat zur Seite standen uns auch Stasys Eidrigevicius, unser Künstlerfreund aus Litauen, Krzysztof Knittel, Direktor des Festivals *Warschauer Herbst*, Mary Pinińska und Lesław Lipski sowie die Mitarbeiter zahlreicher Kulturstätten – zuoberst genannt seien Maria Jakubowska-Sobczyk, Klaudia Podsiadło, Andrzej Stroka und Nina Rozwadowska. Unser besonderer Dank gilt auch Frau Ursula Jakacka, bei der wir lange Zeit wohnten – geduldig ertrug sie unser bohrendes Fragen.

Über die Autoren

Izabella Gawin (geb. 1964) verbrachte ihre ersten acht Lebensjahre in Polen. Sie studierte Kunstgeschichte und Germanistik an den Universitäten Bonn und Bremen, promovierte 1994 über ein Thema der Kulturwissenschaften, die *Insula Fortunata*. Gemeinsam mit Dieter Schulze verfaßte sie Reisebücher zu vielen europäischen Zielen, für die Edition Temmen entstanden Bücher u.a. zu Breslau, Krakau und zur Hohen Tatra.

Dieter Schulze (geb. 1946) studierte Slavistik, Anglistik und Sozialwissenschaften. 1981 promovierte er mit einer Studie über das moderne Theater. Seit vielen Jahren reist er im Frühjahr und Herbst regelmäßig nach Polen, im Winter gibt er wärmeren Zielen den Vorzug. Sein nächtes Projekt: ein Wanderbuch zu den Waldkarpaten (Bieszczady), diesem bisher wenig erschlossenen Naturparadies im Südosten Polens.

Index

A
Adam-Mickiewicz-Denkmal 76
Ägyptischer Tempel 90
Aigner, Chrystian Piotr 22, 84
Alexander I., Zar 22, 86
Alexanderkirche 84
Alte Orangerie 88
Altes Pulvermagazin 157
Altes Rathaus 67
Altstadt 49-58
Altstadtmarkt 51
  Barss 53-54
  Dekert 53
  Kołłątaj 52
  Zakrzewski 54
Andrzejewski., Jerzy 32
Anielewicz, Mordechai 97
Annenkirche 75, 108
Anreise 194-197
Archäologisches Museum 150
Arkadia, Landschaftspark 188
Armia Krajowa 33
Aufstand, Warschauer 33
  Friedhof 102, 104
  Museum 150
August II., König
  16, 64, 68, 91, 145
August III., König 16
Ausflüge 186-193
Auskunft 197-198
Autovermietung 198-199

B
Bacciarelli, Marcello 44, 46
Bahn 199-201
Bałata, Marek 161
Balcerowicz, Leszek 40
Bankplatz 68
Barbakane 56
Bars 162
  Café Brama 73, 162
  Harenda 162
  Irish Pub 163
  John Bull Pub 163
  Między Nami 163
  Modulor Café Bar 163
  Piwna 163
  Staromiejski 163
  Zum Trauten Heim (Familijny) 82
Basilianer-Kirche 64

Begley, Louis 32
Bellotto, Bernardo 18
Benedikt XIV. 61
Bierut, Bolesław 102
Bona Sforza 12
Börse 83
Botanischer Garten 86, 206
Brandt, Willy 96
Brandys, Kazimierz 37
Buchhandlungen 166
Buchmesse 71
Bunker-Denkmal 97
Bus 199-201

C
Cafés und Teehäuser
  Blikle 81, 135
  Café Bristol 135
  Demmer's Teahouse 135
  Fukier 134
  Kamienne Schodki 134
  Literacka 135
  Manekin 134
  Metal 134
  Nowy Świat 81, 134
  Pożegnanie z Afryką 134
  Telimena 76, 135
  Wedel 73, 134
Camping 118
Canaletto 18, 44
Casinos 164
Chmielna 73
Chopin, Frédéric 79, 80, 173-174, 187
Chopin-Denkmal 86
Chopin-Museum 80, 109, 147
Chopin-Salon 79, 148
Ciechanów 191
Collegium Nobilium 64
Corazzi, Antonio 66, 68, 80
Curie, Marie. *Siehe* Skłodowska-Curie, Maria
Curie-Museum 152
Cytadela. *Siehe* Zitadelle
Czartoryski, Adam 22
Czerwińsk 189-190

D
Dekert, Jan 53
Denkmal

Bunker-Denkmal 97
Chopin 86
des Kleinen Aufständischen 57
des Warschauer Aufstands 63
Ghettohelden 96
Ignacy Paderewski 84
Józef Poniatowski 77
Kardinal Wyszyński 78
Kopernikus 80
Mickiewicz 76
Piłsudski 67
Umschlagplatz 97
Deutscher Orden 11
Deutsches Historisches Institut 153
Diana-Tempel 90
Diebstahl 202
Diplomatische Vertretungen 202
Discos 162
Dmowski, Roman 25
Döblin, Alfred 26, 51, 83
Dom Polonii 75
Dominikanerkirche 58
Dramatisches Theater 156
Dudziak, Ursula 161
Dworzec Centralny. *Siehe* Zentralbahnhof
Dzierżyński, Feliks 69

E
Edelman, Marek 32, 94, 97
Eidrigevicius. *Siehe* Stasys
Einkaufen 165
English Theatre Company 157
Erdgeschichte-Museum 152
Erholung 204-206
Erzbischöfliches Museum 142
Ethnographisches Museum 151
Evangelisch-Augsburgische Kirche 160

F
Fernsehen 204-206
Feste und Veranstaltungen 168
Foksal 82
Folklore 161
Friedhöfe
Evangelisch-Augsburgischer Fr. 104
Jüdischer Friedhof 102
Militär- und Kommunalfriedhof 102
Moslemischer Tartarenfriedhof 102
Orthodoxer Fr. 104
Römisch-Kathol. Friedhof 101
Sowjetischer Sodatenfriedhof 104
Friedrich August I. von Sachsen 20

G
Galerien
Foksal 144
Fotogalerie ZPAF 146
G. auf dem Rynek 146
G. des Stadtpräsidenten 144
G. in der ul. Hoża 146
G. Prezydenta Warszawy 65, 144
Kordegarda 76, 143
Mała Galeria 146
Piotr Nowicki 144
Stara Galeria 146
Test BWA 144
Zachęta 143
Zapiecek 143
van Gameren, Tylman 59, 63, 64, 86
Geld 202-203
Geologisches Museum 152
Geremek, Bronisław 40
Geschäftszentrum 71-73
Geschichte 11-40
Ghetto 30, 31, 93-100
Ghettohelden, Denkmal der 96
Gierek, Edward 36
Glemp, Józef 38
Globe Theatre Group 157
Gnojna Góra 54
Goethe-Institut 72, 153
Goldschmidt, Henryk 97
Goldschmiedemuseum 55, 151
Golfclub 205
Gomułka, Władysław 102, 35
Grabmal d. Unbekannten Soldaten 67
Großes Hofhaus 89
Großes Theater 66, 155, 159

H
Haus der Literaten 75
Heiligkreuzkirche 80
Hermlin, Stefan 77
Hirsch, Helga 95
Hirsche, Bruno Hans 29
Historisches Museum 53, 148
»Hitler-Stalin-Pakt« 27
Hoffmann, E.T.A. 59, 174-175
Hotels
Belfer 116
Belwederski 114
Bristol 77, 79, 111
Cytadela 116
Dom Literatury 115
Europejski 78, 112
Federacja Metalowcy 117
Felix 115

Forum 112
Grand Hotel 113
Gromada 114
Gromada Dom Chłopa 113
Harenda 116
Hera 116
Holiday Inn 112
Jabłonna 115
Jan III. Sobieski 112
Karat 113
Konstancja 115
Marco 117
Maria 113
Marriott 112
Mazowiecki 114
MDM 113
Mercure-F. Chopin 112
Metropol 114
Na Wodzie 117
Novotel 114
Nowa Praga 117
Orzeł 117
Parkowa 114
Pod Kasztanami 117
Polonia 113
Praski 116
Reytan 114
Saski 116
Sheraton 111
Solec 114
Stegny 117
Vera 114
Victoria 112
Warszawa 115
Zajazd Napoleoński 115

I
Ignacy-Paderewski-Museum 148
Industriemuseum 152

J
Jadwiga, Königin 12
Jagdschlößchen 89
Jagiełło, Władysław 12
Jagiellonen 12, 13
Jan III. Sobieski, König
  16, 45, 50, 64, 91
Janusz I., Herzog 12
Janusz III., Herzog 12
Jaruzelski, Wojciech 37
Jazz 161
Jerozolimskie 73, 83
Jesuitenkirche 50

Johannes Paul II. 37, 38, 64
Johanniskathedrale 49, 160
Jüdischer Friedhof 102
Jüdisches Historisches Institut
  68, 99, 149
Jüdisches Theater 99, 155
Jüdisches Warschau 93-100
Jugendherbergen 117

K
Kammeroper 159
Kampinos-Nationalpark 186-187
Kapuzinerkirche 64
Karikaturenmuseum 76
Karl X., König 15
Karmeliterkirche 76
Katharina II., Zarin 17, 19
Katyń-Museum 150
Kazimierz I., Herzog 11
Kazimierz III., König 11
Kiepura, Jan 159
Kieślowski, Krzysztof 101
Kiliński, Jan 56, 57
Kino 158
Kirchen
  Alexanderkirche 84
  Annenkirche 75, 108
  Basilianer-Kirche 64
  Dominikanerkirche 58
  Heiligkreuzkirche 80
  Jesuitenkirche 50
  Johanniskathedrale 49
  Kapuzinerkirche 64
  Karmeliterkirche 76
  Marienkirche 60
  Martinskirche 51
  Orthodoxe Kirche 106
  Paulinerkirche 59
  Piaristenkirche 64
  Redemptoristenkirche 60
  Sakramentinerinnenkirche 60
  St. Anna 92
  Stanisław-Kostka-Kirche 62
  Visitantinnenkriche 78
Kleines Theater 156
Klima 204-207
Kołłątaj, Hugo 18, 52
Komeda, Krzysztof 161
»Kongreßpolen« 21
Königsschloß 43-46, 139, 160
Königsweg 75-83, 84-90
Konwicki, Tadeusz 82
Konzerte 159-160

Kopernikus, Nikolaus 13, 71
  Denkmal 80
Korczak, Janusz 104, 175-176
Kościuszko, Tadeusz 19
Kott, Jan 176
Krakauer Vorstadt 75-83
Krakowskie Przedmieście. Siehe
  Krakauer Vorstadt
Krall, Hanna 94, 176-177
Krasiński-Park 96
Krasiński-Palais 96
Królikarnia 145
Kruczkowski, Leon 102
Kulturinstitute 153-154
Kulturpalast 71

L

Läden und Märkte 165-167
Laghi, Pio, päpstl. Nuntius 38
Łazienki-Park 84-90
Le Brun 45
Lec, Stanisław Jerzy 177-178
Ledermuseum 56, 151
Lipiński, Eryk 145
Literaturmuseum 53, 147
Liw, Burg 192
Łowicz 189
Ludwig XVIII. 88

M

Maria Karolina Sobieski 60
Maria-Skłodowska-Curie-Museum
  60, 152
Marie d'Arquien 91
Marienkirche 60
Marionettentheater 157, 206
Märkte 167
Marszałkowska 72
Martinskirche 51
Marysieńka Sobieska, Königin 60
Masowien, Fürstentum 11
Matejko, Jan 46
Mazowiecki, Tadeusz 38
Medizinische Versorgung 203
Merlini, Domenico 86, 88
Metro 199-201
Mickiewicz, Adam 22, 53, 71, 77
Moniuszko, Stanisław 67
Museen
  Archäologisches Museum 150
  Centrum Sztuki Współczesnej 142
  Chopin-Museum 80, 109, 147
  Chopin-Museum
    (Żelazowa Wola) 187

Chopin-Salon 79, 148
Diözesanmuseum (Płock) 190
Dom Artysty Plastyka 144
Erzbischöfliches Museum 142
Ethnographisches Museum 151
Geologisches Museum 152
Goldschmiedemuseum 151
Graphik- und Plakatgalerie 146
Historisches Museum 148
Ignacy-Paderewski-Museum 148
Industriemuseum 152
Jüdisches Historisches Institut
  99, 149
Karikaturenmuseum 76, 145
Katyń-Museum 150
Kolekcji im. Jana Pawła II 141
Kollektion im Rathaus (Johannes-
  Paul-II.-Sammlung) 68, 141
Królikarnia 145
Ledermuseum 151
Literaturmuseum 147
M. Archidiecezjalne 141
M. Azji i Pacyfiku 151
M. Cechu Rzemiosł Skórzanych 151
M. der Erdgeschichte 109, 152
M. der Evolution pan 71, 152
M. der Filterstation 152
M. der Leidensgeschichte
  Polens 150
M. der polnischen Armee
  83, 109, 148
M. der Unabhängigkeit 61, 149
M. des Gefängnisses Pawiak 149
M. des Warschauer Aufstands 150
M. für asiatische und pazifische
  Kunst 60, 151
M. für sarmatische Kunst in Łowicz
  189
M. Martyrologii Polskiej 150
M. Narodowe 141
M. Niepodległości 149
M. Powstania Warszawskiego 150
M. Przemysłu 152
M. Rzemiosł Artystycznych i
  Precyzyjnych 151
M. w Wilanowie 92
M. Więzienia Pawiak 150
M. Wojska Polskiego 149
M. X Pawilonu 149
M. Xawerego Dunikowskiego 145
M. Ziemi 152
Maria-Skłodowska-Curie-M. 60, 152

Masowisches M. in Płock 190
Nationalmuseum 83, 109, 139
Palais auf der Insel 139
PAN (Muzeum Evolucji) 152
Photoplastikon 146
Piłsudski-Museum 90, 150
Plakatmuseum 92, 145
Planetarium 152
Rathaus 141
Salonik Chopinów 148
Schloß Wilanów 139
Stacja Filtrów 152
Studio Art Centre 144
Technikmuseum 71, 152
Theatermuseum 67, 147
Xawer-Dunikowski-M. 144
Zentrum zeitgenössischer Kunst 142
Żydowski Instytut Historyczny 149
Musikakademie 160
Musiktheater Roma 155

N
Namysłowski, Zbigniew 161
Napoleon I. 20
Napoleon III. 23
Narutowicz, Gabriel 50
Nationale Philharmonie 159
Nationalmuseum 83, 109, 139
Nationalphilharmonie 72
Nationaltheater 155
NATO 40
Nauck, Ernst Georg 29
Nenning, Günther 93
Neue Orangerie 90
Neue Welt. *Siehe* Nowy Świat
Neues Rathaus 68
Neustadt 58-62
Neustadtmarkt 60
Nieborów 188-189
Nightclubs 162
Nike 67
Nikolaus I., Zar 22, 61
Nożyk-Synagoge 99
Nowaczyński, Adolf 26
Nowe Miasto. *Siehe* Neustadt
Nowy Świat 81

O
Öffentliche Verkehrsmittel 200-201
Öffnungszeiten 167
Ogród Saski. *Siehe* Sächsischer Garten
Oper und Klassik 159-160
  Akademia Muzyczna 160

Chopin-Gesellschaft 160
Evangelisch-Augsburg. Kirche 160
Filharmonia Narodowa 160
Johanniskathedrale 160
Lutosławski-Konzertstudio 160
Musikakademie 160
Nationale Philharmonie 159
Opera Kameralna 159
Opera Narodowa 159
Schloß 160
Studio Art Centre 160
Studio Koncertowe S-1
  Polskiego Radio 160
Teatr Wielki 159
Towarzystwo im. Fryderyka Chopina
  160
Warschauer Musikgesellschaft 160
Warszawskie Towarzystwo Muzyczne
  160
Opernhaus. *Siehe* Großes Theater
Opinogóra, Schloß 191
Orthodoxe Kirche 106

P
Płock 190
Paderewski, Ignacy 77, 178
Paderewski-Denkmal 84
Paderewski-Park 107
Pałac Pod Blachą 46
Palais
  auf der Insel 88, 139
  Bacciarellówka 46
  Belvedere 90
  Borch 64
  Branicki 65
  Czapski 79
  der Erzbischöfe 65
  der Krakauer Bischöfe 65
  Kazimierz 80, 108
  Krasiński 63, 96
  Lubomirski 46
  Ostrogski 80, 108
  Pałac Pod Blachą 46
  Pac 64
  Potocki 76
  Präsidentenpalais 76
  Raczyński 63
  Samson-Palais 59
  Sapieha 61
  Staszic 80
  Zamoyski 82, 109, 144
Paradeplatz 67
Parlament 84

Paulinerkirche 58
Piaristenkirche 64
Piłsudski, Józef 24, 26, 67
   Denkmal 67
Piłsudski-Museum 90, 150
plac Bankowy. *Siehe* Bankplatz
plac Trzech Krzyży. *Siehe* Platz der
   Drei Kreuze
plac Zamkowy. *Siehe* Schloßplatz
Plakatmuseum 92
Planetarium 152
Platz der Drei Kreuze 84
Podkowiński, Władysław 24
Polnisches Theater 156
Poniatowski, Józef 21, 89
Poniatowski, Stanisław 17, 18, 45, 86
Poniatowski-Denkmal 77
Popiełuszko, Jerzy 62
Post 204
Potocki-Palais 76
Praga 105–107
Präsidentenpalais 76
Privatzimmer 117
Prus, Bolesław 24, 79
Pułtusk 190–191
Puppentheater Baj 100

R
Radio 204–206
Rappaport, Natan 96
Rathaus 63
Reagan, Ronald 38
Redemptoristen-Kirche 60
Reiseveranstalter 204–206
Reisezeit 204–206
Restaurants
   Adler 126
   Alamo 129
   Barbados 129
   Bazyliszek 54, 120
   Belvedere 125
   Bistrot 125
   Bliss 130
   Bong Sen 130
   Café Ejlat 126
   Casa Valdemar 127
   Cesarski Pałac 130
   Chmielna 124
   Delfin 133
   Dong Nam 130
   El Popo 129
   Elefant 132
   Familijny 82, 123
   Flik 133
   Fukier 119
   Gessler 120
   Giovanni 128
   Grill-Bar 124
   Kahlenberg 126
   Klub Aktora 124
   Krokiecik 124
   Kuchcik 124
   Kuźnia Królewska 125
   La Bohème 133
   La Gioconda 128
   Le Petit Trianon 125
   Literacka 123
   London Steak House 129
   Maharaja 131
   Maharaja-Thai 131
   Malinowa 125
   Menora 126
   Metromilano 128
   Montmartre 125
   Nove Miasto 132
   Nowy Świat 133
   Opera 123
   Opus One 133
   Paris-Texas 129
   Pod Barbakanem 123
   Pod Samsonem 126
   Pod Wieżą 128
   Polska 123
   Qchnia Artystyczna 132
   Salad Bars 132
   Santorini 129
   Świętoszek 123
   Taj Mahal 131
   Trattoria Chianti 128
   U Barssa 120
   U Dekerta 120
   U Pana Michała 123
   U Szwejka 132
   Ugarit 129
   Uniwersytecki 123
   Valencia 127
   Varna 128
   Wilanowska 125
Reymont, Władysław 80, 101
Ringelblum, Emanuel 99
Różycki-Bazar 107
Robert Majewski Quintett 161
Rock 161
Rolke, Tadeusz 178–179
Russenmarkt 106
Rynek Nowego Miasta.
   Siehe Neustadtmarkt

Rynek Starego Miasta.
  Siehe Altstadtmarkt

S
Sächsischer Garten 68
Sadowski, Wiktor 145
Sakramentinerinnen-Kirche 60
Samson-Palais 59
Sanacja-Regime 26
Schaff, Adam 179
Schloß Ujazdów 85, 109
Schloß Wilanów 91-92, 139, 145
Schloßplatz 43
Schlüter, Andreas 63
Schuch, Johann Christian 86
Schulz, Ch. Friedrich 23
Schweizer Apotheke 84
Sienkiewicz, Henryk 180
Sigismund I., König 12, 13
Sigismund II., König 12, 13, 14
Sigismund III. Wasa, König
  14, 15, 43, 49, 50
Sigismundsäule 43
Singer, Isaac Bashevis 25, 26, 180-181
Sirene 56
Skłodowska-Curie, Maria 181-182
Skarga, Piotr 49
Skarga, Piotr, 54
Słowacki, Juliusz 37
Solidarność, Gewerkschaft 37
Sport 204-206
Sprachkurse 207
Stanisław-Kostka-Kirche 62
Stańko, Tomasz 161
Stare Miasto. *Siehe* Altstadt
Stasys 182-183
Staszic, Stanisław 18, 50
Staszic-Palais 80
Stoß, Veit 13
Studentenheime 117
  Bursa Artystów 118
Studio-Theater 156
Szczypiorski, Andrzej 183

T
Taxis 207-212
Teatr Wielki. *Siehe* Großes Theater
Technikmuseum 71, 152
Teilungen, Polnische 17, 19, 20
Telefon 204
Terlecki, Władysław 22
Theater 155-157
  Altes Pulvermagazin 157
  auf der Insel 89
  Baj 157
  Buffo 155
  Centrum Sztuki Studio 156
  der Gegenwart 156
  Dramatisches Theater 156
  English Theatre Company 157
  Globe Theatre Group 157
  Großes Theater 155
  Guliwer 157
  Jüdisches Theater 99, 155
  Kammerspiele 156
  Kleines Theater 156
  Komedia 157
  Kwadrat 157
  Lalka 157
  Musiktheater Roma 155
  Nationaltheater 155
  Ochoty 157
  Polnisches Theater 156
  Rampa 155
  Stara Prochownia 157
  Studio-Theater 156
  Syrena 155
  T. Kameralny 156
  T. Mały 156
  T. Narodowy 155
  T. Powszechny 157
  T. Wielki 155
  T. Współczesny 157
  T. Żydowski 155
  Zeitgenössisches Theater 157
Theatermuseum 67, 147
Theaterplatz 64
Thorvaldsen, Bertel 77, 80
Traugutt, Romuald 23
Treblinka 192
Tuwim, Julian 102

U
Ujazdów, Schloß 85, 109
Umschlagplatz 97
Universität 79

V
Veranstaltungen 168
  Buchmesse 71
  Jazz Jamboree 71, 161
  Plakatbiennale 145
  Summer Jazz Days 161
  Übersicht 168
  Warschauer Herbst 72, 160
Visitantinnen-Kirche 78

W

Wajda, Andrzej 63
Wałęsa, Lech 37
Walewska, Maria 23
Warschau, Herzogtum 21
Warschauer Aufstand 102
Warschauer Herbst 72
Warschauer Pakt 35
Waryński, Ludwik 24
Wasserschloß. *Siehe* Palais auf der Insel
Wasserturm 88
Weg des jüdischen Martyriums und Kampfes 97
Węgrów 191-192
Weißes Häuschen 88
Wielki Proletarjat 24
Władysław IV., König 80
Wodka 162
Wojtyła, Karol 37. *Siehe auch* Johannes Paul II.
Wyszyński, Stefan 50

Z

Zamek Królewski. *Siehe* Königsschloß
Zamenhof, Ludwik 104
Zamoyski-Palais 82, 109, 144
Zegrzyński-Stausee 205
Zeitgenössisches Theater 157
Zeitungen 212
Żelazowa Wola 187
Zentralbahnhof 195, 200
Zentrum zeitgenössischer Kunst 85, 142
Żeromski, Stefan 104
Zimmervermittlung 117
Zitadelle 61
Żoliborz 62
Zoll 212
Zoo 105, 206
Zygielbojm, Szmul 97

Warszawa
Warschau

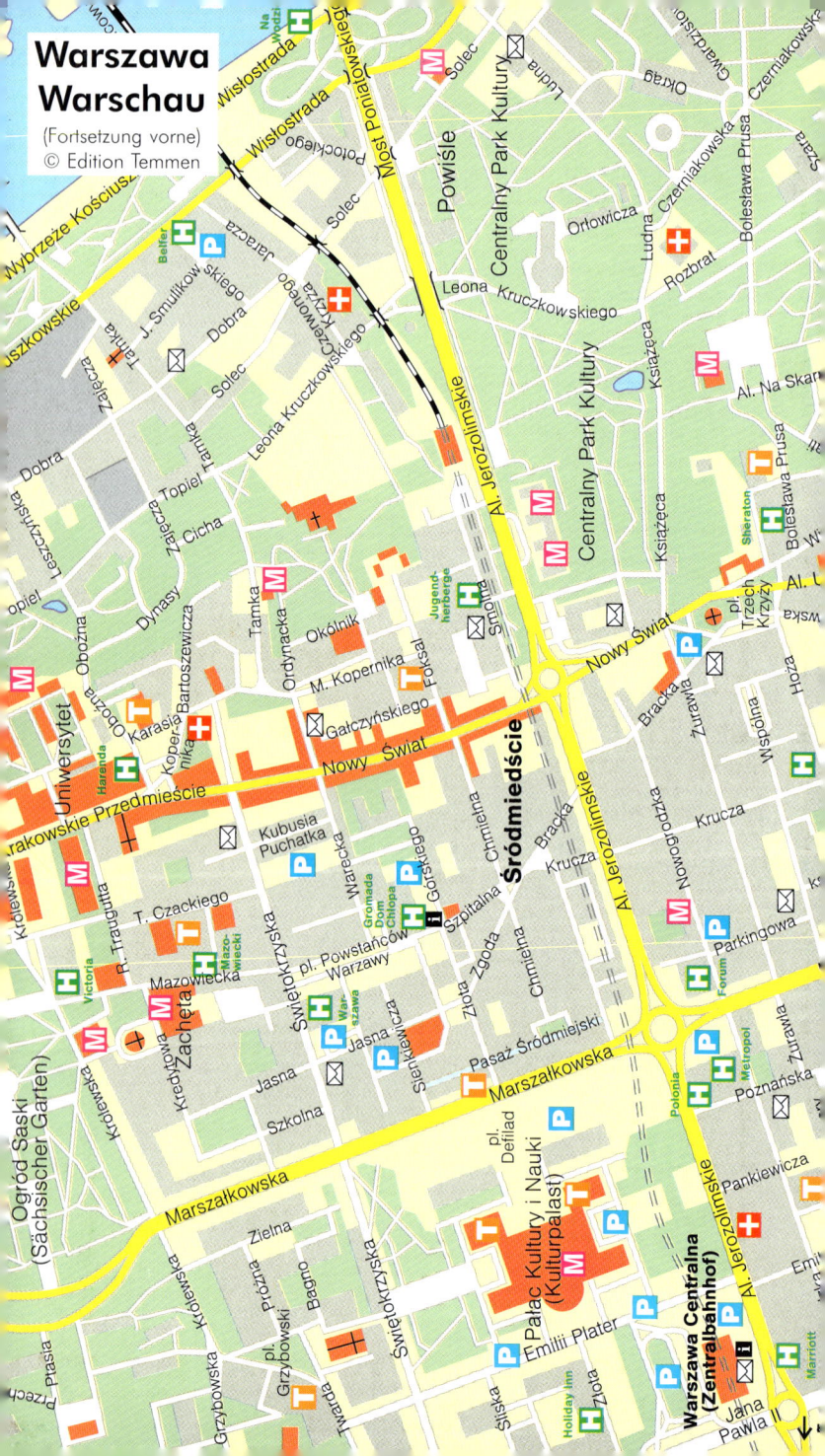

(Fortsetzung vorne)
© Edition Temmen